Ontdek
Duitsland
zuidwest

Inhoud

Reisinformatie, adressen, websites

Kennismaking – Feiten en cijfers, achtergronden

Onderweg in Duitsland zuidwest

Inhoud

Op ontdekkingsreis

De romantische Mittelrhein bij Eltville

Kaarten en plattegronden

Stadsplattegronden

Routekaarten

▶ Dit symbool verwijst naar de uitneembare kaart

Deutsche Weinstraße: gezellig eten na het oogsten van de druiven

Duitsland zuidwest – veelgestelde vragen

Waar kan ik goed stoppen als ik op doorreis ben?

De meeste mensen kennen steden als Koblenz, Mainz of Stuttgart als afslagen die zij tegenkomen op weg naar het zuiden. En het is ook waar dat door Zuidwest-Duitsland enkele van de belangrijkste verkeersaders van het land lopen.

Over de E35, voorbij het Ruhrgebied, komt u langs Koblenz. Hebt u iets meer tijd, dan moet u hier eigenlijk stoppen. De stad heeft een prachtig museum en ligt op een mooie plek langs de Rijn. Vanuit Koblenz kunt u mooie tochtjes maken langs de Moezel of een stuk binnendoor langs de Rijn rijden (zie ook blz. 152). U zit hier namelijk net bij het mooiste deel van de rivier en kunt eindelijk de Lorelei in 'levenden' lijve zien. Honderd km verder komt u bij de stedendriehoek Mainz-

Wiesbaden-Frankfurt. Rijd niet te snel door want alle drie de steden zijn een bezoek waard! Bijvoorbeeld Mainz met zijn prachtige keizersdom en het Gutenbergmuseum. En niet te vergeten het achterland met het wijngebied van Rheinhessen en de Pfalz. Binnendoor over de prachtige Deutsche Weinstraße zult u een ander Duitsland ontdekken: dat van het goede leven.

Of u slaat linksaf en bezoekt Wiesbaden, een van de weinige steden die niet zijn beschadigd tijdens de oorlog en beroemd vanwege zijn Kurhaus en badcultuur. Ook hier loopt weer een mooie route binnendoor naar het zuiden: de Bergstraße, langs wijndorpjes en het UNESCO Werelderfgoed Kloster Lorsch.

Frankfurt, iets verder naar het oosten, slaan de meeste mensen over, maar de stad heeft zoveel te bieden. Aan de

Museumsufer liggen wereldberoemde musea als het Städel. Eigenlijk verdient deze stad veel meer erkenning dan hij nu krijgt.

Verder naar het zuiden, langs de Rijn, komt u langs de prachtige keizersteden Worms en Speyer, maar ook Mannheim is een stop waard. Ook hier is een goed museum en de stad wordt gezien als de beste winkelstad van de omgeving. Vanuit Mannheim kunt u makkelijk uitstapjes maken naar het romantische Heidelberg of Schwetzingen. Of, als u toch die kant op moet, binnendoor langs de Neckar richting Heilbronn en Stuttgart.

Richting het Zwarte Woud passeert u Baden-Baden, van waaruit een van de beroemdste autoroutes van Duitsland, de Schwarzwaldhochstraße (zie ook blz. 224) begint. Baden-Baden is prachtig, maar onderschat de charme van Karlsruhe niet.

Vlak voor de grens met Zwitserland ligt Freiburg im Breisgau. Met zijn bijzondere Münster en grote universiteit is het een goede overnachtingplaats onderweg naar zuidelijker oorden. En tegelijkertijd een mooie basis voor uitstapjes naar het Badische wijngebied rondom de Kaiserstuhl of het zuidelijke Zwarte Woud.

Loopt uw route meer oostelijk dan is het gek om Stuttgart over te slaan. Deze stad wordt door Duitsers in een adem genoemd met Berlijn en München vanwege het mondaine karakter, het grote culturele aanbod en de interessante architectuur. Als u geen zin hebt in een stad, dan ligt de wonderschone Schwäbische Alb op een steenworp afstand.

Zijn er onmisbare plaatsen voor een paar daagjes weg?

Op nog geen drie uur van Utrecht liggen een paar hoogtepunten uit deze gids. Gewoon als u een weekendje of een paar dagen ertussenuit wilt.

Wilt u een keer iets anders dan Keulen of Düsseldorf? Ga dan eens naar het Ruhrgebied. Het klinkt misschien niet heel romantisch maar er is de laatste jaren veel gebeurd. Fabrieksterreinen hebben plaatsgemaakt voor land-

Ga eens van de snelweg af en rijd door het prachtige Badische wijngebied

schapsparken en steenkoolmijnen zijn culturele centra geworden. Een leuke stad is Essen. Nee, niet mooi, maar wel met goede restaurants, gezellige cafés, een van de de mooiste musea van Nordrhein-Westfalen -het Folkwangen het Zeche Zollverein. Wilt u iets bijzonders zien, ga dan naar de Arbeitersiedlungen, een soort voorlopers van de sociale woningbouw, die in de omgeving zijn neergezet.

Iets minder spannend maar toch heel interessant is Bonn. De vroegere regeringsstad lijkt een beetje ingeslapen nu de Bondsdag weer in Berlijn zit, maar het culturele aanbod dat de stad ervoor terug heeft gekregen is aanzienlijk. De musea aan de Museumsmeile doen niet onder voor die in welke wereldstad ook. En vanuit Bonn zijn er leuke uitstapjes naar bijvoorbeeld het Siebengebirge.

Misschien bijna voor de hand liggend is een bezoek aan Aken. Deze stad met, zoals men zegt, de mooiste dom van Duitsland biedt kunst, cultuur, wellness en studentcafés. De Domschatzkammer is een *must see* en wilt u de buitenlucht in dan zit u vanuit Aken zó midden in de Eifel met zijn overweldigende natuur.

Nog meer natuur? Rijd dan in nog geen tweeënhalf uur naar de Möhnesee in het Sauerland. Prachtig gelegen in het Arnsberger Wald met eindeloze wandel- en fietsmogelijkheden en een indrukwekkende stuwdam. U kunt hier ook zeilen en surfen. Niet gek, zo dicht bij huis.

Welke kerken mag ik absoluut niet missen?

Het zuidwesten van Duitsland staat bekend om zijn romaanse kerken. Hier werden de keizers gekroond en begraven. Het is heel goed mogelijk een uitgebreide 'romaanse toer' te doen. Begin dan bij Keulen en rijd via Aken -de hofkapel van Karel de Grote is verplichte

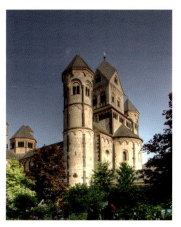

Het klooster Maria Laach in de Eifel

kost- door de Eifel naar Kloster Maria Laach. Dit prachtige complex, waar nog monniken wonen, is te bezichtingen en heeft een bijzondere kloosterkerk.

Volg dan de Rijn stroomopwaarts. U komt langs Mainz met de romaanse dom en prachtige grafplaten, de dom van Worms waar Luther is geëxcommuniceerd en iets verderop ligt Speyer met de grootste romaanse kerk van Europa. Hier niet te ver vandaan ligt ook het wereldberoemde Kloster Lorsch.

Wilt u minder soberheid? Rijd dan door naar het Zwarte Woud: hier begint de barok en liggen prachtige kloosters in de vrije natuur, zoals Kloster St. Trudpert in Münstertal of de enorme barokke basiliek van St. Blasien.

Richting de Bodensee en Oberschwaben begint de rococo een steeds uitbundigere rol te spelen. In Birnau staat een suikerzoete pelgrimskerk en Kloster Salem wordt gezien als een van de hoogtepunten van de Oberschwäbische barok. In dit gebied liggen de mooiste barokkerken van Zuidwest-Duitsland, zoals bij aartsabdij Kloster Beuron, de Wallfahrtskirche St. Peter und Paul en verder naar het oosten Kloster Ochsenhausen. Gelukkig liggen deze pareltjes langs de Oberschwäbische Barockstraße, zodat u niets hoeft te missen.

Wat zijn de mooiste kastelen om te bezoeken?

Langs de vele rivieren in het gebied liggen honderden kastelen. De ene een ruïne, de ander in oorspronkelijke staat gerenoveerd en weer een ander historiserend wederopgebouwd. Vaak is het niet duidelijk uit welke tijd het gebouw nu echt stamt. Er zijn te veel burchten, kastelen, sloten om op te noemen, maar enkele uitschieters zitten er altijd bij. In het dal van de Moezel zijn twee burchten die opvallen.

De eerste, Burg Cochem, omdat het duidelijk is dat het slot niets te maken heeft met de middeleeuwen maar zo mooi op zijn heuvel over het rivierdal uitkijkt dat het een omweg waard is. De tweede, is verderop, is wel een échte burcht: Burg Eltz. Zelfs de oorspronkelijke bewoners, de graven van Eltz, wonen hier nog. Gelukkig laten zij in de zomer toeristen toe tot hun domein.

De kastelen langs de Rijn en vooral in de romantische Mittelrhein worden al eerder genoemd. Maar iets zuidelijker, in de Pfalz, ligt een historisch belangrijk slot. In 1848 kwam het bij de ruïne van het Hambacher Schloss bijna tot een opstand tegen het restrictieve Beierse regime. Vol idealen over een democratischer samenleving was het slot het toneel van een sociale protestactie. Hoewel er niet veel terecht kwam van de plannen, is hier wel voor het eerst de huidige Duitse vlag gebruikt. Langs de rand tussen het wijngebied van de Pfalz en het Pfälzer Wald staan meer imposante burchten.

Een van de mooiste kastelen van Duitsland ligt vlak bij Stuttgart. Natuurlijk, in de Schwäbische Alb ritselt het van de kastelen maar dit kasteel is zo bijzonder omdat op deze plek al duizend jaar de -keizerlijke- Hohenzollern gevestigd zijn. De huidige burcht stamt uit de 19e eeuw, maar alleen al de schatkamer met de oude Duitse keizerskroon is een bezichtiging waard.

Te mooi om waar te zijn: de 'middeleeuwse' Burg Cochem is in 1877 gebouwd

Waar kan ik het mooist fietsen?

Duitsland is tegenwoordig een fiets-land bij uitstek. Overal liggen mooie, goed bewegwijzerde fietsroutes. Soms van een dag, soms honderden kilometers lang. Zo kunt u zelfs een bijna 1400 km lange fietstocht maken van de bron van de Rijn naar Rotterdam. Deze Rheinradweg loopt door alle verschillende landschappen waar de Rijn doorheen stroomt.

Heel mooi, maar sommige stukken zijn echt bijzonder en ook makkelijker te plannen. Zo is er een leuke en makkelijke route die bij Speyer begint en de Rheinradweg volgt naar Worms. Of het prachtige traject langs de Zwitserse grens tussen Waldshut-Tiengen en Basel over de Hochrheinradweg.

Vaak lopen de fietsroutes door rivierdalen, maar een enkele keer hebben de toeristenbureaus iets aparts bedacht, zoals in de Vulkaneifel waar tussen Daun en de Moezel een fietsroute over een oud spoortracé is gelegd, inclusief viaducten en tunnels.

Het Stuttgarter Ballett is wereldberoemd

Wat is leuk om met de kinderen te bezoeken?

Voor kinderen is het niet altijd leuk om achter hun ouders aan de ene kerk na het andere kasteel te bezoeken en het allemaal te moeten afsluiten met een wijnproeverij. Maar, geen zorgen, het gebied heeft genoeg te bieden voor gezinnen. Natuurlijk zijn er overal mooie Naturerlebnispfade aangelegd met leerzame routes door een mooie omgeving. Soms is een beetje vertier ook wel aardig en dan biedt een attractie als Fort Fun in het Arnsberger Wald of het Europapark in Baden-Württemberg uitkomst. Bij Konstanz is een fantastisch aquarium waar je de Rijn onderwater helemaal tot de Rotterdamse haven kunt volgen. Of ga kanoën over de Lahn of de Donau ... stroomafwaarts en dan terug met de bus.

Waar zijn de hoogtepunten van de hedendaagse cultuur?

In de grote steden zitten de beste musea die Duitsland te bieden heeft. Enkele uitschieters zijn het unieke Museum Insel Hombroich vlak bij Düsseldorf en het Ludwig Forum in Aken, dat in een oude paraplufabriek is gevestigd. Ook het Zentrum für Internationale Lichtkunst in Unna zal u verbaasd doen staan: u daalt af in de catacomben van een voormalige bierbrouwerij waar lichtkunstenaars u meenemen naar een andere wereld. En dan is er natuurlijk nog het Vitra Design Museum dat alleen al vanwege de architectuur de moeite waard is.

Voor de podiumkunsten zou u eigenlijk naar de Alte Oper in Frankfurt moeten gaan. Hier worden concerten gegeven van zeer hoge kwaliteit. Of naar het enorme classicistische Theater Duisburg, de thuisbasis van het beroemde Duisburger Philharmoniker. Houdt u van ballet en moderne dans, dan is Stuttgart uw stad. Het Stuttgarter Ballett is een van de gerenommeerdste dansgezelschappen ter wereld.

Zeche Zollverein: een nieuwe bestemming voor industrieel erfgoed. Zie blz. 70.

Wilhelmshöhe: wonderlijk park, ontsproten aan een rijke fantasie. Zie blz. 118.

Favorieten

De auteurs van deze serie reisgidsen kennen de beschreven gebieden door en door. Ook proberen ze op de hoogte te blijven van de laatste ontwikkelingen. Het kan dan ook niet anders dan dat ze allemaal hun eigen favoriete plekjes hebben. Dat kan gaan om dorpen die net buiten de bekende toeristische routes liggen, een bijzondere burcht of klooster, plaatsen waar je als bezoeker heerlijk kunt ontspannen of stukjes natuur die nooit vervelen en waar je steeds weer naar terug wilt keren.

Europapark: alle landen bijeen in het grootste pretpark van Europa. Zie blz. 228.

Vitra Design Museum: meubeldesign en bijzondere architectuur. Zie blz. 236.

Kaiserdom van Aken: de achthoekige
hofkapel van Karel de Grote. Zie blz. 132.

Dom van Speyer: de grootste romaanse
kathedraal van Europa. Zie blz. 178.

Burg Hohenzollern: flaneren in het
koninklijke familieslot. Zie blz. 268.

Wilhelma: dierentuin vermomd als
arabische sprookje. Zie blz. 279.

In vogelvlucht

Ruhr- en Rijnregio

Waar vroeger kolen uit de grond werden gehaald en staalfabrieken de motor waren van de Duitse economie ligt nu een van de culturele hoogtepunten van deze gids. Het Ruhrgebied heeft zich vernieuwd en is een aantrekkelijke bestemming voor toeristen geworden. Daarnaast liggen in dit gebied het mooie Keulen met zijn imposante dom en het gezellige Düsseldorf waar de kunstcollectie en het winkelaanbod veel mensen trekken. Voor rust kunt u zich terugtrekken in het Bergische Land. Zie blz. 58.

Eifel, Moezel en Saar

Vlak over de grens ligt Aken, de stad van Karel de Grote. Ten zuiden daarvan begint de Eifel met zijn natuurgebieden, bossen, stuwmeren, heuvels en vulkanen. In het oosten wordt de streek begrensd door de mooie 'romantische Mittelrhein' en in het zuiden door de Moezel. Hier wordt wijn gemaakt en stoere kastelen bewaakten eeuwenlang de handel. In het zuidoosten ligt de kleinste deelstaat van Duitsland met de barokke parel Saarbrücken als hoofdstad. Zie blz. 126.

Zwarte Woud en Badische Weinstraße

Vroeger een ondoordringbaar woud waar kwade geesten heersten en zelfs de Romeinse legioenen met een grote bocht omheen gingen. Nu is het nog steeds ruig maar wel geciviliseerd en als grootste Nationale Park van Duitsland een eldorado voor de actieve toerist. Het 'Badense' deel van dit hoofdstuk is wat minder actief. Hier gaat het vooral om genieten: van het zachte klimaat, de warmwaterbronnen, het schilderachtige landschap, de mooie stadjes en kastelen en natuurlijk de wijn. Zie blz. 216.

Sauerland en Noord-Hessen

Net buiten het drukke Ruhrgebied vindt u nog voldoende rust en stilte. Verdwaal in de bossen van het Sauerland, ontdek de historische stadjes van Noord-Hessen, kano over de rivier de Lahn en treed in de voetsporen van de Oranjes. Het culturele hoogtepunt is Kassel: eens in de vijf jaar het wereldwijde middelpunt van hedendaagse cultuur, de rest van de tijd een prachtige stad met bijzondere monumenten, gerenommeerde musea en een wondelijk park. Zie blz. 102.

Pfalz en Zuid-Hessen

Dit is het centrum van het oude Duitse Rijk, het land van de duizend jaar oude kathedralen, keurvorstelijke paleizen en romantische studentensteden. Maar ook het land van Daimler en Opel, van de Europese Bank en BASF. Én het land van de wijn: in de Pfalz en Rheinhessen liggen de grootste wijngebieden van Duitsland. Eindeloos glooiende wijnvelden met hier en daar een romantisch stadje of een kasteelruïne en natuurlijk het ondoordringbare Pfälzer Wald. Er is één constante: overal is de Rijn, als levensader, dichtbij. Zie blz. 154.

Bodensee en Schwäbische Alb

Dit zuidelijk deel van Duitsland beslaat grotendeels het voormalige Württemberg. In het zuiden wordt het gebied begrensd door de Bodensee, ook wel liefdevol de Duitse Côte d'Azur genoemd. Ten noorden van de Bodensee begint Oberschwaben en de hoogvlakte van de Schwäbische Alb: fantastische kastelen, uitbundige barokke kloosters en kerken in uitzonderlijk mooie natuur. Het mondaine Stuttgart wordt in een adem met München en Berlijn genoemd en is een bezoek meer dan waard. Zie blz. 244.

Reisinformatie, adressen, websites

Informatie

Internet

Hieronder staan enkele algemene toeristische internetadressen genoemd ter voorbereiding van uw vakantie. Aan het begin van ieder hoofdstuk staat een ovezichtje van praktische regionale en toeristische websites.

wwww.germany.travel/nl

Nederlandstalige reisinformatie van het Duits Verkeersbureau rond thema's als wandelen, fietsen, evenementen, reizen met een beperking, steden en cultuur, praktische informatie en nog veel meer.

www.wanderbares-deutschland.de

Overkoepelend wandelportal voor Duitsland met verschillende regio's, honderden wandelpaden, van stadswandeling tot langeafstadswandeltocht. Zeer informatief en met handige zoekfuncties.

www.duitsland-fietsparadijs.de

Nederlandstalige fietsportal, gemaakt in samenwerking met diverse toeristenbureaus. Zeer handige en inspirerende website met veel korte en langere fietsroutes en arrangementen.

www.deutscheweine.de

Informatieve website over de verschillende wijngebieden in geheel Duitsland maar vooral over de toeristische mogelijkheden, zoals wijnwandelen en allerlei reistips.

www.schifffahrt-rhein.de

Deze, een beetje rommelige site, biedt alle informatie over varen over de Rijn, met eigen schip of op een toeristenboot: afstanden, sluizen, bruggen en havens.

www.nrw-tourismus.de

Officiële website van het bureau van toerisme voor de deelstaat Nordrhein-Westfalen. Enorm aanbod van wandelingen, fietsen, citytrips, maar ook hotels, appartementen en een uitgebreide evenementenkalender.

www.sauerland.com

Officiële website van het toeristenbureau van Sauerland. Vooral gericht op de actieve vakantieganger en gezinnen. Handige bookingstool voor hotels, appartementen en campings.

www.hessen-tourismus.de

Vooral praktische informatie over de natuur, steden en activiteiten in de deelstaat Hessen. Handig ingedeeld naar streek: zo kunt u direct doorklikken naar Noord-Hessen, Bergstraße of Frankfurt.

www.gastlandschaften.de

Overkoepelende website voor de vakantieregio's in Rheinland-Pflalz met tips, overnachtingen, evenementen en verwijzingen naar de diverse streken. Geen duidelijke doorklik naar de afzonderlijke websites van de streken.

www.tourisme-saarland.nl

Officiële Nederlandstalige website van de toerismecentrale van het Saarland, met praktische informatie en tips voor weekendjes weg, groepsvakanties en themareizen.

www.tourismus-bw.de

Uitgebreide portal voor alle toeristische streken in Baden-Württemberg. Goed voor het overzicht en met duidelijke verwijzingen en doorklikmogelijkheden naar de verschillende regionale toeristische websites.

Verkeersbureaus

Tourismus Nordrhein-Westfalen e. V.

Völkinger Straße 4
D-40219 Düsseldorf
tel. +49 (0)2 11 91 32 05 00
info@nrw-tourismus.de
www.nrw-tourismus.de

Sauerland-Tourismus e. V.

Johannes-Hummel-Weg 1
D-57392 Schmallenberg
tel. +49 (0)2 97 42 02 190
info@sauerland.com
www.sauerland.com

Hessen Touristik Service e. V.

Abraham-Lincoln-Straße 38
D-65198 Wiesbaden
tel. +49 (0)6 11 77 88 00
hessen.touristik@t-online.de
www.hessen-tourismus.de

Rheinland-Pfalz Tourismus GmbH

Löhrstraße 103
D-56068 Koblenz
tel. +49 (0)2 61 91 52 00
info@gastlandschaften.de
www.gastlandschaften.de

Tourismus Zentrale Saarland GmbH

Franz-Josef-Röder-Straße 9
D-66119 Saarbrücken
tel. +49 (0)6 81 92 72 00
info@tz-s.de
www.tourismus-saarland.de

Tourismus Marketing GmbH Baden-Württemberg

Esslinger Straße 8
D-70182 Stuttgart
tel. +49 (0)7 11 23 85 80
info@toursimus-bw.de
www.toursimus-bw.de

Kaarten en gidsen

ANWB Wegenkaart Duitsland zuid: schaal 1:300.000 (1 cm = 3 km), wegenkaart met onder andere stadsplattegronden van Karlsruhe, Saarbrücken, en Stuttgart.

ANWB Wegenkaart Duitsland midden: schaal 1:300.000 (1 cm = 3 km), wegenkaart met onder andere stadsplattegronden van Dortmund, Düsseldorf, Essen, Frankfurt en Keulen.

ANWB Wegenkaart Duitsland 1: schaal 1:120.000 (1 cm = 1,2 km), wegenkaart met onder andere stadsplattegronden van Ruhrgebied, Düsseldorf en Keulen.

ANWB Groene Vakantiegids Duitsland, Oostenrijk & Zwitserland: accommodatiegids met authentieke en kleinschalige adressen, traditionele boerderijen en biologische boerenbedrijven.

ANWB Extra Eifel: handzame gids met vijftien hoogtepunten en uitneembare losse kaart van de Eifel en Aken.

ANWB Extra Keulen: handzame gids met vijftien hoogtepunten en uitneembare kaart die u wegwijs maakt in metropool Keulen en de directe omgeving.

ANWB Extra Sauerland: handzame gids met vijftien hoogtepunten en uitneembare kaart over het vakantiegebied Saureland en delen van Noord-Hessen, zoals Kassel, Siegen en Gießen.

ANWB Extra Moezel: handzame gids met vijftien hoogtepunten en uitneembare kaart over het Moezeldal, Trier en omgeving.

ANWB Extra Zwarte Woud: handzame gids met vijftien hoogtepunten en uitneembare kaart.

Capitool Reisgids Duitsland: zeer rijk geïllustreerde reisgids met veel foto's, kaarten en opengewerkte tekeningen van bezienswaardigheden.

Michelin Groene Reisgids Duitsland Zuid: praktische gids met korte beschrijvingen, routes en adressen voor een vakantie in Zuid-Duitsland.

Weer en reisseizoen

Klimaat

Het klimaat in Zuidwest-Duitsland-loopt nogal uiteen. Zo lijkt het weer in Nordrhein-Westfalen op het Nederlandse, maar gaan wij meer naar het zuiden langs de Rijn dan stijgen de temperaturen. Naar het oosten komen we steeds meer richting een landklimaat. Daarnaast is het weer in de berggebieden zoals de Taunus, het Hochsauerland en het Zwarte Woud heel anders dan in de warme microklimaten van de rivierdal in de Moezel of het zuidelijke deel van het Rijndal. Helemaal anders is het bijna mediterrane klimaat rondom de Bodensee.

Dalen en laagvlaktes dienen vaak als warmtebekkens. Bergen en bossen zorgen voor meer neerslag. Zo zorgt de ligging van de Deutsche Weinstraße in de Pfalz en op de beide Rijnoevers voor een bijzonder klimaat. Hier valt de minste regen van de gehele streek, minder dan 500 mm per jaar, en de winters zijn milder. Ook in de rivierdalen van de Neckar en Donau is het relatief droger en warmer. Dit zijn dan ook de gebieden waar de meeste en beste wijnen vandaan komen.

Terwijl in Oberschwaben of bij Freiburg mensen al in korte broek lopen, kan er soms in Winterberg of het Zwarte Woud nog door de sneeuw worden gelopen of zelfs geskied. Vooral in het Zwarte Woud, met zijn grote neerslag -gemiddeld 2150 mm per jaar, voornamelijk in de vorm van sneeuw- kan de winter wat langer duren.

Kleding

Het seizoen en de bestemming bepalen welke kleding u meeneemt. Vooral bergwandelaars moeten op alles voorbereid zijn, van zwoele zomertemperaturen tot kille nevels en stevige buien. De beste manier om hiermee om te gaan is het dragen van verschillende lagen: trek onderweg steeds een laagje aan of uit als de omstandigheden wisselen.

Reisseizoen

Voor een culturele of stadsvakantie zijn het weer en het seizoen minder belangrijk. Wel is het ook in Duitsland op cultureel gebied in de zomer rustig: tussen september en juni kunt u de beste tentoonstellingen en/of voorstellingen verwachten. Wintersporters kijken van tevoren goed naar de sneeuwhoogtes, want de klimaatveranderingen zijn ook in Duitsland merkbaar. Actieve vakantiegangers komen tussen april en oktober; op de hellingen is het ook in de zomer aangenaam koel.

Klimaattabel Freiburg

J	F	M	A	M	J	J	A	S	O	N	D
4	6	10	15	19	22	25	24	21	15	9	5

Dagtemperatuur in °C

| -1 | 0 | 3 | 6 | 10 | 13 | 15 | 14 | 12 | 8 | 3 | 0 |

Nachttemperatuur in °C

| 2 | 3 | 4 | 5 | 6 | 7 | 8 | 7 | 6 | 4 | 2 | 2 |

Aantal zonuren per dag

| 12 | 11 | 12 | 13 | 13 | 12 | 11 | 11 | 9 | 9 | 11 | 11 |

Aantal dagen regen per maand

Reizen naar Zuidwest-Duitsland

Douane

Reisdocumenten en goederen

EU-burgers moeten zich in Duitsland kunnen legitimeren met een geldig paspoort of identiteitsbewijs. Ook kinderen hebben een eigen identiteitsbewijs nodig. Goederen die in een EU-lidstaat voor eigen gebruik zijn gekocht, kunnen zonder problemen worden ingevoerd. Richtlijn: tot 800 sigaretten, 90 liter wijn en 10 liter sterkedrank.

Huisdieren

Duitsland is een hondvriendelijk land. Uw geliefde huisdier is op de meeste campings en in veel pensions, vakantiehuizen en hotels welkom, maar overleg wel van tevoren. Ook in restaurants mag de hond doorgaans mee naar binnen, tenzij anders staat aangegeven bij de ingang. Houd op campings en in natuurparken de hond aan de lijn om medebezoekers geen overlast te bezorgen.

Vervoermiddelen

Vliegtuig

Het gehele gebied is per vliegtuig goed bereikbaar. Directe vluchten vanuit Nederland gaan met name naar Frankfurt en Basel. Voor de noordelijke steden als Keulen, Aken of Düsseldorf, heeft vliegen eigenlijk weinig nut, dan is de trein altijd sneller.

Auto

Voor Thüringen en Sachsen ligt de route via Kassel en Bad Hersfeld voor de hand. Voor Beieren hangt de rijroute af van de eindbestemming, maar München zal vaak op de borden staan. Houd in de winter- en zomervakantie rekening met files op het traject Frankfurt–Nürn-berg–München. Ook voorbij München kan het richting de Alpen dan erg druk zijn. In Duitsland moet u altijd een gevarendriehoek, verbanddoos en veiligheidsvesten in de auto hebben. Zie www.anwb.nl voor meer informatie.

Trein

Wie tijdig boekt, kan goedkoop en zonder overstappen vanuit Amsterdam met de ICE naar steden als Keulen, Essen, Düsseldorf, Koblenz, Frankfurt, Mannheim en Freiburg. Prijzen beginnen bij € 29. Intercities (IC) of regionale treinen zorgen voor het verdere vervoer naar andere steden. Steden als Stuttgart, Ulm en Konstanz zijn ook goed te bereiken, zelfs per IC, maar dan moet u wel een keer overstappen. Datzelfde geldt voor reizen vanuit Brussel. Steden als Aken en Karlsruhe zijn zelfs aangesloten op het Thalys/TGV-netwerk. Zie voor prijzen en tijden www.nsinternational.nl, www.bahn.com en www.b-europe.com.

Milieuzones

In de grote Duitse steden krijgen automobilisten te maken met *Umweltzones*, milieuzones die zijn bedoeld om de luchtkwaliteit te verbeteren. U mag zo'n gebied alleen binnenrijden als uw auto een milieusticker (*Umweltplakette*) heeft. Of u een sticker krijgt, is afhankelijk van de uitstoot van uw auto. Daarom moet u bij de aanvraag het kentekenbewijs laten zien. Het aanvragen van een milieusticker kan in Duitsland bij een garage of van tevoren in een ANWB-winkel. Online bestellen kan bij TÜV Nederland via www.anwb.nl.

Reizen in Zuidwest-Duitsland

Openbaar vervoer

Trein

Duitsland lijkt gemaakt om per trein te ontdekken: het spoorlijnennet is fijnmazig, de treinen zijn comfortabel en rijden doorgaans op tijd. Wie bereid is wat meer geld te betalen voor snelheid en extra comfort op de langere afstanden, kiest voor de snelle ICE-treinen (InterCity Express). Een alternatief hiervoor zijn de IC-treinen (InterCity). De langeafstandstreinen zijn herkenbaar aan een rode band onder de ramen en worden niet gesubsidieerd. Het regionale treinverkeer wordt wel door de overheid financieel ondersteund. Er zijn allerlei varianten, van snelle RE-treinen (RegionalExpress) tot nostalgische boemeltjes. Rond de grote steden rijdt de S-Bahn, een trein die vaak stopt. Let op: de meeste regio's hebben kaarten die korting geven voor een bepaalde periode, zoals het Schwarzwald-Ticket. Voor meer informatie: www.bahn.de.

Bus

Dorpen die geen station hebben, zijn meestal per bus bereikbaar. Ook voor het vervoer naar startpunten van wandeltochten in natuurgebieden is de bus ideaal. Vraag bij het toeristenbureau naar vertrektijden en tarieven.

Eigen vervoer

Auto

In geheel Duitsland zijn de wegen doorgaans in uitstekende conditie. Alleen in de winter en na hoogwater in de rivieren kunnen sommige trajecten moeilijk begaanbaar zijn. Maar dit is eerder uitzondering dan regel. Door het gebied lopen tientallen bijzonder mooie autoroutes, zoals de Hochsauerland Höhenstraße of de Oberschwäbische Barockstraße, dat zou al een reden kunnen zijn om met de auto dit gebied in te trekken.

Brandstof

Euro 95: Duitsland is vanaf 2011 overgegaan op E10, een brandstof met tien procent bijmenging van bio-ethanol. 'Super E10 (95 Oktan)', zoals Euro 95 in Duitsland wordt genoemd, is echter meestal nog goed verkrijgbaar. Is uw auto niet geschikt voor E10 en is er geen Euro 95 verkrijgbaar, tank dan Superplus 98.

LPG: er zijn ruim 7000 LPG-stations in Duitsland en dat aantal groeit. LPG wordt *Autogas* of *Flüssiggas* genoemd.

Elektrisch rijden: Duitsland heeft zo'n 2700 *Stromtankstellen* (oplaadpalen). De meeste bevinden zich in en rond de grote steden maar elektrisch rijden wordt nog niet zo gestimuleerd als in Nederland. Kijk op www.bem-ev.de.

Verkeersregels

Maximumsnelheid: voor auto's lichter dan 3500 kg binnen de bebouwde kom 50 km/u, buiten de bebouwde kom 100 km/u. Op Autobahnen geldt geen maximumusnelheid, maar wel aan adviessnelheid van 130 km/u.

Winterbanden: bij winterse omstandigheden is het gebruik van winterbanden verplicht.

Pech onderweg: het is verboden een auto langs de weg te repareren. De auto moet eerst worden versleept naar een veilige plek. Gebruik van een gevarendriehoek is verplicht, tenzij het plaatsen daarvan te gevaarlijk is.

ANWB Alarmcentrale: vanuit het buitenland tel. +31 70 314 14 14.

Overnachten

Hotels en pensions

Vakantiegangers kunnen in Zuidwest-Duitsland kiezen uit hotels in alle prijs- en comfortklassen. Daarnaast hebben bekende ketens als Dorint, Radisson Blu en Steinberger hier een vaste plek verworven, naast een interessante en betaalbare nieuwkomer als Motel One.

Typisch voor Duitsland zijn de *Schlosshotels*, luxe en dus dure accommodaties in sfeervolle kastelen of paleizen. *Gasthöfe* zijn relatief eenvoudige onderkomens; soms moeten gasten hier voor minimaal drie dagen boeken.

In de grote steden kunnen de hotels tijdens vakbeurzen, jaarmarkten en toeristische evenementen overvol zitten. In het algemeen is het verstandig te reserveren in de periode mei-oktober, zeker als u naar toeristische gebieden gaat. In het voor- en naseizoen stunten hotels soms met betaalbare arrangementen, dus het loont om prijzen en hotels met elkaar te vergelijken.

Vakantiewoningen

Een groot aantal vakantiewoningen en appartementen staat de vakantieganger ter beschikking, zowel in de zomer als de winter. Dat kunnen woningen van particulieren zijn of huisjes op een bungalowpark, waarvan het aantal nog altijd groeit. Boeken kan rechtstreeks bij de eigenaar, via regionale toeristenbureaus (zie blz. 19) of bij een boekingsorganisatie. Verschillende Nederlandstalige websites helpen bij het kiezen, maar de meeste keus hebt u bij Duitstalige websites als www.atraveo.de, www.ferienwohnungen.de en www.ferienhausmiete.de. In steden biedt www.airbnb.com vaak uitkomst.

Jeugdherbergen en berghutten

Voor budgetreizigers blijven de jeugdherbergen een uitstekende optie, zeker nu er ook kleinere kamers voor koppels en gezinnen zijn. Er is geen formele leeftijdsgrens, maar de belangrijkste doelgroepen zijn jonge mensen en gezinnen met minimaal één kind. Vraag van tevoren wel een internationale jeugdherbergkaart aan, bijvoorbeeld via www.hihostels.com. Een overzicht van alle adressen vindt u bij www.jugendherberge.de. In wandelgebieden en nationale parken kunnen wandelaars en soms ook skiërs terecht in berghutten. Hier wacht een stevige maaltijd en een overnachting in een slaapzaal of een gezinskamer. Reserveren is vaak noodzakelijk.

Logeren bij de boer

Absoluut favoriet bij kinderen: enkele nachten logeren op een echte boerderij. Ze kunnen helpen bij het verzorgen van de dieren of gewoon lekker ravotten. Slapen gebeurt in een huisje op het erf of in een apart gedeelte van de boerderij. Een overzicht van de mogelijkheden in Duitsland vindt u op www.bauernhofurlaub.de.

Kamperen

Duitse campings zijn doorgaans netjes en schoon. Vrij kamperen is in Duitsland officieel niet toegestaan, hoewel u soms wel op een boerenveldje zult mogen staan. Thuis al een camping uitzoeken kan bijvoorbeeld via www.anwb-camping.nl.

Eten en drinken

Sauerkraut, Kalbshaxe, Kassler, Eisbein en *Sauerbraten* – dit is de gutbürgerliche keuken van Duitsland. Hier wordt veelal degelijke kost gegeten met aardappels, met spek en reuzel, en groene kool. De afgelopen decennia werd deze traditionele keuken steeds meer weggedrukt door de opkomst van mediterrane restaurants en Aziatische keukens, maar hij is weer terug. Met trots tonen jonge chefs hun traditionele menukaarten. Weliswaar in een nieuw jasje, maar wel met de klassieke ingrediënten.

Andere klassieke Duitse gerechten komen steeds vaker op de kaart in de hippere gelegenheden. Zo is de hamburger -ja, die komt echt oorspronkelijk uit Hamburg- ook in Duitsland weer helemaal in en kunt u bijna overal *Flammkuchen* en *Bretzel* krijgen. Ook wordt er, net als in Nederland, steeds vaker rekening gehouden met het seizoen. In november krijgt u overal kastanjes, vaak gecombineerd met gans, en als het wildseizoen van start is gegaan, komen wild zwijn en hert op de kaart. In het voorjaar heb je net als in Nederland het aspergeseizoen, want van de Rijnoevers bij Freiburg komen de lekkerste asperges van Duitsland.

Ontbijt en lunch

Duitsers houden van ontbijten. Een boterham met kaas wordt niet snel geserveerd: bij het *Frühstück* horen een uitgebreide fruitsalade en verschillende soorten yoghurt en kwark met muesli. In de grote steden is het zelfs zo dat je de gehele dag kunt ontbijten. De lunchkaart (*Mittagessen*) biedt een breed scala aan warme en koude gerechten, maar ook steeds vaker een salade.

Kaffeetafel

In het Bergische Land, maar ook daarbuiten, wordt een uitgebreide koffietafel geserveerd, vaak in plaats van de lunch. Naast zoetigheden, zoals rozijnenbrood met bietenstroop, wafels met warme kersen of *Ballebäuschen*, een soort poffertjes, wordt rogge- en desembrood met allerlei soorten hammen, kazen en worsten opgediend. Dit hoort u natuurlijk met koffie te drinken, maar in de wijngebieden komt er al snel een glas wijn aan te pas.

Voorgerechten

Voorgerechten zijn vaak heldere soepen met reepjes pannenkoek of leverballetjes (*Leberknödelsuppe*), maar ook steeds vaker een salade, hoewel die in de meeste gevallen rijkgevuld zijn met uitgebakken spek en/of kaas.

Hoofdgerechten

Vlees

De traditionele maaltijd wordt samengesteld rond het vleesgerecht, waarbij vooral rund- en varkensvlees op tafel komen. Verschillende regionale specialiteiten hebben het inmiddels geschopt tot landelijke en zelfs internationale bekendheid. De *schnitzel* – een platgeslagen stuk varkens- of kalfsvlees, al dan niet gepaneerd – staat in vele varianten op de menukaart.

Ook gebraden vlees is er in alle soorten en maten. De klassieker *Schweinebraten* is varkensvlees dat met of zonder knapperige korst wordt geserveerd. *Sauerbraten* wordt gemarineerd, drie dagen maar liefst, en daarna enkele uren in de (zure) marinade gestoofd, waarbij de zure smaak verdwijnt. Avontuurlijke eters kiezen voor de in Rheinhessen en de Pfalz geliefde *Saumagen* -gevulde varkensmaag- of bloedworst.

Wild, vis en gevogelte

In het najaar, zodra het jachtseizoen is begonnen, verschijnt er wild op de menukaart. Klassiekers zijn hertenbiefstuk en reerug, maar proef zeker ook eens fazant met zuurkool. De vangst uit de grote meren en rivieren komt op het bord onder namen als *Karpfen* (karper), *Forelle* (forel), *Barsch* (baars), *Hecht* (snoek) en *Zander* (snoekbaars).

Bijgerechten

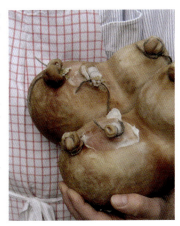

Saumagen is verrassend lekker!

Groenten

In de Duitse keuken worden groenten vaak als garnering opgediend. Veel keuze is er daarbij niet – behalve als het gaat om *Kraut* (kool), dat in allerlei vormen en smaken op tafel komt. Ook *Rettich* (een witte wortel met radijssmaak) wordt vaak in bijgerechten verwerkt. Wie toch zijn vitaminen binnen wil krijgen, kiest voor een *Salatteller*, een gevarieerde saladeschotel. In het voorjaar zijn *Spargeln* (asperges) erg populair.

Knoedels

Deegwaren en meelspijzen vormen een vast onderdeel van een klassieke Duitse maaltijd. Vooral in de Schwäbische Alb en Stuttgart komt u *Maultaschen* tegen: deegkussentjes die met van alles worden gevuld. En natuurlijk vindt u overal *Knödel*, in de soep, als bijgerecht en zelfs gevuld als toetje.

Zoetigheden

Aan het eind van de middag duikt men graag een café of *Konditorei* in voor *Kaffee und Kuchen*, waarbij er een zeer gevarieerde keuze is aan taarten en andere vormen van gebak. Een *Konditorei* is ook dé plek om regionale specialiteiten te kopen. In de kerstperiode liggen de winkels vol met *Lebkuchen*, een soort taaitaai met seizoensdecoraties.

Bier en wijn

Bierliefhebbers kunnen zich uitleven in heel Zuidwest-Duitsland. Vooral Keulen staat bekend om zijn vele *Brauhäuser* waar zelfgebrouwen *Kölsch* wordt geschonken. In het Sauerland ligt de brouwerij waar het beroemde Warsteiner bier gebrouwen.

Langs de rivieren liggen de wijngaarden. De Moezelwijnen werden door de Romeinen al 1700 jaar geleden op grote waarde geschat. De gebieden bij Rheinhessen en de Pfalz staan bekend om de rieslingwijnen en sekt maar er komt ook steeds betere rode wijn uit deze streken. Het wijngebied rond de rivier de Ahr staat er zelfs bekend om. En ook langs de Neckar of aan de Bodensee worden goede wijnen gemaakt.

Actieve vakanties, sport en wellness

Fietsen en mountainbiken

Fietsers hebben het echt voor het uitzoeken in Duitsland. Populair zijn vooral de meerdaagse fietsroutes langs de rivieren. Zo slingert de Neckarradweg langs de Neckar en in de Eifel gaan er routes langs de Ahr en de Moezel. Plaatselijke toeristenbureaus hebben tal van kortere dagtochten uitgezet. Wie wil overnachten in een fietsvriendelijke accommodatie, zoekt een geschikt adres via www.bettundbike.de. De bergachtige gebieden zijn favoriet bij mountainbikers. Let op: ga niet buiten de gemarkeerde paden om de natuur te sparen.

Klimmen

De grillige rotsen langs het Donaudal zijn een droom voor freeclimbers. Maar ook in het Sauerland, het Pfälzer Wald, het Zwarte Woud of de Schwäbische Alb zijn eindeloze mogelijkheden. Meer informatie: www.klettergebiete.info.

Kuren en wellness

De traditie van het kuren begon in Duitsland al in de Romeinse tijd. Nu beschikt het land over een enorm aantal kuuroorden met schone berglucht, minerale thermaalbaden, Kneippcentra en wellnesspaleizen. Voor meer informatie zie Essay blz. 54.

Paardrijden

Voor tochten of meerdaagse ruitervakanties zijn er volop mogelijkheden. Kijk op www.pferd-aktuell.de.

Wandelen

Het toeristenbureau heeft een enorm aanbod aan korte, vaak thematische wandelingen. Ook zijn er vaak zogenaamde Naturerlebnispfade die veel uitleg geven over de natuur. Wie de natuur in wil, kan kiezen uit rondjes van een paar km tot meerdaagse tochten, zoals de Rheinsteig of de Rothaarsteig. Zoals u zult verwachten zijn de routes goed gemarkeerd, maar neem bij langere tochten altijd een wandelkaart mee en reserveer tijdig accommodatie. In de natuurgebieden zitten vaak Naturfreundehäuser.

Watersport

Verschillende rivieren lenen zich voor een ontspannende of juist uitdagende kanotocht. Alle regio's in deze gids hebben kanovriendelijke rivieren en kanoverhuurders die het benodigde materiaal en eventueel een cursus aanbieden. De meeste meren in het gebied, zoals de Möhnesee in het Sauerland, de Rursee in de Eifel, maar ook de Schluchsee in het Zwarte Woud en natuurlijk de Bodensee, zijn zeer geschikt voor watersporten. Zeilbootjes en surfplanken kunnen op veel plaatsen worden gehuurd.

Wintersport

Zodra de eerste sneeuw gevallen is, verzamelen skiërs en andere wintersporters zich al snel bij de 'Hollandse Alpen', zoals het gebied bij Winterberg vaak wordt genoemd. Maar in het Zwarte Woud komt u als wintersporter echt aan uw trekken.

Feestagenda

Februari/maart

Karneval, Rosenmontag en Weiberfastnacht: van oorsprong katholiek feest voorafgaand aan Aswoensdag. Elke regio heeft zijn eigen gewoonten, maar befaamd zijn de carnavalsfeesten in Keulen en Mainz.

Maart/april

Nacht der Museen: ieder jaar openen de Frankfurtse musea in april hun deuren voor de hele nacht. Is een nacht te kort, wacht dan tot augustus voor het **Museumsuferfest.**

Mei/juni

Schützenfesten: in het Sauerland worden de hele zomer lang uitgebreid schuttersfeesten (tot eind september) gevierd met de bijzondere combinatie van schietwedstrijden en het drinken van veel bier.

Juni

documenta Kassel: de grootste beurs voor hedendaagse kunst ter wereld. Tijdens honderd dagen is heel Kassel een groot avantgardistisch feest. Iedere vijf jaar (2017) van juni tot september (www.documenta.de). Duurt dat te lang dan is **Art Cologne** (april) een goed alternatief (www.artcologne.de).

Juli

Kölner Lichter speelt zich af op de tweede zaterdag in juli met muziek en een groot vuurwerk op de Rijn (www.koelner-lichter.de). **Nibelungen Festspiele:** openluchttheater voor de dom van Worms met opvoeringen over onder meer de Nibelungensage (www.nibelungenfestspiele.de).

Juli/augustus

Mozartsommer: Mannheim en Schwetzingen staan eind juli in het teken van Mozart: een tweejaarlijks (2016) negen dagen lang muziekfestival (www.mannheimer-mozartsommer.de).

Augustus

Ritterspiele: in de laatste week van augustus worden in het Moezeldal en langs de Rijn ridderspelen georganiseerd met geharnaste ridders, jonkvrouwen en riddermaaltijden.

September

Wurstfest: hoewel het anders klinkt, is dit het wijnoogstfeest van de Pfalz. U moet wel van mensen houden, want het feest trekt jaarlijks zevenhonderdduizend mensen. Laatste twee weken van september (www.wurstfest.de).

September/oktober

Canstatter Volksfest: eind september-begin oktober is het hoogtepunt van het festivalseizoen. Achtbanen, draaimolens, Biergärten en veel live muziek (www.canstatter-volksfest.de).

November

Enjoy Jazz: in de eerste twee weken van november is Heidelberg het toneel van dit internationaal vermaarde jazzfestival (www.heidelberg.de).

December

Weihnachtsmarkte: vanaf eind november worden de kerstmarkten opgezet met veel *Glühwein*, *Lebkuchen* en kerstversieringen. Vooral die in Düsseldorf is beroemd (www.weihnachtsmarkt-deutschland.de).

Praktische informatie van A tot Z

Ambassades en consulaten

Nederlandse ambassade in Duitsland

Klosterstraße 50
D-10179 Berlijn
tel. +49 (0)30 20 95 60
bln@minbuza.nl
http://duitsland.nlambassade.org

Nederlands consulaat

Consulaat-generaal München
Kennedydamm 24
(Sky Office, 7e verdieping)
D-40476 Düsseldorf
tel. +49 211 179301-0
http://dusseldorf.nlconsulaat.org

Belgische ambassade in Duitsland

Jägerstraße 52-53
10117 Berlijn
tel. +49 (0)30 20 64 20
berlin@diplobel.fed.be
http://diplomatie.belgium.be/germany/

Apotheken

In de regionale kranten en op bordjes bij de ingang van elke apotheek staat vermeld welke apotheken buiten de normale openingsuren zijn geopend, of kijk op www.apotheken.de.

Feestdagen

1 januari – Nieuwjaar (*Neujahr*)
6 januari – Driekoningen (*Heilige Drei Könige*)
Goede Vrijdag (*Karfreitag*)
Pasen (*Ostern*)
1 mei – Dag van de Arbeid (*Tag der Arbeit*)
Hemelvaart (*Christi Himmelfahrt*)
Pinksteren (*Pfingstsonntag/-montag*)
Sacramentsdag (*Frohleichnam*)
15 augustus – Maria Hemelvaart (*Mariä Himmelfahrt*)
3 oktober – Dag van de Duitse Eenheid (*Tag der Deutschen Einheit*)
1 november – Allerheiligen
25/26 december – Kerst (*Weihnachten*)

Fooien

In restaurants is het gebruikelijk 5-10% van het totaalbedrag van de rekening als fooi (*Trinkgeld*) te geven.

Fotograferen en filmen

Fotograferen en filmen mag overal, behalve in bepaalde musea en bezienswaardigheden.

Geld

Geldautomaten zijn er in bijna alle dorpen en steden; creditcards worden in bijna alle restaurants, hotels en grote winkels geaccepteerd.

Gezondheid

Bij een ongeval belt u het landelijke alarmnummer 112 en vraagt u om een ambulance (*Krankenwagen*). De grote ziekenhuizen beschikken over een EHBO-afdeling die vaak 24 uur per dag is geopend.

Handig is het om voor vertrek een Europese gezondheidskaart (EHIC) aan te vragen via www.ehic.nl. Deze kaart heeft als doel de procedures rond de medisch hulp te vergemakkelijken.

Kinderen

Voor kinderen is er meer dan genoeg te beleven in dit deel van Duitsland: van zwemparadijzen tot attractieparken, zwemstrandjes, dierentuinen, klimparken en natuurwandelingen.

Kranten

Naast bekende dagbladen als de *Frankfurter Allgemeine Zeiting* (conservatief) en *Bild* (boulevardblad) verschijnt ook de *Süddeutsche Zeitung* (links-liberaal) in het hele land.

Noodnummers

Politie: tel. 110
Landelijk alarmnummer (ongeval, brandweer): tel. 112
Noodgeval in de bergen: tel. 112
ANWB Alarmcentrale: +31 70 314 14 14

Openingstijden

Banken: doorgaans ma.-vr. 9-13 en 13.30/14-16 uur.
Winkels: warenhuizen en supermarkten in grote steden ma.-za. 9/10-20 uur; kleine winkels en supermarkten in dorpen en kleine steden sluiten om 18/18.30 uur, op za. soms al om 12-14 uur.
Musea: meestal gesloten op maandag. In de wintermaanden zijn er vaak afwijkende openingstijden.
Restaurants: buiten de toeristische gebieden en het hoogseizoen hebben restaurants vaak een *Ruhetag* waarop ze gesloten zijn. Dat geldt ook voor restaurants in hotels.

Reizen met een handicap

Barrierefrei Reisen noemen ze het in Duitsland: reizen voor mensen met een handicap of een beperkte mobiliteit (*Behinderte*). Zoals te verwachten is dat meestal uitstekend geregeld. Dat begint al bij de luchtvaartmaatschappij Lufthansa en de Duitse spoorwegen, die – na tijdige aanmelding – hulp bieden bij het in- en uitstappen. Veel hotels beschikken over rolstoelvriendelijke kamers en ook veel musea, theaters en restaurants zijn goed toegankelijk voor rolstoelen. Voor extra achtergondinformatie, zie www.barrierefreie-reiseziele.de.

Roken

Officieel is roken verboden in alle openbare ruimtes en horecagelegenheden. De naleving van dit verbod verschilt echter per deelstaat.

Taal

Duits is de voertaal, maar zeker in de steden en in toeristische gebieden kunt u met Engels prima uit de voeten. .

Telefoon en internet

De dekking van mobiele telefoons is meestal goed, maar in afgelegen gebieden kan het signaal zwak zijn.

Internationale landnummers

Duitsland: 49
Nederland: 31
België: 32

Veiligheid

Duitsland is een relatief veilige reisbestemming, maar neem wel alle gebruikelijke voorzorgsmaatregelen: laat geen waardevolle spullen in de auto achter en let op drukke plekken, zoals markten, altijd goed op uw tas.

Kennismaking – Feiten en cijfers, achtergronden

De Münster in Freiburg

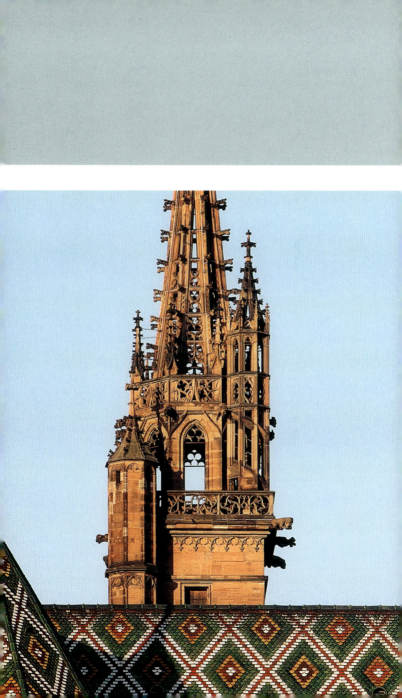

Duitsland zuidwest in het kort

Feiten en cijfers

Ligging: het gebied dat in deze gids wordt beschreven beslaat het zuidelijke deel van Nordrhein-Westfalen, geheel Hessen, Saarland, Rheinland-Pfalz en Baden-Württemberg.

Omvang: van noord naar zuid bedraagt de maximale afstand 545 km; van oost naar west is dat 270 km. Met een oppervlakte van meer dan 100.000 km² is Zuidwest Duitsland 2,5 keer zo groot als Nederland.

Inwoners: er wonen in totaal bijna veertig miljoen mensen, waarvan het grootste deel in verstedelijkste gebieden.

Het zuidelijke deel van Nordrhein-Westfalen omvat het Ruhrgebied en delen van het Sauerland maar ook de grote steden langs de Rijn als Keulen en Düsseldorf en zelfs Aken en het noordelijke deel van de Eifel. Vooral het verstedelijkte gebied rond de Rijn en het Ruhrgebied zorgt ervoor dat dit een van de dichtstbevolkte gebieden van Duitsland is met meer dan achttien miljoen mensen. Het wordt vaak gezien als de motor van de economie met de industrie van het Ruhrgebied en de grote dienstensector in Düsseldorf en Keulen.

In het zuiden grenst Nordrhein-Westfalen aan Rheinland-Pfalz. Hier wonen beduidend minder mensen -4 miljoen- en spelen natuur, land-, bos- en wijnbouw een grote rol. De grote steden zijn Koblenz, Mainz, Trier en Ludwigshafen. Deze staat is ontstaan door een samenvoeging van het westelijk deel van Nassau, Rheinhessen en de Pfalz. Het land omsluit de kleinste en jongste deelstaat (1956) Saarland.

Hessen, ten oosten van Nordrhein-Westfalen en Rheinland-Pfalz, is op te delen in een noordelijk deel dat dun bevolkt is, met heuvelruggen en grote natuurgebieden en met Kassel als centrum. In het zuidelijk deel liggen de grote steden als Wiesbaden, Darmstadt en Frankfurt. De zes miljoen inwoners leven in het zuidelijk deel langs de Rijn.

Verder naar het zuiden, waar de Neckar in de Rijn stroomt, komt u in Baden-Württemberg. Het voormalige Baden kan grofweg gezien worden als het westelijk deel van het Bundesland. Het Zwarte Woud is de natuurlijke grens met het oostelijk gelegen Württemberg. In het westen vormt de Rijn de grens met Frankrijk en in het zuiden met Zwitserland. In Württemberg ligt aan de Neckar de hoofdstad Stuttgart en de hoogvlakte van de Schwäbische Alb.

Geografie en natuur

Eigenlijk biedt Zuidwest-Duitsland alle landschappen die u zich kunt voorstellen behalve een echte kust. Glooiende heuvels, rivierdalen, gebergten en hoogvlaktes en grote meren. Het Rijndal loopt door het gehele gebied van noord naar zuid. Een aantal grote heuvelruggen ligt van west naar oost, zoals de Hunsrück en de Schwäbische Alb. Het beroemdste woud ter wereld, het Zwarte Woud, deelt Baden-Württemberg in tweeën.

Het noorden en het Saarland staan bekend om hun kolen en staal en de Eifel vanwege het bijzonder vulkaanlandschap dat al veertigduizend jaar geleden is ontstaan. Enorme bossen, zoals het Arnsberger Wald en het Pfälzer Wald, zijn natuurgebieden die nog niet zijn overspoeld door toeristen.

De rivierdalen zijn tegenwoordig bijna volledig bebouwd met bewoning of wijnbouw en fruitteelt behalve het deel tussen Koblenz en Mainz dat UNESCO Werelderfgoed is. Overigens, van de 39 gebieden die in Duitsland zijn geselecteerd door UNESCO als bijzonder cultureel of natuurlijk erfgoed, liggen er 14 in Zuidwest-Duitsland.

Geschiedenis

Duitsland heeft een lange, rijke geschiedenis en met name dit deel heeft een belangrijke rol gespeeld vanwege het handels- en strategische belang van de rivieren als de Moezel, Neckar en Rijn. Hierlangs liepen de grenzen van het Romeinse Rijk en hier ontstonden de eerste grote steden, als Trier en Aken.

Langs de Rijn liggen ook de steden waar de Duitse koningen en keizers gekroond en begraven werden. De romaanse kathedralen, zoals in Speyer, Worms, Mainz en Keulen, zijn hier getuigen van. Zowel het ontstaan van democratiseringsbewegingen, bij het Hambacher Schloss of in Frankfurt, als de snelle industrialisering, in het Ruhrgebied, vonden hier plaats.

Maar dit is, vanwege de nabijheid van de Franse grens, ook het gebied waar eeuwenlang veel en vaak gevochten is. Zo is het grootste deel van de steden tijdens de Dertigjarige Oorlog (1618-1648) door Franse of Zweedse troepen in de as gelegd. Saarbrücken werd al in de Eerste Wereldoorlog gebombardeerd en in de jaren 1942-1945, is op een enkele uit-zondering na, iedere stad grotendeels verwoest door geallieerde bombardementen.

Staat en politiek

Sinds 1990 telt de Bondsrepubliek Duitsland zestien deelstaten (*Bündesländer*). Elke deelstaat beschikt over een eigen grondwet, een parlement en een regering. Deze regeringen sturen vertegenwoordigers naar de Bondsraad in Berlijn, die zich vooral bezighoudt met federale wetgeving. Daarnaast is er een Bondsdag (*Bundestag*), met daarin rechtstreeks gekozen volksvertegenwoordigers. Zij kiezen Bondskanselier. Hierboven staat de Bondspresident, die vooral een representatieve functie heeft.

Economie en toerisme

Staalindustrie en farmacie beheersen de omgeving van het Ruhrgebied. En nog steeds wordt hier bruinkool uit de grond gehaald. Steden als Düsseldorf en Keulen drijven op een uitgebreide dienstensector en het centrum van de bancaire wereld van Duitsland en Europa ligt in Frankfurt. Het gebied staat daarnaast bekend om zijn omvangrijke autoindustrie: Daimler-Benz in Ludwigshafen, Opel in Rüsselsheim en Porsche en Mercedes in Stuttgart.

Op het gebied van landbouw begint wijnbouw een steeds grotere rol te spelen. De rijn- en moezelwijnen worden steeds vaker naar het buitenland geëxporteerd. En, de wijngebieden zijn ook grote toeristentrekkers.

Duitsland is als toeristisch bestemming in opkomst vanwege de relatief lage prijzen, de kwaliteit van het hotel- en restaurantaanbod en de vriendelijke bevolking. Natuurlijk spelen de afwisselende natuur en het grote culturele aanbod ook een belangrijke rol. Eigenlijk een ideaal vakantieland dus.

Geschiedenis

250.000 v.Chr.	De 'eerste' mens wordt nog steeds genoemd naar de plek waar voor het eerst zijn schedel werd gevonden: het Neandelthal bij Düsseldorf.
tot 10.000 v.Chr.	Het gebied ten noorden van de Alpen is vanwege de ijstijden niet geschikt voor bewoning.
na 2000 v.Chr.	Bronstijd. Mensen leren bronzen voorwerpen te maken door koper en tin te smelten en te mengen. Hunebedden verdringen grafheuvels.
na 800 v.Chr.	IJzertijd. De Kelten trekken Duitsland vanuit Midden-Europa binnen en ontwikkelen zich tot de dominerende cultuur. Later volgen de Germanen vanuit het noorden.
6 n.Chr.	De Romeinen bezetten kortstondig geheel Germania met de Oder als oostgrens. In 9 n.Chr. worden zij bij het Teutoburgerwoud verslagen en trekken zich terug ten westen van de Rijn en ten zuiden van de Donau. Deze grens blijft tot 406 bestaan.
1e-3e eeuw	Romeinen bouwen versterkingen op strategische plaatsen, stichten steden als Trier en Keulen en ontwikkelen handelsroutes.
3e-4e eeuw	Invallen van Germaanse stammen.
5e eeuw	Romeinen geven het gebied op, Franken vestigen zich in het Rijnland.
6e eeuw	Franken onder Clovis veroveren in 502 grote delen van het huidige Baden-Württemberg.
6e-8e eeuw	Clovis bekeert zich tot het christendom, rondreizende predikers, onder wie Bonifatius, verspreiden het geloof en stichten bisdommen.
8e-10e eeuw	Het rijk van Karel de Grote (768-814) valt na zijn dood uiteen. Zuidwest-Duitsland valt eerst onder Lotharius I en wordt later verdeeld onder de 'stamhertogen' van Saksen, Schwaben en Franken.
962	Otto I, de hertog van Sachsen, wordt in Aken tot koning en in Rome tot keizer van Duitsland gekroond. Dit is het begin van het Heilige Roomse Rijk, een politiek verband tussen een groot aantal vorstendommen in Centraal-Europa, dat tot 1806 zal blijven bestaan.
11e-15e eeuw	De steden langs de Rijn maken een grote bloeiperiode door, te zie aan de (uit)bouw van de kathedralen, vooral in de 'nieuwe' rijkssteden en de hoofdsteden van de keurvorsten.

1521	Maarten Luther wordt tijdens de Rijksdag in Worms geëxcommuni- ceerd naar aanleiding van zijn 95 proteststellingen.De Reformatie kan echter niet tegengehouden worden.
1555	Godsdienstvrede van Augsburg: iedere Duitse vorst mag zelf bepalen welke godsdienst in zijn land geldt. Er is geen sprake meer van religi- euze eenheid in het rijk en de macht van de keizer is tanende.
1618-1648	Mede door de door de contrareformatie opgelopen spanningen tus- sen de katholieken en protestanten komt het tot de Dertigjarige Oor- log, waarbij veel Europese staten betrokken zijn: geen enkele stad in Zuidwest-Duitsland wordt gespaard.
1799-1814	Napoleon verovert Roomse Rijk, behalve Pruisen en Oostenrijk, en vormt in 1806 de Duitse Bond met zestien vorstendommen. Dit bete- kent het einde van het Heilige Roomse Rijk (1806).
1814-1871	Grote delen van Zuidwest-Duitsland vallen onder de Duitse Bond on- der leiding van Oostenrijk tot de, door Pruisen bewerkstelligde, een- wording van Duitsland in 1871.
1871-1914	Het Duitse Keizerrijk, met Otto von Bismarck als kanselier, moderni- seert en wordt een Europese grootmacht onder Pruisische leiding.
1914-1918	De met enthousiasme begonnen Eerste Wereldoorlog leidt tot een enorm verlies aan mensenlevens van beide zijden. Na de ineenstor- ting van het front wordt Duitsland gedwongen een vernederende vrede te tekenen in Versailles. Opstanden leiden tot de oprichting van de Weimarrepubliek. Keizer Wilhelm II wijkt uit naar Nederland.
1918-1939	De zwakke republiek wordt door zowel linkse als rechtse extremis- ten belaagd. In 1933 grijpt Adolf Hitler de macht en ontpopt zich tot dictator met vooral anti-Joodse maatregelen die in 1938 leiden tot de Kristallnacht en vanaf 1942 tot de totale vernietiging (*Entlösung*) van de Joodse bevolking.
1939-1945	Met de aanval op Polen ontketent Duitsland de Tweede Wereldoorlog. Na aanvankelijke successen keert het tij vanaf 1942 (Slag bij Stalingrad) tegen Hitler en leidt tot de nederlaag en opsplitsing van Duitsland tus- sen de geallieerden: Amerika, Engeland, Frankrijk en Rusland.
1949-1990	Tijdens de Koude Oorlog is Duitsland opgesplitst tussen de Bondsre- publiek en de communistische DDR.
1989-nu	Na de val van De Muur en gezamenlijke Bondsverkiezingen vindt op 3 oktober 1990 de Duitse hereniging plaats.

Vruchtbaar land, een aangenaam klimaat en een machtige rivier – het is niet verwonderlijk dat het gebied langs de Rijn al vroeg werd bewoond. Bovendien bleken de rotsen en beboste bergtoppen ideaal voor de bouw van burchten. Zelfs als ruïnes geven ze het landschap nu een romantisch middeleeuws tintje.

Tijdens de invallen van de Noormannen en Hongaren rond het jaar 900 bouwde de bevolking vluchtburchten met daaromheen een ringwal. Resten van zo'n versterking zijn bijvoorbeeld nog te zien bij Deidesheim in de Pfalz. Bijzonder is ook het Schlössl bij Klingenmünster; hier werd in de 11e eeuw binnen de vluchtburcht een motte gebouwd, een versterking op een met de hand opgeworpen heuveltje.

Na de 11e eeuw zou de Pfalz uitgroeien tot het kloppende hart van het Duitse Rijk: lagere adel, koningen en keizers bouwden hier een groot aantal burchten. Het was de tijd van het mach-

Burchten langs de Rijn – symbolen van macht en status

De Rijksburcht Trifels bij Annweiler: thuisbasis van de Staufers

tige vorstenhuis van de Staufers, ook wel Hohenstaufen genoemd, met als bekendste namen keizer Frederik I (Barbarossa), Hendrik IV en Frederik II. Ze regeerden aanvankelijk niet vanuit een vaste burcht, maar trokken rond door hun rijk om recht te spreken, hof te houden en kloosters en steden te stichten. Ze gebruikten daarvoor eeuwenoude wegen, waar eerder al Kelten en Romeinen hun voetsporen hadden achtergelaten.

Reichsburg Trifels

Om al deze wegen, kloosters en stadjes te beschermen, bouwden de Staufers een hele serie burchten, met als centrum de Rijksburcht Trifels bij het huidige Annweiler. Al rond 1100 stond er een eerste vesting op de drie toppen (vandaar de naam Tri-fels) van de bergrug. Omstreeks 1200 lieten de Staufers hier een stenen, vierkante donjon oprichten. Deze diende niet alleen als laatste vluchtplaats, maar ook als kapel en toegang tot de andere woongebouwen. Ook bewaarden ze hier de kroonjuwelen van het Heilige Roomse Rijk. In de Dertigjarige Oorlog (1618-1648) verviel de burcht tot een ruïne. Wat er nu staat is een fantasierijke reconstructie uit de 19e eeuw en vooral de nazitijd.

Aan de noordkant van de Rijksburcht bestaat de serie versterkingen onder meer uit de Ramburg, Neuscharfeneck en Meistersel; aan de zuidkant liggen de Scharfenberg (Münz), Neukastel, Madenburg, Landeck en Guttenberg. Hiervan is vooral Burg Landeck, die het klooster van Klingenmünster moest beschermen, goed bewaard gebleven.

Statussymbolen

Halverwege de 13e eeuw was het gedaan met de macht van de Staufers en ont-stond er een machtsvacuüm. De lagere adel sprong meteen in het gat en begon nu ook zelf burchten te bouwen. In het dal van de Neckar en langs de Bergstraße verrezen zo vestingen als de Strahlenburg (Schriesheim), Starkenburg (Heppenheim) en Burg Auerbach (Bensheim). Intussen probeerden drie machtsblokken hun invloed te versterken: de keurvorsten van de Rijn (leenheren van de vroegere keizers), de bisschoppen van Speyer en de graven van Leiningen. Hun burchten sieren nog altijd het landschap als herinneringen aan de machtsstrijd. Zo bouwden de keurvorsten mee aan de voorganger van het beroemde Heidelbergerschloss en aan de Wolfsburg bij Neustadt an der Weinstraße, nu een sfeervolle ruïne. De bisschoppen van Speyer, die hun buren ten diepste wantrouwden, bouwden de Kästenburg, wat later zou uitgroeien tot het Hambacher Schloss. En de Hardenburg in Bad Dürkheim – nu een imposante ruïne – werd begin 13e eeuw gebouwd door de graven van Leiningen.

Burchten bezoeken

Reichsburg Trifels: Annweiler, tel. 06 34 68 470, apr.-sept. dag. 9-18, okt.-nov. en jan.-mrt. dag. 9-17 uur, entree € 3

Burg Landeck: Weinstrasse, Klingenmünster, tel. 06 34 98 729, www.landeck-burg.de, regelmatig rondleidingen, eind juni za. en zo. oudste historische kasteelfeest van de Pfalz.

Heidelbergerschloss: Schlosshof 1, Heidelberg, tel. 06 22 15 38 472, www.schloss-heidelberg.de, dag. 8-18 uur, entree € 6

Hambacher Schloss: Neustadt an der Weinstraße, tel. 06 32 19 62 90, www.hambacher-schloss.de, rondleidingen apr.-okt. dag. 11-16, nov.-mrt. za., zo. 11-14 uur, entree € 8

Faust – tussen feiten en fictie

Staufen, een middeleeuws stadje in het hart van het Zwarte Woud, is trots op een vroegere inwoner die de wereldliteratuur haalde: Johann Georg Faust. Deze 'dokter' zou een pact met de duivel hebben gesloten in ruil voor kennis, macht en rijkdom. Hij woonde het laatste deel van zijn leven in Staufen en overleed hier omstreeks 1539. Maar waar eindigen de feiten en begint de legende?

De beroemde Duitse literator Johann Wolfgang von Goethe schreef verschillende boeken over de Faustlegende. Zijn werken zouden wereldberoemd worden, maar hij had het verhaal niet zelf verzonnen: al in de 16e eeuw verschenen de eerste geschriften over de medicus, magiër en alchemist Faust, die zijn ziel verkocht aan Mephistopheles, de verpersoonlijking van de duivel. Faust kreeg tijdens zijn leven bovenaardse kennis en macht, en moest in ruil daarvoor na zijn dood de duivel dienen. Maar Faust werd hopeloos verliefd op Gretchen en wilde het duivelse pact dolgraag ongedaan maken ...

De echte Faust

Johann Georg Faust – Goethe gaf hem de voornaam Heinrich – heeft daadwerkelijk bestaan. Hij werd in 1480 geboren in de plaats Knittlingen in Baden-Württemberg (het vroegere stadshuis is nu ingericht als Faust-Museum; www.faustmuseum.de). Faust studeerde theologie in Heidelberg, maar verdiepte zich tijdens zijn zwerftochten ook in de geneeskunde, alchemie, astrologie en andere 'wetenschappen'. Vanaf 1532 woonde hij in Nürnberg en later in de regio Breisgau. Waarschijnlijk claimde hij goud te kunnen maken, zoals meer alchemisten in die tijd. Dat trok de aandacht van de kasteelheer Anton van Staufen, die een oplossing zocht voor zijn torenhoge schulden. Volgens de verhalen ging het mis toen Faust logeerde in Gasthaus im Löwen in Staufen: een van zijn magische experimenten leidde tot een explosie en Faust kwam daarbij op gruwelijke wijze om het leven. Zijn lichaam werd gevonden in '*grässlich deformiertem Zustand*' – alsof de duivel hem in hoogsteigen persoon was komen ophalen.

Geboorte van een legende

Na zijn spectaculaire dood kwam de mythevorming rond Faust al snel op gang, zowel in geschriften als door mondelinge overlevering. Daarbij werden de feiten vermengd met oudere verhalen over zwarte magiërs. Een kroniek uit 1564 leverde de tekst die ook nu nog de gevel van Gasthaus im Löwen in Staufen siert: 'Anno 1539 is in Leuen te Staufen dokter Faustus, zo een wonderbaarlijke nigromantie (meester van de zwarte kunst) geweest, ellendig gestorven en er gaat de sage rond van de hoofdduivel ene Mephistopheles, die hij tijdens zijn leven

alleen maar een zwager noemde, hem nadat het pact van 24 jaar was afgelopen de nek heeft gebroken en zijn arme ziel aan de eeuwige verdoemenis heeft toevertrouwd.'

Beroemd werd ook het boek *Historia von D. Johann Fausten*, dat in 1587 in Frankfurt verscheen. Hierin waren voor het eerst alle klassiek geworden thema's en personages van het verhaal aanwezig. Het boek werd ook in het Engels vertaald en zou als basis gaan dienen voor talrijke toneelstukken, poppenkastvoorstellingen, muziekstukken en nog veel meer boeken. Zo kwam ook Goethe met het verhaal in aanraking. Vanaf 1772 werkte hij drie jaar aan de oerversie van zijn *Faust*, die echter pas in 1887 voor het eerst zou worden gepubliceerd. Een andere versie, verdeeld over twee delen, verscheen in 1808 en 1832, het jaar waarin Goethe overleed.

Faust in Staufen

Met zo'n beroemde inwoner is het niet verwonderlijk dat Staufen de naam van Faust in ere houdt. Een plaatselijke school is naar hem vernoemd en in Auerbachs Kellertheater staat Faust regelmatig op het programma. Bovendien is er een Faustexpositie ingericht in het Stadtmuseum en vragen veel gasten in Gasthaus im Löwen nog altijd naar de mythische kamer 5. Maar het is niet alles goud wat er blinkt. Toen in 2007 werd begonnen met diepe boringen in de bodem, kwam grondwater in contact met een laag gips erboven. Het gips zette uit en de bodem onder Staufen steeg met soms wel 45 cm. Gevolg: er ontstonden diepe scheuren in wegen en gebouwen, waaronder het Rathaus en het beroemde Gasthaus. Sommige panden zullen zelfs moeten worden afgebroken. Is dit wellicht de ultieme wraak van Mephistopheles?

Sommige Duitse woorden zijn nauwelijks in het Nederlands te vertalen omdat ze een begrip op zich zijn. Neem het fenomeen van de 'Biergarten', de terrassen met lange tafels die typisch zijn voor het stadsbeeld in Zuid-Duitsland en vooral in Beieren – het Nederlandse woord 'biertuin' komt niet eens in de buurt. Iets vergelijkbaars geldt voor het begrip 'Stammtisch'. De letterlijke vertaling zou zijn 'stamtafel', maar dat dekt de lading maar half. Maar wat is een Stammtisch dan wel?

In veel Duitse huishoudens is de tafel hét centrale punt. Hier wordt gegeten en gedronken en hier komen de dagelijkse beslommeringen ter sprake. Dus wie als gast aan de keukentafel mag aanschuiven, weet dat het wel goed zit.

Gereserveerd!

Ook buitenshuis zoeken de Duitsers graag de gezelligheid op: even een kopje koffie drinken met het gezin of een borrel pakken met wat vrienden. Bekende

Typisch Duits – de Stammtisch

Traditioneel 'tafelen' in een Kneipe in Frankfurt-Sachsenhausen

uitgaansgelegenheden zijn de *Bierhal-len* (binnen) en *Biergärten* (buiten), waar meestal lange houten tafels en banken klaarstaan om de gasten te herbergen. Hier vloeit het bier rijkelijk en kan later op de avond spontaan een dranklied worden ingezet. Wat minder uitbundig gaat het toe in een *Café* of *Kneipe* (kroeg), waar dan ook meer ruimte is voor een rustig gesprek. Maar in alle gevallen moeten buitenstaanders goed opletten: sommige tafels zijn namelijk uitsluitend bedoeld voor stamgasten. Vroeger stond er vaak een asbak met daarboven het opschrift *Stammtisch* op zo'n tafel, maar ook andere varianten komen voorbij, van vlaggetjes tot bordjes op de muur of aan het plafond. Wie nietsvermoedend aan zo'n tafel plaatsneemt, kan vriendelijke worden gevraagd ergens anders een plekje te zoeken.

Stammtisch

Het fenomeen van de *Stammtisch* is al heel oud. In dorpscafés had elke sociale klasse zijn eigen tafel: links netwerkten de dokter, de burgemeester en de notaris, rechts wisselden de arbeiders de laatste roddels uit. Iets vergelijkbaars gebeurde in de koffiehuizen in de steden, waar schrijvers en kunstenaars zich steevast op dezelfde plek verzamelden. Inmiddels is het onderscheid in rangen en standen verdwenen, maar nog altijd komen gelijkgestemden op vaste tijden bij elkaar rond de *Stammtisch* voor een spelletje kaart, een verhitte politieke discussie of een gezellig babbeltje. Hier op eigen initiatief aanschuiven is niet de bedoeling, maar een uitnodiging krijgen om mee te discussiëren is voorwaar een hele eer!

Brandende binnensteden – de gruwelen van de Tweede Wereldoorlog

Reizend door Duitsland valt er niet aan te ontkomen: veel binnensteden ogen modern, met strakke gebouwen en brede boulevards. Slechts hier en daar doemt een oude kerk of een historisch straatje met vakwerkhuizen op. Het zijn de dagelijkse herinneringen aan een diepzwarte bladzijde in de geschiedenis.

Oorlogen horen bij de Europese geschiedenis – en zeker bij die van Duitsland. De grote Europese machtsblokken vlogen elkaar geregeld in de haren, bijvoorbeeld tijdens de Frans-Duitse Oorlog (1870-1871). Daarin wist Pruisen, samen met andere Duitse staten, het toen dominante Frankrijk te verslaan. Maar de Eerste Wereldoorlog (1914-1918) liep heel anders af: na vier jaar strijd met miljoenen doden moest Duitsland de nederlaag erkennen en – in hun ogen – zeer vernederende voorwaarden accepteren. Zo werd het trotse Duitse keizerrijk opgeheven, verloor Duitsland veel grondgebied en werd het leger geminimaliseerd. Dit pijnlijke verdrag zou later een vruchtbare voedingsbodem blijken voor nog een wereldoorlog ...

Hitler aan de macht

Na de Eerste Wereldoorlog werd het Duitse keizerrijk vervangen door de Weimarrepubliek, maar de democratie kreeg nooit echt voet aan de grond. In de jaren twintig en dertig maakten een economische crisis en algehele onvrede de geesten rijp voor het extreme gedachtegoed van Adolf Hitler en zijn nazipartij. Hitler kwam in 1933 aan de macht en begon direct met de voorbereidingen voor alweer een oorlog. Op 1 september 1939 was het zo ver: Duitse troepen staken de grens met Polen over. Een paar uur later zette de eerste golf bommenwerpers koers richting Warschau. Het bleek de aanzet tot een oorlog waarin luchtbombardementen een cruciale rol zouden spelen.

Bombardementen

Op 14 mei 1040 was Rotterdam aan de beurt. Ondanks dat Nederland zich al had overgegeven, lieten negentig Duitse bommenwerpers een tapijt van bommen op de stad vallen. Het resultaat: bijna alle gebouwen in de binnenstad lagen in puin, waardoor 80.000 mensen dakloos werden. Bovendien waren er 800 dodelijke slachtoffers te betreuren. Daarna richtte de Duitse luchtmacht zich op Engeland. Ook hier vielen bij bombardementen duizenden doden, maar uiteindelijk wisten de Britten de luchtslag te winnen. Toen keerden de kansen en vertrokken er ook steeds vaker Britse en Amerikaanse bommenwerpers richting Duitsland. In eerste instantie waren de vluchten weinig succesvol en werden veel geallieerde vliegtuigen neergeschoten. Dat veranderde toen de Britse commandant Arthur 'Bomber' Harris in 1942 begon met het planmatig bombarderen van oorlogsfabrieken, infrastructuur én steden. Hier moesten brandbommen zo veel mogelijk angst zaaien en slachtofffers maken om het moreel van de bevolking te breken.

Uit de as herrezen

De eerste *Thousand Bomber Raid* vond plaats in mei 1942: meer dan duizend bommenwerpers lieten hun dodelijke lading vallen op de stad Keulen. Bij deze luchtaanval bleef de schade nog beperkt, maar bij volgende bombardementen op Dresden en Hamburg vielen tijdens vuurstormen tienduizenden slachtoffers. Daarna werden steden als Keulen, Duisburg, Düsseldorf en Frankfurt honderden keren vanuit de lucht aangevallen. Het kwetsbaarst voor de brandbommen bleken dichtbebouwde binnensteden en middeleeuwse vakwerkhuizen. Het vuur was hier vaak zo heet, dat zelfs de schuilkelders veranderden in een dodelijke val. Opvallend genoeg werden andere steden, zoals Heidelberg en Baden-Baden, juist bewust gespaard. Zij zouden na de Duitse overgave als hoofdkwartier van de bezettingsmachten gaan fungeren.

Goede schattingen zijn er niet, maar mogelijk stierven er een half miljoen Duitse burgers tijdens de bombardementen, tegenover 55.000 geallieerde vliegers (44% overleefde het niet!).

Na de oorlog werd de herbouw van de steden voortvarend ter hand genomen. Belangrijke kerken en monumenten werden vaak herbouwd, maar verder maakte elke stad zijn eigen keuzes. Zo kozen Frankfurt en Dortmund voor een modern stadsbeeld met brede uitvalswegen. Soms werden als herinnering enkele oude panden gereconstrueerd, zoals rond de Römerberg in Frankfurt – ze waren overigens pas in 1984 klaar.

Frankfurt am Main: wat er overbleef na geallieerde bombardementen in 1944

Wat als eerste opvalt tijdens een wandeling over de soms zeer steile wijnhellingen langs de Moezel: de bodem bestaat uit brokkelig leisteen, dat in kleur varieert van roestbruin tot bijna zwart. Het is een oeroud gesteente dat zich zo'n 420 miljoen jaar geleden vormde. Een tweede gedachte die zich opdringt: het werk van de wijnboeren op deze steile hellingen zal niet eenvoudig zijn.

Dat werk begint met het graven van gaten voor nieuwe druivenstokken en het plaatsen van palen om ze aan vast te binden. Oudere stokken worden vanaf de winter gesnoeid, omdat alleen jonge scheuten druiven dragen. Die nieuwe ranken worden in het voorjaar opgebonden. Op de steile hellingen rond de Moezel gebeurt dat traditioneel in de vorm van een hart. Zo groeien de scheuten gelijkmatig en krijgen de druiven in de zomer de maximale hoeveelheid zon. De oogst is relatief laat – in oktober – zodat de druiven lang kunnen rijpen en een hoog suikergehalte ontwikkelen.

Tweeduizend jaar ervaring

De Moezel is het oudste wijnbouwgebied van Duitsland: al in de Romeinse

Kwaliteit voor kwantiteit – wijnbouw langs de Moezel

De aromatische Rieslingdruif is laat rijp en levert vooral droge en zoete wijnen

tijd werden hier druiven verbouwd en geperst. Waarschijnlijk selecteerden de Romeinen uit wilde druivensoorten een soort die voor dit noordelijke klimaat en de ongastvrije bodem het best geschikt was. Nu, zo'n tweeduizend jaar later, staan er druiven met unieke kwaliteiten: ze zijn bestand tegen het wisselende, relatief koele klimaat, ze hebben wortels die de brokkelige bodem kunnen openbreken en ze groeien niet meteen naar het licht, maar gebruiken hun energie om de wortels diep in de grond te verankeren. Daardoor kunnen oude wijnstokken goed tegen periodes van droogte. Maar ook de mens heeft grote invloed op hoe de druiven groeien en op de wijn die ze opleveren. Wijnboeren hebben vaak kleine bedrijven van 2,5 tot 5 hectare, soms met glooiende hellingen, maar soms ook met nauwelijks toegankelijke terrasjes en steile hellingen van meer dan 30%. Hier moet al het werk met de hand gebeuren: de zorgvuldigheid bij het snoeien, opbinden en oogsten is dan van het grootste belang.

In een klassieke Riesling proef je de mineralen uit de ondergrond

Kwaliteitswijnen

Halverwege de vorige eeuw kregen de zoete Duitse wijnen een slecht imago door goedkope massaproductie – denk daarbij aan namen als Kellergeister en Liebfraumilch. De omslag begon in de jaren tachtig, toen er weer meer aandacht kwam voor smaak en kwaliteit. De uitgangspunten daarbij: minder opbrengst per hectare, alleen druiven oogsten die echt rijp zijn en meer zorg voor kwaliteit en hygiëne bij het maken van de wijn. Inmiddels zijn er zelfs biologische wijnboeren die elk jaar ecologisch verantwoorde wijnen produceren. Door al deze maatregelen komt de unieke smaak van de moezelwijn nu weer veel beter tot zijn recht: fris, fruitig, elegant en met een lichte toets mineralen dankzij de rotsige bodem. Met een beetje zoeken vindt u ook weer echte topwijnen (*Spitzenweinen*) tussen de moezels.

Riesling

De bekendste druivensoort is de Riesling, die zo'n 60% van de wijnhellingen langs de Moezel vult. Deze witte druif levert zoete, maar ook droge wijnen die aangenaam wegdrinken. Andere bekende witte druiven zijn Müller-Thurgau (ook wel Rivaner genoemd) en Elbling, waarvan ongecompliceerde droge wijnen en sekt worden gemaakt. Verrassender zijn de rode wijnen die sinds de jaren tachtig weer worden geproduceerd, met als belangrijkste druivenrassen Spätburgunder en Dornfelder. Volgende keer toch maar eens voor een avontuurlijke rode moezel kiezen?

In de voetsporen van de Oranjes

In de zomer van 2013 bezochten koning Willem-Alexander en koningin Máxima de stad Wiesbaden. Het was een handelsmissie, maar tussen alle plichtplegingen door was er ook tijd voor een kort bezoek aan een standbeeld van Willem van Oranje bij de Marktkirche. Maar: waarom staat er een standbeeld van onze Vader des Vaderlands in het Duitse Wiesbaden?

De banden tussen het Huis Oranje-Nassau en Duitsland zijn al heel oud. Alles begon toen de graaf van Laurenburg in de 12e eeuw een nieuwe burcht bouwde aan de rivier de Lahn, nabij de plaats Nassau. Vanaf dat moment noemde hij zich graaf van Nassau. De verschillende takken van dit geslacht bouwden vervolgens nog meer kastelen in

de omgeving, bijvoorbeeld in Diez en in Dillenburg. Toen de broers Walram en Otto het graafschap in 1255 van hun vader erfden, besloten ze het te verdelen. Zo ontstonden de Ottoonse en de Walramse lijn. Het Huis Oranje-Nassau stamt af van de Ottoonse lijn, de Walramse lijn leverde de groothertogelijke familie van Luxemburg.

Willem van Oranje

Machtspelletjes, intriges en verstandshuwelijken – het was de dagelijkse praktijk bij de vorstendommen in de late middeleeuwen. Een van die gearrangeerde huwelijken vond in 1403 plaats tussen graaf Engelbrecht van Nassau en de Nederlandse, rijke erfdochter Johanna van Polanen. Het paar woonde in het Kasteel van Breda, dat later in handen zou komen van de stamvader van het Nederlandse vorstenhuis: Willem van Oranje.

Deze Willem werd in 1533 geboren op het kasteel Dillenburg. Toen hij elf was, erfde hij het Franse vorstendom Orange. Daardoor mocht hij zich Prins van Oranje noemen. Ook erfde hij verschillende bezittingen in Nederland, waaronder het Kasteel van Breda. In 1559 werd hij benoemd tot stadhouder van Holland, Zeeland en Utrecht. In die rol zou hij in opstand komen tegen de machtige Filips II, de koning van Spanje. Dit leidde uiteindelijk tot de Tachtigjarige Oorlog (1568-1648), ook wel de Nederlandse Opstand genoemd, én tot de moord op Willem in 1584 in Delft.

Een Nederlandse koning in Fulda

De nazaten van Willem van Oranje bleven politiek actief, vooral in een rol als stadhouder. Tegelijk werden door uitgekiende huwelijken de banden tussen de Oranje-Nassau's en de Duitse adel aangehaald. Een probleem ontstond toen in 1702 Willem III kinderloos overleed en de Bredase tak uitstierf. Maar geen nood: de titel Prins van Oranje werd gewoon overgedragen aan de Friese tak van de Nassau's, die oorspronkelijk afkomstig was van het kasteel in Diez. Die lijn leverde de koningen en koninginnen die sinds 1815 over Nederland regeren.

De eerste koning van Oranje-Nassau was Willem I. Hij heette nog erfprins Willem Frederik toen Nederland van 1795 tot 1813 – de tijd van Napoleon – onder Frans bestuur stond. In 1802 kreeg hij als compensatie van Napoleon verschillende bezittingen in Duitsland, waaronder het vorstendom Fulda. Vier jaar lang regeerde Willem Frederik vanuit het stadsslot in Fulda. De statige zalen in dit paleis ademen nog altijd de grandeur van weleer en ook de tuin is in zijn tijd aangelegd (www.fulda.de). In de zomer resideerde Willem Frederik in de Fasanerie, een paleis met een kunstverzameling die de band van de landgraven van Hessen met talrijke vorstenhuizen illustreert (www.schloss-fasanerie.de).

Oranjeroute

Fulda is slechts één van de plaatsen waar de Oranjes sporen hebben achtergelaten. Per auto, motor of fiets kunt u zelf een Oranjeroute samenstellen, maar er worden ook busreizen langs koninklijke herinneringen georganiseerd. Vaste stopplaats is het stadje Nassau, waar het allemaal begon. De burcht die nu hoog boven de rivier uittorent, is een recente reconstructie en gratis te bekijken (www.burg-nassau-oranien.de). In het nabijgelegen Diez domineert het grafelijk slot nog altijd de bebouwing. Net buiten het stadje pronkt Slot Oranienstein (1672-1684), een van de vier paleizen die de familie Oranje-Nassau in Duitsland liet bouwen. Het staat op militair terrein, maar is via een rondleiding te bezoeken (www.museumdiez.de). Een stukje noordelijker is het oorspronkelijke kasteel Dillenburg grotendeels verdwenen. Op deze plek staat sinds 1873 de Willemstoren, en daarin het leerzame Oranje-Nassaumuseum (www.dillenburger-museumsverein.de).

En Wiesbaden? Hier hadden de graven en later hertogen van Nassau een residentie. Dat verklaart het standbeeld en het bezoek van Willem-Alexander aan zijn voorvader. Hoewel ... wie goed heeft meegelezen, beseft dat onze koning helemaal niet rechtstreeks afstamt van Willem van Oranje. Alleen dankzij een omweg – de vrouwelijke lijn – hebben we nu een Oranje-Nassau als koning.

In Oberschwaben, de heuvelachtige streek tussen de Donau en de Bodensee, is de katholieke kerk van oudsher alom aanwezig. Het aantal kerken en kloosters is dan ook groot. Vaak hebben ze een uitbundig barok interieur, net als veel paleizen in deze regio. Wie meer wil zien van deze kleurrijke decors, volgt de Oberschwäbische Barockstraße, een circa 600 km lange toeristische route.

in groepen van bouwplaats naar bouwplaats om de oorlogsschade aan vorstelijke residenties en religieuze gebouwen te herstellen.

Wie de routebordjes van de Oberschwäbische Barockstraße volgt, passeert een groot aantal voorbeelden van hun vaardigheden. Een waar juweel is de **Basilika** in **Weingarten**, de grootste barokkerk ten noorden van de Alpen. De enorme koepel is gebouwd naar

Barokke pracht en praal – de Oberschwäbische Barockstraße

De Dertigjarige Oorlog (1618-1648) was een zwarte periode in de geschiedenis van Duitsland en de omliggende landen. Een hele generatie groeide op met oorlog, honger, dood en verderf. Pas vanaf halverwege de 17e eeuw begonnen vorsten en abten weer met de bouw van monumentale paleizen en kloosters, die vaak zeer uitbundig werden versierd met plafond- en muurschilderingen, bladgoud, beelden, marmer en stuckdecoraties. Deze uit Italië afkomstige, weelderige barokstijl bleef populair tot halverwege de 18e eeuw.

Luisterrijke kerken en paleizen

Met monumentale kerken en kloosters wilden de abten hun macht tonen – en zeker ook de naburige kloosters overtroeven. Daarom werden de beste ontwerpers, kunstenaars en ambachtslieden ingehuurd. Die trokken destijds

voorbeeld van de Sint-Pieter in Rome. Een stuk kleiner, maar nog kleurrijker gedecoreerd, is de **Wallfahrtskirche** in **Birnau**: sierlijke krullen, pasteltinten, plafondschilderingen en gouden beeldjes zorgen voor een overdonderend effect. Het **Neue Schloss** in **Meersburg** toont hoe de barok ook in paleizen werd toegepast. Decoratief stuckwerk, guirlandes en schilderingen sieren het trappenhuis, de kapel en de vertrekken. Maar de Barockstraße heeft nog veel meer in petto. Dwaal door de kerken, bekijk de religieuze schilderingen, luister naar de orgels en vooral: bewonder het vakmanschap van de bouwers.

Oberschwäbische Barockstraße

Deze toeristische autoroute is circa 600 km lang en loopt van Ulm tot aan de Bodensee. Naast de hoofdroute zijn er verschillende nevenroutes. De markering bestaat uit bordjes met een geel hoofd op een groene ondergrond. Voor meer info zie www.oberschwaebische-barockstrasse.de.

Hoofdaltaar in de Wallfahrtskirche in Birnau

Carnaval in Keulen – feestvieren volgens vaste tradities

Carnaval wordt in heel Duitsland gevierd, maar weinig steden maken er zo'n uitbundig feest van als Keulen. De voorbereidingen beginnen op 11 november, waarna op de donderdag voor aswoensdag de echte festiviteiten losbarsten. Absoluut hoogtepunt is de grote optocht op Rosenmontag.

Karneval – in het zuiden van Duitsland ook wel *Fasching* genoemd – is een feest met een eeuwenoude geschiedenis. De Germanen hielden al heidense rituelen om de wintergeesten te verdrijven. Daarna volgden de Romeinen, die met mateloze eet- en drankgelagen de goden van de landbouw en de wijn eerden. Het religieuze aspect kwam erbij in de middeleeuwen: het was de laatste gelegenheid om zich nog eens helemaal uit te leven voordat de vastentijd begon. Minder blij was de Kerk met de uitbundige, soms zelfs wilde straatfeesten die met het religieuze gevoel nietste maken

hadden. En de elite deed daar niet voor onder: vanaf de 17e eeuw amuseerden de adel en de rijke burgerij zich met losbandige gekostumeerde feesten – verstopt achter een masker was het gemakkelijk om de bestaande normen en waarden even te 'vergeten'.

Rijnlands carnaval

De datum is hetzelfde, maar verder wordt carnaval overal anders gevierd. Keulen is het kloppend hart van het Rijnlands carnaval. Varianten hiervan zijn de grens overgewaaid naar Limburg en het oosten van Brabant, maar het carnaval in Keulen heeft zijn eigen unieke regels en tradities. Veel daarvan gaat terug tot het begin van de 19e eeuw, toen het zuidwesten van Duitsland eerst door Franse en later door Pruisische troepen was bezet. De straatfeesten werden daarbij gebruikt als ludiek protest tegen de strenge en bovendien protestantse Pruisen – vandaar de vele militaire uniformen die ook nu nog de optochten kleuren. Ook de dansmariekes (in Keulen zonder stok of baton!) komen hieruit voort: het zijn de meisjes die vroeger voor de soldaten de was deden en andere 'diensten verleenden'. In 1823 wordt het *Festordnende Komitee* opgericht om het feest nieuw leven in te blazen. Dan duikt voor het eerst een *Held Karneval* op, de latere Prins Carnaval. Hij maakt deel uit van het *Dreigestirn*, een verkleed narrentrio dat verder bestaat uit een *Bauer* (boer) en een *Jungfrau* (maagdelijke jonkvrouw), traditioneel gespeeld door een man.

Een seizoen lang feest

De *fünfte Jahreszeit*, het vijfde seizoen – zo wordt in Keulen de carnavalstijd genoemd. Dat seizoen begint op de elfde van de elfde (11 november), als op de Heumarkt een nieuw *Driegestirn* wordt voorgesteld en de *Bauer* de sleutels van de stad krijgt overhandigd. De periode tot aan carnaval wordt gevuld met de voorbereidingen en met optredens van *Büttenrednern*, een oerversie van stand-upcomedy.

Het carnaval zelf begint op de donderdag voor Aswoensdag. Dan klinkt voor het eerst de typische groet *Alaaf!* Deze dag wordt ook wel de *Weiberfast-nacht* genoemd: volgens de traditie mogen de vrouwen in kroegen de stropdassen van de mannen afknippen en ze mogen *Bützchen*, vreemden een snelle zoen op de wang geven. Op vrijdag zijn er optochten in de verschillende wijken en zaterdag is de dag van de *Rote Funken*, de oudste carnavalsvereniging, waarvan de leden met hun soldatenkostuums de straten opfleuren. 's Avonds is er bovendien de *Geisterzug*, een optocht van geesten en spoken die in 1991 ontstond als protest tegen de Golfoorlog. Zondag trekken de verenigingen en scholen in optocht door de binnenstad en op *Rosenmontag* wordt dat nog eens dunnetjes overgedaan tijdens de grote optocht, die vaak rechtstreeks op televisie wordt uitgezonden. De stoet van meer dan tienduizend deelnemers vertrekt om 10.30 uur en kronkelt dan vele uren door de stad, daarbij karrenvrachten vol snoepgoed over het publiek uitstrooiend. Op dinsdag zijn er nog enkele kleine optochten, waarna de festiviteiten worden afgesloten met het verbranden van stropoppen: daarmee verdwijnen de zonden begaan tijdens het carnaval – het blijft tenslotte een katholiek feest!

De carnavalsoptochten in Keulen zitten vol verwijzingen naar het verleden

Tweeduizend jaar geleden beschermden de Romeinen de noordgrens van hun machtige rijk met een hele serie forten, wachttorens en muren. Zo probeerden zij de 'barbaren' buiten de deur te houden. De restanten van deze grenslijn, die dwars door het zuiden van Duitsland slingert, vormen nu een uniek monument dat is beloond met het predicaat UNESCO Werelderfgoed.

Het was de beroemde Julius Caesar die in het jaar 58 v.Chr. met een goed getraind leger noordwaarts trok om Gallië te veroveren, zoals hij het noordwestelijk deel van Europa tot aan de Rijn noemde. Uit de boeken van Asterix weten we dat hij daarin slaagde, maar het lukte de Romeinen vervolgens niet om ook Germania, aan de andere kant van de Rijn, te veroveren. Nadat in 9 n.Chr. drie Romeinse legioenen in het Teutoburgerwoud waren afgeslacht, besloot keizer Claudius dat de Rijn definitief de noordgrens zou worden. De Romeinen bouwden een groot aantal versterkingen langs de rivier, niet alleen om de grens te bewaken, maar ook om de bevoorrading via de Rijn veilig te stellen.

Limes – langs de grenzen van het Romeinse Rijk

Gereconstrueerde toegang van het Romeinse fort de Saalburg bij Bad Homburg

Wachttorens en legerplaatsen

De komst van de Romeinen betekende een enorme ommekeer voor het land van de 'primitieve barbaren'. Verharde wegen, wijnbouw, geregelde scheepvaart, villa's met baden en vloerverwaring – het was allemaal nieuw. Ook bouwden de Romeinen tal van steden; de regionale hoofdstad Trier (Augusta Trevorum) telde zelfs 80.000 inwoners! Dit alles werd beschermd door een versterkte grens, de *limes*. Die begon aan de Noordzee bij Katwijk en volgde daarvandaan de Rijn tot in Duitsland. Vanaf Bad Hönningen slingerde de grenslinie richting Regensburg en verder naar de Zwarte Zee. Het landschap en het risico van een inval bepaalden hoe zwaar de grens werd bewaakt, maar het systeem was doorgaans hetzelfde. Hart van dat systeem waren de wachttorens, die op zichtafstand van elkaar stonden. Zo konden de wachters elkaar via lichtsignalen waarschuwen. Daarnaast waren er gestandaardiseerde kampen (Duits: *Kastelle*) waar de soldaten verbleven. In de kleinste kampen was ruimte voor twaalf tot tachtig man, de grootste legerplaatsen waren ingericht voor vijfduizend soldaten en hun paarden. De plattegrond van een kamp was altijd rechthoekig, met rondom aarden wallen en/of houten palissades, die later door stenen muren werden vervangen. Binnen de omwalling stonden de tenten of barakken voor de manschappen, plus latrines, het huis van de commandant, badhuizen, stallen, werkplaatsen en veel meer – een compleet dorp dus.

Sporen van de legionairs

De versterkingen van de limes tekenden het landschap van de 1e tot de 5e eeuw. In wat nu Duitsland is, stonden toen zo'n 900 wachttorens en 100 *castella*. Bij de Rijn bood de rivier voldoende bescherming, tussen Bad Hönningen en Regensburg bouwden de Romeinen vanaf de 2e eeuw houten palissades, grachten, wallen en stenen muren. Toch bleek deze linie rond het jaar 260 niet bestand tegen de woeste aanvallen van de Germanen. Daarom trokken de Romeinen zich terug tot aan de zuidoever van de Donau, waar nieuwe versterkingen werden gebouwd. Toen het Romeinse Rijk in de 5e eeuw helemaal afbrokkelde, verdwenen geleidelijk ook de verdedigingswerken – de stenen bleken ideaal bouwmateriaal voor huizen, kapellen en kastelen. Daarom is het niet verwonderlijk dat er van dit ooit zo machtige bouwproject in het landschap weinig fysieke sporen zijn overgebleven.

Toch is er nog van alles te zien, maar dan in de vorm van musea, blootgelegde fundamenten en gereconstrueerde wachttorens en forten. Tientallen van deze historische plekken zijn bijeengebracht in de Deutsche Limes-Straße, een toeristische route die loopt van Bad Hönningen naar Regensburg. De hoogtepunten langs deze route? Ga naar het gereconstrueerde limescastellum Pohl (www.limeskastell-pohl.de), de indrukwekkende Saalburg bij Bad Homburg (www.saalburgmuseum.de) en het archeologisch park in Welzheim (www.ostkastell-welzheim.de).

Deutsche Limes-straße

De vroegere grenslijn van het Romeinse Rijk slingert zo'n 550 km over Duits grondgebied. Wie alles wil weten over deze historische grens, volgt de Limes-Straße te voet, per fiets of met de auto. Alle informatie, inclusief overnachtingsmogelijkheden en een gedetailleerde digitale kaart, is te vinden op www.limesstrasse.de.

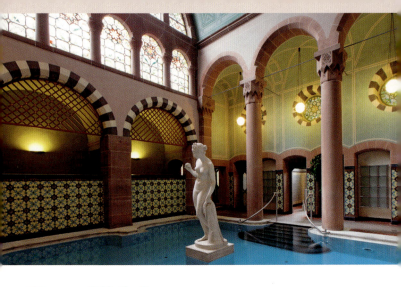

Kuren bij de buren

Schone lucht, thermische bronnen, weldadige modderbaden – Duitsland staat bekend als hét kuurland van Europa. Wie toe is aan een opfrisbeurt voor lichaam, geest of ziel, kan kiezen uit maar liefst 1000 wellness- en beautyhotels en 350 gecertificeerde kuuroorden. En de keuze aan behandelingen is zo mogelijk nog groter.

De Romeinen brachten de cultuur van het baden en het kuren naar het noorden van Europa. De soldaten wasten zich bij een spa (*sanitas per aqua* = gezondheid door water), terwijl de elite zich onderdompelde in warm, mineraalrijk water dat uit bronnen opborrelde. In het jaar 69 n.Chr. stichtten de Romeinen de eerste thermen bij Baden-Baden, waar van 2 km diepte mineraalrijk water met een temperatuur van 68°C aan de oppervlakte kwam. Keizer Caracalla claimde zelfs dat hij hier van zijn arthritis werd genezen.

Medisch kuren

Datzelfde Baden-Baden groeide in de 19e eeuw uit tot de 'zomerhoofdstad van Europa'. De groten der aarde, onder wie koningin Victoria en keizer Wilhelm I, kwamen naar hier om te ontspannen in het casino en te genieten van de warmwaterbronnen. Dat water werd vooral gebruikt voor medische doeleinden: door de talrijke mineralen die het water uit de ondergrond had opgenomen, werd er een genezende werking aan toegeschreven. Bij het juiste inwendige of uitwendige gebruik zou het een waar tovermiddel zijn voor allerlei klachten op het gebied van het hart, gewrichten, reuma, stofwisseling, luchtwegen en nog veel meer. Dit was ook de periode dat Vincent Prießnitz en Sebastiaan Kneipp een hydrotherapie ontwikkelden met wisselbaden van koud en warm water, aangevuld met zonlicht en gezonde lucht. De naam Kneipp staat ook nu nog op de menulijst van de Duitse kuurcentra, naast een keur aan andere mogelijke behandeling met exotische benamingen als thalasso, peloïden, fango, aromatherapie, floating, ayurveda, balneotherapie, saline, hooibad ...

Bodem en lucht

Goed om te weten: in Duitsland is er van oudsher een scherp onderscheid tussen kuren en wellness. Het kuren heeft vooral een medisch doel en werd lange tijd zelfs door de zorgverzekeraars vergoed. Dat verklaart meteen waarom het kuren in Duitsland zo populair is geworden.

De geneeskracht werd niet alleen gezocht in minerale en thermale bronnen, maar ook in schone lucht en natuurlijke stoffen als modder en zout. Als een plaats aantoonbaar een heilzaam microklimaat én een zeer schone lucht heeft, kan het predicaat *Heilklimatischer Kurort* worden uitgedeeld. Een plaats zonder medische instituten maar wel met een schone lucht kan het predicaat *Luftkurort* krijgen. Daarnaast heeft Duitsland een lange traditie in de zogenaamde peloïdentherapie, waarbij de helende werking afkomstig is van modder, veen, slik of andere bodemstoffen. Een modderbad of een pakking geven dan verlichting bij pijn in de spieren of de gewrichten en gaan veroudering van de huid tegen. Typisch Duits zijn ook oude zoutmijnen, waarin

nu relaxstoelen staan opgesteld voor kuurgasten die unieke microklimaat komen opsnuiven. Soms ook is het een hoge concentratie radon – een natuurlijk edelgas – de basis van een behandeling in een grot of mijn.

Het voorvoegsel 'Bad'

Plaatsen die officieel door de staat zijn erkend als kuuroord, mogen het woord 'Bad' toevoegen aan de plaatsnaam. Dat geldt dus ook voor een *Luftkurort* waar verder geen heilzaam bronwater te vinden is. Een van de bekendste kuuroorden in het zuidwesten van Duitsland is Baden-Baden: superchic, mondain en met het prachtige Friedrichsbad als historische blikvanger. Maar kijk in het register in deze gids en u ziet meteen dat er nog veel meer 'bad'plaatsen zijn waar u terechtkunt voor een gezonde kuur of een verwenmoment.

Modder vertraagt het verouderingsprocces van de huid

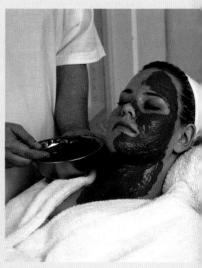

Onderweg in zuidwest-Duitsland

Een wijndorpje langs de Moezel

Ruhr- en Rijnregio

Hoogtepunt ✳

Kunstsammlung Nordrhein-Westfalen: de enorme kunstverzameling van de deelstaat is verdeeld over drie bijzondere musea in Düsseldorf. Vooral de collectie Klee's is uniek. Zie blz. 78.

Dom van Keulen: na zeshonderd jaar bouwen was de dom in 1880 eindelijk gereed ... zestig jaar later werd zij door bommen verwoest. Tegenwoordig straalt zij weer in volle glorie. Sla binnen vooral de Driekoningenschrijn niet over. Zie blz. 88.

Op ontdekkingsreis

Steenkolenbergen – goede basis voor vooruitstrevende landschapskunst: het Ruhrgebied is niet meer alleen een industrieregio. Overal worden groencorridors aangelegd, afwateringskanalen zijn recreatieplekken geworden en afvalbergen etalages voor hedendaagse kunst. Zie blz. 66.

Hombroich – ideale samensmelting van natuur, architectuur en kunst: het is alsof je in een paradijsje afdaalt: wandelend door het prachtig aangelegde park, loop je tegen telkens weer tegen iets bijzonders aan. Zie blz. 84.

Bezienswaardigheden

Zentrum für Internationale Licht-kunst: nee, dit is geen museum maar een 'experience'. Onder begeleiding daalt u af in de koelruimtes van de voormalige bierbrouwerij waar lichtkunstenaars hun werk tonen. **18** Zie blz. 77.

Museum Folkwang: een van de beste schilderijencollecties ter wereld hangt in Essen. Het recent gerenoveerde museum mag u niet overslaan als u iets meer te weten wilt komen van naoorlogse schilderkunst in Duitsland. Zie blz. 69.

Actief en creatief

Rijnreisje: vanaf Duisburg, Düsseldorf en Keulen kunt u het gebied ook per boot verkennen of slechts een klein tochtje maken. Zeker als u even het stedelijk gebied wilt verlaten, een heel prettige optie. Zie blz. 96.

Sfeervol genieten

Casino Zollverein: heerlijk eten in ehet centrum van de *Industriekultur* in Essen. Met mooi weer is in de Zeche Zollverein, iets verderop, ook een fijne Biergarten met eenvoudiger kost. **7** Zie blz. 72.

Brauhaus Peters: misschien niet erg origineel maar u moet in Keulen een Brauhaus bezoeken: grote drinklokalen, ouderwetse obers, stevige kost en prettige sfeer. Zie blz. 95.

Uitgaan

Sonnenschein Etage: boven op een parkeergarage uitkijkend over Keulen kunt u zonnebaden, loungen, cocktails drinken en eten. Schijnbaar ver van de drukte van de grote stad. Zie blz. 94.

The View: het voormalige hoppakhuis Dortmunder U biedt ruimte aan creativiteit op velerlei vlak. Zie blz. 75

Ruhrgebied

Tot enkele jaren geleden was het Ruhrgebied wel de laatste bestemming om met vakantie naartoe te gaan. Echter, sinds het gebied Europese Culturele Hoofdstad werd in 2010, heeft er een enorme omslag plaatsgevonden.

In de 20e eeuw was het Ruhrgebied het centrum van de zware industrie in Duitsland. Een groot deel van de kolen en ijzer werd hier gedolven en daarmee ging veel industrie gepaard, van

INFO

www.nrw-tourismus.de

Via de website van het toeristenbureau van Nordrhein-Westfalen komt u bij alle verschillende regio's en steden. Iedere stad heeft een eigen toeristische website met een duidelijk overzicht van de attracties en evenementen. Ook de verschillende regio's hebben eigen toeristenbureaus en daarbij horende sites. Interessante websites zijn: www.niederrhein-tourismus.de, www.ruhr-tourismus.de, www.ruhr-industriekultur.de, www.diebergischen-drei.de, www.rhein-erft-tourismus.de, www.bonn-region.de.

Vervoer

De regio heeft een dicht netwerk van treinen, regiotrams, bussen en snelwegen. Ook zijn er verschillende langeafstandsfietspaden door het gebied. U hoeft niet per se een auto mee te nemen; er zijn vliegvelden bij Dortmund, Düsseldorf, Keulen en Weeze. Vanuit Nederland is reizen per trein ideaal. Met de ICE hebt u directe verbindingen met alle grote steden, de overige zijn goed met andere treinen van de Deutsche Bahn te bereiken.

automobiel- tot chemisch. Dit aaneengesloten industriële conglomeraat had een zeer slechte reputatie. Grauw, grijs, vies waren de eerste woorden waar de gemiddelde Nederlander aan dacht, want hij zag deze streek alleen als hij erdoorheen reed naar idyllischer oorden.

Met de teloorgang van de kolenmijnen in de jaren 60 en de ondergang van de staalindustrie in de jaren 80 heeft het Ruhrgebied zichzelf opnieuw uitgevonden. De grote leegstaande industrieterreinen (6000 hectare) werden of omgezet in natuurparken of heringericht voor culturele doeleinden. En zo komt het dat als u nu door het gebied rijdt, u verbaasd zult staan van het vele groen, water en recreatiegebied dat u tegenkomt. Bovendien is in het Ruhrgebied de belangrijkste kunstverzamelingen van Duitsland te zien.

In het kader van de Ruhr Europese Culturele Hoofdstad in 2010 zijn de belangrijkste industriële monumenten opgeknapt en herbestemd. Er zijn nu verschillende zeer interessante én mooie routes te fietsen, wandelen en rijden. Het Ruhrgebied staat op het punt een van de belangrijkste bestemmingen voor de Nederlandse toerist of dagjesmens te worden met een enorm aanbod aan industrieel erfgoed, musea en natuur. In 2010 is door de regio een Industrieroute uitgezet, die wij grofweg zullen volgen. Maar, verwacht niet te veel romantiek: de regio is in de Tweede Wereldoorlog veelvuldig gebombardeerd en na de oorlog in hoog tempo, zonder al te veel te letten op esthetische beginselen, weer opgebouwd. Bovendien blijft het Ruhrgebied een van de belangrijkste industriële regio's van de wereld en is de haven van Duisburg nog steeds de grootste binnenhaven van Europa.

Duisburg ▶ B 2

Duisburg was de plek waar in de 19e eeuw de eerste industrie zich vestigde. Op het knooppunt van Rijn en Ruhr ligt de stad op een strategische plek en worden er jaarlijks nog steeds miljoenen tonnen goederen overgeslagen. Nadat de staalindustrie aan het einde van de jaren 80 verdween, zijn het centrum en de oude binnenhaven enorm opgeknapt. Hoewel in de Tweede Wereldoorlog flink beschadigd, zijn er enkele delen van de oude stadsmuur te herkennen en zijn in de Altstadt enige 16e-eeuwse panden in oude glorie hersteld, zoals het Dreigiebelhaus met drie trapgevels.

Wilhelm Lehmbruck Museum

Friedrich-Wilhelm-Straße 40, tel. 02 03 28 33 294, www.lehmbruck museum.de, wo., vr, za. 12-18, do. 12-22, zo. 11-18 uur, entree € 8

Het Lehmbruckmuseum is genoemd naar beeldhouwer Wilhelm Lehmbruck (1881-1919) en bezit als Zentrum Internationaler Skulptur een grote collectie beelden en objecten, waaronder van grote namen als Alexander Calder, Alberto Giacometti en Henry Moore. Het in 1983 gebouwde museum is speciaal óm de collectie heen gebouwd en daarom heel bijzonder. In 2014 zijn het gebouw en beeldentuin grondig gerenoveerd.

Theater Duisburg

Neckarstraße 1, tel. 02 03 28 36 21 00, servicebuero@theater-duisburg.de, www.theater-duisburg.de

Op een centrale plek in de stad staat een van de markantste gebouwen van Duisburg, het theater. Dit classicistische gebouw is zowel de thuisbasis van een van de beste opera- en balletgezelschappen van Duitsland als van het beroemde Duisburger Philharmoniker.

Museum Küppersmühle [1]

Innenhafen, Philosophenweg 55, tel. 02 03 30 19 48 11, office@museumkueppersmuehle.de, www.museumkueppersmuehle.de, wo. 14-18, do.-zo. 11-18 uur, entree € 9

Küppersmühle is een van de grootste particuliere musea van Duitsland met een mooie collectie Duitse kunst van 1950 tot nu. Interessante wisseltentoonstellingen trekken een groot publiek maar de vaste collectie met werk van onder meer Anselm Kiefer en Gerhard Richter is al meer dan de moeite van een bezoek waard. De ligging in de oude haven van Duisburg -in een oude kopermolen-, nu hét culturele en toeristische centrum van de stad, is prachtig.

Museum der Deutsche Binnenschifffahrt

Apostelstraße 84, tel. 02 03 80 88 940, service@binnenschifffahrtmuseum. de, www.binnenschifffahrtmuseum. de, di.-zo. 10-17 uur, entree € 4,50

In het overdekte jugendstilzwembad is het museum van de geschiedenis van de binnenvaart gevestigd. Op een steenworp afstand liggen ook twee museumboten.

Landschaftspark Nord [2]

Bezoekerscentrum: Emscherstraße 71, tel. 02 03 42 91 91, www. landschaftspark.de, ma.-vr. 9-18, za., zo. 11-18 uur. Het park is altijd geopend, gratis entree.

Zoals op zoveel plaatsen in het Ruhrgebied, is hier rond een voormalige metaalfabriek een mooi park aangelegd met in de oude hallen ruimte voor evenementen. 's Avonds speelt het fabrieksgebouw de hoofdrol in een lichtspektakel, Lichtinszenierung. De voorheen zwaar vervuilde rivier de Emscher loopt dwars door het park en is tegenwoordig de groene long van de regio.

De haven van Duisburg is de grootste binnenhaven van Europa

Landmarke Angerpark **3**

Kaiserswertherstraße/Ehinger-
straße, www.tigerandturtle.
duisburg.de. Altijd geopend, gratis
entree (zie ook blz. 66)
Op de plaats waar tot 2005 een zinkfabriek stond, heeft de stad Duisburg
een modern landschapspark aangelegd. Het hoogtepunt van het Angerpark is de fantastische *tiger and turtle*-
sculptuur van kunstenaarsduo Genth
& Heike. Deze op een achtbaan lijkende
constructie is een waar *Landmark* geworden. Zowel overdag, als mensen door
het park lopen en de sculptuur beklimmen, als 's avonds wanneer speciale be-
lichting een sprookjesachtig effect te-
weegbrengt.

Eten en drinken

Schnitzels in het groen – **Renzis:** Graf-
schafter Straße 197, tel. 02 84 19 81 11 23,
info@renzis.de, www.renzis.de. In deze
oude boerenhoeve zit een goed restaurant. Ook leuk voor de kinderen want
op vrijdags kunt u uw eigen hamburger
samenstellen en, belangrijker nog, iedere woensdag is het schnitzeldag. Als
het nodig is, is er ook een gastenkamer.
Auf Deutsch – **Currybar:** Königstraße
39, tel. 02 03 29 88 77 77, info@currybar.
de, www.currybar.de. De Currybar in
het centrum van Duisburg is niet zomaar een Imbiss. Vraag het iedere Duisburger maar: hier eet je de beste Currywurst van de wijde omgeving!

In de oude haven – In het 'nieuwe' centrum van Duisburg liggen aan het water diverse restaurants. Zij onderscheiden zich niet erg, behalve misschien het chiquere **Kü**, het museumrestaurant Kuüppermühle, Philosophenweg 49, tel. 02 03 51 88 880, info@kueppersmuehle-restaurant.de, www.kueppersmuehle-restaurant.de en **Diebels im Hafen,** een echt bierhuis met ponton in de haven, Philosophenweg 31, tel. 02 03 34 66 811, www.diebels-im-hafen.de.

Winkelen

De Königstraße is dé winkelstraat van Duisburg. Aan deze straat is in 2011 een groot winkelcentrum geopend met alle soorten winkels (www.koenigsgalerie-deutschland.de).

Actief

Varen – De Weiße Flotte biedt rondvaarten door de binnenhaven van Duisburg en ook verder het Ruhrgebied in. (www.wf-duisburg.de)

Informatie

Ruhr Visitorcenter
Königstraße 39, D-47051, tel. 02 03 28 54 40, www.duisburgnonstop.de.

Oberhausen ▶ B 2

Het centrum van Oberhausen is wat je je vroeger voorstelde van een stad in het Ruhrgebied: onaantrekkelijke architectuur, overal wegen en spoorbanen en her en der industrie. Hoewel de afgelopen decennia pogingen zijn gedaan stadsdelen te vernieuwen, heeft dit nog niet veel opgeleverd. Het 'nieuwe' centrum ligt tegenwoordig rondom het CentrO, het grootste winkel- en uitgaanscomplex van Europa.

CentrO
Centroallee 1000, www.centro.de, winkelcentrum: ma.-wo. 10-20, do. 10-21, vr., za. 10-20 uur.
Dit enorme complex is meer dan een winkelcentrum alleen. In de theaters treden wereldberoemde popsterren op, worden de grote musicals opgevoerd en belangrijke tentoonstellingen doen CentrO aan. Er is een klimmuur, een megabioscoop en voor de jeugd een pretpark (Abenteuer Park), een aquarium (Aqua Park) en het LEGO Discovery Centre.

Gasometer 4

Arenastraße 11, tel. 02 08 850 37 30, info@gasometer.de, www.gasometer. de, di.-zo. 10-18 uur, entree € 9

Vroeger was dit de grootste gashouder van Europa, nu worden er in de 117,5 m hoge gashouder tentoonstellingen, evenementen, concerten en voorstellingen georganiseerd. Internationale artiesten laten zich inspireren door de bijzondere ruimte. Via een buitentrap kunt u naar een panoramaterras op 106 m hoogte. Voor diegenen die minder avontuurlijk zijn aangelegd is er ook een binnenlift aanwezig.

Rheinisches Industriemuseum 5

Hansastraße 18, tel. 02 23 49 92 15 55, info@kulturinfo-rheinland.de, www.industriemuseum.lvr.de, di.-vr. 10-17, za., zo. 10-18 uur, entree € 4,50

In de walserij van een oude zinkfabriek is nu het museum voor zware industrie gevestigd. De tentoonstelling richt zich op het belang van de staalindustrie.

Ludwig Galerie

Schloss Oberhausen, Konrad-Adenauer-Allee 46, tel. 02 08 41 24 928, ludwiggalerie@oberhausen.de,

Ruhrgebied – Industriekultur

Bezienswaardigheden

1 Museum Küppersmühle
2 Landschaftspark Nord
3 Landmarke Angerpark
4 Gasometer
5 Rheinisches Industrie-
   museum
6 Aquarius Wassermuseum
7 Zollverein
8 Margarethenhöhe
9 Villa Hügel
10 Nordsternpark
11 Deutsches Bergbau
   Museum
12 Jahrhunderthalle
13 Eisenbahnmuseum
14 Museum Strom und
   Leben
15 Alte Kolonie Eving
16 Zeche Zollern – LWL
   Industrie Museum
17 Maximilianpark
18 Zentrum für Internationale Lichtkunst

www.ludwiggalerie.de, di.-zo. 11-18
uur, entree € 8
Het 19e-eeuwse Schoss Oberhausen herbergt sinds 1998 de eclectische collectie
van het echtpaar Ludwig. De Ludwigs
verzamelden objecten uit de Oudheid
tot hedendaagse fotografie. De kunstgalerie heeft regelmatig interessante
thematische tentoonstellingen.

Aquarius Wassermuseum 6

Burgstraße 70, D-45476, Mülheim
am Ruhr, tel. 02 08 44 33 390, www.
aquarius-wassermuseum.de, di.-zo.
10-18 uur, entree € 4

Zuidelijk van Oberhausen, in Mühlheim an der Ruhr, vertelt een 19e-
eeuwse watertoren het verhaal van het
water in het gebied.

Overnachten en eten

Polonaise – **Gdanska**: Altmarkt 3, tel.
02 08 620 13 75, www.gdanske.de. Een
gezellig theatercafé met livemuziek en
Poolse keuken in het oude centrum.
Simpel gastvrij – **Hotel zum Rathaus**:
Freiherr-vom-Stein-Straße 41, tel. 02 08
85 370,   ▷ blz. 68

Steenkoolbergen – goede basis voor vooruitstrevende landschapskunst

Wat doe je als je letterlijk bergen afval hebt en je niet weet wat je ermee moet doen? In het Ruhrgebied hebben ze kunstenaars uitgenodigd om van afvalbergen prettige plekken te maken waar mensen graag willen zijn en die een onderdeel uitmaken van de omgeving.

Kaart: ▶ B 2
Duur: 4 uur tot een hele dag.
Start: Halde Rheinpreußen [1].

Kolenbergen

Eigenlijk zouden in het Ruhrgebied helemaal geen bergen moeten zijn, maar wie een beetje door de regio heeft gereisd, kan dit weerspreken. Overal zijn heuvels te zien. De meeste van deze heuvels zijn ontstaan door afval uit de mijnen. Gesteente dat weinig kolen bevatte werd als afval vezameld. Overal ter wereld kun je aan deze, vaak kegelvormige, 'bergen' zien dat hier eens een kolenmijn heeft gestaan.

De eerste kolenbergen waren spitsvormig, maar met de industriële ontwikkeling van de steenkolenmijnbouw, veranderde, door de enorme hoeveelheden afval, ook de vorm van de bergen. Nieuwe bergen hebben meer een tafelbergachtige vorm omdat die makkelijker opgereden konden worden om afval bovenop te deponeren. Deze tafelbergen werden beplant om ze beter bijeen te houden. Tegenwoordig dienen deze tafelbergen als natuurgebied en als recreatiegebied voor mensen. Van de meer dan honderd kunstmatige heuvels zijn er de afgelopen decennia tientallen ingericht als kunstwerk en/of recratiepark. De bergen bieden een fantastisch uitzicht over de verder vlakke omgeving. 's Avond zijn de kunstwerken mooi uitgelicht.

Haldes

Het bezoeken van deze uitzichtspunten is het leukst met de fiets. Maar de afstanden zijn stevig! En er zijn bergen te beklimmen. Van de 29 aangegeven te bezoeken *Haldes* staan hieronder de negen met de interessantste landschapskunst. De routes die u kunt rijden zijn goed aangegeven.
Op de fiets kunt u het best de **Emscher-Park-Radweg** volgen en u dan beperken tot 3, 4, 5 en 6. Op www.route-industriekultur.de/route-per-rad kunt u de route bekijken of de folder downloaden (de *Haldes* zijn aangeven met P-nummers). Ook is hier informatie te verkrijgen met betrekking tot fietsverhuur; er is namelijk een goed ontwikkeld netwerk van fietsenverhuur en openbaar vervoer voor fietsers.

[P ...] komt overeen met de nummering op de folder van de *Route der Industriekultur*.

1. Halde Rheinpreußen – Berg in Rot van **Otto Piene** [P11]: Römerstraße, D-4733 Moers.

2. Heinrich-Hildebrand-Höhe – Berg mit Magie van **Mutter und Genth** [P10]: Ehinger Straße, D-47249 Duisburg.

3. Halde Haniel – Berg am Himmel [P14]: Fernewaldstraße, D-46215 Bottrop.

4. Halde Beckstraße – Berg mit Wahrzeichen – Tetraeder [P15]: Beckstraße, D-46238 Bottrop.

5. Halde Rungenberg – Berg mit Lichtspitze [P16]: Horsterstraße, D-45897 Gelsenkirchen.

6. Halde Rheinelbe – Berg mit Himmelstreppe [P1]: Leithestraße, D-45885 Gelsenkirchen-Ückendorf.

7. Halde Hoheward – Berg mit Horizont [P3]: Landschaftspark Emscherbruch, D-45699 Herten.

8. Halde Brockenscheidt: Brambauerstraße, D-45731 Waltrop.

9. Halde Großes Holz – Berg mit blauem Band [P5] : Erich-Ollenhauer-Straße, D-59192 Bergkamen.

info@hotel-zum-rathaus.com, www.
hotel-zum-rathaus.com, 2-pk € 49. Op
een rustige plek maar toch centraal gelegen, is Zum Rathaus een goede plek
om te logeren, te eten of iets te drinken
op het zonnige terras.

Informatie

Tourist Information

Willy-Brandt-Platz 2, D-46045 , tel. 02
08 82 45 713, tourist-info@oberhausen.
de, www.overhausen-tourismus.de.

Tip

Arbeitersiedlungen

Verspreid door het Ruhrgebied vind
je veel sociale woningbouw. Al aan
het einde van de 19e eeuw lieten direc-
teuren van mijnen en staalfabrieken
wijken bouwen voor hun arbeiders.
Bijzondere architectuur en veel groen
zou de arbeider een beter leven bieden, maar tegelijkertijd zouden de
arbeidersdorpen leiden tot grotere
sociale controle, minder ziektever-
zuim en hogere productiviteit. Prachtige voorbeelden zijn **Margarethenhöhe** 8 (Essen) en **Alte Kolonie Eving**
15 (Dortmund). Meer informatie:
www.industrie-kultur.de/siedlungen.
de.

Bottrop ▶ B 2

In Bottrop staan sinds de Tweede Wereldoorlog weinig oude gebouwen
maar de reden om de stad in te gaan, is
het museum en de beeldentuin in het
stadspark. Als u niet geïnteresseerd
bent in moderne en hedendaagse kunst,
bieden het Movie Park en het Alpincen-
ter genoeg vermaak.

Josef Albers Museum

Im Stadtgarten 20, tel. 02 04 12 97 16,
quadrat@bottrop.de, www.bottrop.
de/mq, di.-za. 11-17, zo. 10-17 uur,
entree € 6

In Museum Quadratt aan de rand van
het stadspark is onder meer het museum voor moderne en hedendaagse
kunst gevestigd dat is vernoemd naar
de Bottropse kunstenaar Josef Albers.
De naam komt van de beroemde vier-
kant-schilderijen van Albers, waarvan
hij er een aantal aan de stad heeft gele-
gateerd. Bij mooi weer mag u de beeldentuin niet overslaan.

Movie Park Germany

Warner Allee 1, tel. 02 04 58 99 899,
www.movieparkgermany.de, apr.-
juni en aug. dag. 10-18, juli dag.
10-20, sept. vr.-zo. 10-18 uur, entree
€ 37

Een onvermijdelijke attractie als u met
kinderen op reis bent. Dit enorme park
biedt 35 attracties, zoals wildwaterbanen, achtbanen en vluchtsimulatoren.
Alles gebaseerd op Hollywood. In het
filmmuseum dat in het park ligt, wordt
honderd jaar filmgeschiedenis verteld.

Indoor Skydiving

Prosperstraße 297, 02 04 13 73 730,
www.indoor-skydiving.com, ma.-zo.
9-21 uur, vanaf € 49. Reserveren is
aan te raden

Naast de grote indoorskibaan ligt een
verticale windtunnel waar een échte

vrije val van 270 km/u kan worden ge-simuleerd. Zeer spectaculair.

Essen ▶ B 2

De hoofdstad van de Ruhrregio lijkt in niets meer op de grauwe industriestad van voorheen. Hoewel nog veel naoorlogse bouw het stadsbeeld bepaalt, valt vooral het vele groen op en de daarin gelegen Biergärten en mooie parken, zoals het **Grugapark** met zijn bijzondere beeldentuin.

Deze grote universiteits- en Krupp-stad is een stop meer dan waard. Rijdt u niet snel langs deze stad maar blijf een nacht en word verrast door de vele hoogtepunten. Naast de 10e-eeuwse kathedraal, de **Essener Münster**, met zijn wereldberoemde gouden Madonna uit 980 en een historisch gezien bijzondere kerkschat in de **Domschatzkammer**, is ook de **synagoge** na de Tweede Wereldoorlog weer helemaal herbouwd. Iets buiten de stad liggen de **Siedlung Margarethenhöhe** (zie blz. 68) en de **Villa Hügel**. De grootste attracties van Essen zijn de Zollverein en het Museum Folkwang.

Museum Folkwang

Museumplatz 1, tel. 02 01 88 45 000, info@museum-folkwang.essen.de, www.museum-folkwang.de, di.-wo., za., zo. 10-18, do., vr. 10-20 uur, entree € 5

Het museum heeft internationale bekendheid verkregen vanwege zijn grote en brede collectie schilderijen. Naast Franse en Duitse schilders uit de 19e en 20e eeuw is de verzameling Duitse expressionisten, *Die Brücke* en *Der Blaue Reiter*, wereldvermaard. Naoorlogse Amerikaanse kunst, Pollock, Newman, Stella, is bijzonder goed vertegenwoordigd, en ook van de groten uit de Duitse kunst van na 1945, zoals Baselitz, Kiefer en Richter, hangen hier belangrijke werken.

Zollverein 7

Gelsenkirchenerstraße 181, tel. 02 01 24 68 10, info@zollverein.de, www.zollverein.de, bezoekerscentrum: dag. 10-18 uur

Het 100 ha grote terrein was ooit de grootste **steenkolenmijn** ter wereld en de grootste cokesinstallatie van Europa. Hier haalden dagelijks 2500 mijnwerkers 12.000 ton kolen uit de aarde en verwerkten dit tot cokes. Na 135 jaar mijnbouwgeschiedenis sloot in 1986 de steenkolenmijn en in 1993 de cokesinstallatie. Maar al in 1989 werden plannen ontvouwd om het terrein om te bouwen met een culturele bestemming. Het grootste deel van de bouwwerken bleef staan en zo toont het complex als nergens ter wereld de geschiedenis van mijnbouw en de verwerking van kolen. In 2001 kreeg de Zollverein het predicaat UNESCO Werelderfgoed en speelt nu een voorbeeldrol als het gaat om het herbestemmen van industrieel erfgoed (Zie blz. 70).

Villa Hügel 9

Hügel 153, tel. 02 01 61 62 90, office@villahuegel.de, www.villahuegel.de, di.-zo. 10-18 uur (park dag. 8-20 uur), entree € 5

Tussen 1872 en 1945 woonden in deze immense villa (met 269 kamers!) drie generaties **Krupp**. De familie Krupp, de belangrijkste grootindustriëlen van Duitsland, speelt al vierhonderd jaar een belangrijke rol in Essen. Wie aan staal en wapens denkt, denkt namelijk aan Krupp. Vanwege hun rol in de wapenproductie voor de nazi's en het gebruik van krijgsgevangenen en burgers als slaven in hun fabrieken, werd de toenmalige pater familias, Alfried, Krupp na de oorlog tot twaalf jaar gevangenisstraf veroordeeld en moesten ▷ blz. 72

Favoriet

Zeche Zollverein 7 ▶ B 2

Industriekultur in optima forma. Het
gehele terrein is liefdevol opgeknapt
zonder het rauwe ervan kwijt te raken.
De enorme installaties zijn bijna allemaal te bezichtigen en geven niet alleen een indruk van de massaliteit van
de productie maar ook van de schoonheid die industrieel erfgoed kan hebben. 's Avonds is alles fantastisch uitgelicht en voel je je bijna verloren tussen de gebouwen, pijpeleidingen en
buizen. Er zijn verschillende plekken
waar je iets kunt eten of drinken.

de Krupps afstand doen van zowel de familienaam als het familiebedrijf. De villa kwam in handen van een stichting en werd in 1953 opengesteld voor publiek. Er zijn regelmatig interessante tentoonstellingen en het interieur en het uitzicht vanuit het huis zijn het uitstapje al waard.

Overnachten

Na gedane arbeid – Alte Lohnhalle: Rotthauser Straße, tel. 40, 02 01 38 45 70, wilkommen@alte-lohnhalle.de, www.alte-lohnhalle.de. Waar vroeger dagloners in de rij stonden voor hun loon zit nu een hotel-restaurant, **Über Tage** genaamd. Industrieel erfgoed met designmeubels, 2-pk € 79.

Trouvaille in Rüttenscheid – Lorenz: Rüttenscheider Straße 187, tel. 02 01 79 946, info@lorenz-essen.de, www.lorenz-essen.de, 2-pk € 108. Sfeervol ingericht hotel met fijne bistro en comfortabele kamers. De belangrijkste reden om hier te logeren, is echter de locatie én de Biergarten achter het hotel.

Eten en drinken

Bammetjes – Bagwich: Zweigertstraße 3, tel. 02 01 21 98 797, www.bagwich.de. De lekkerste sandwiches van Essen vind je in dit kleine lunchtentje. Veel keuze en ook om mee te nemen.

De hele dag ontbijten – Miamamia: Rüttenscheider Straße 183, tel. 02 01 87 42 562, www.miamamia.de. In het hippe Rüttenscheid zitten tientallen tentjes waar je uitstekend kunt ontbijten en koffiedrinken. Ja, echt, de hele dag door. Miamamia is er daar een van maar wel met hele lekker koffie.

Stube in het centrum – Seitenblick: Trentelgasse 2, tel. 02 01 81 55 849, kontakt@seitenblick-essen.de, www.seitenblick-essen.de. Van ontbijt tot diner, in het gezellige café of op het mooie terras: dit restaurant in de binnenstad biedt goede kwaliteit voor een redelijke prijs.

Centrum van de Industriekultur – Casino Zollverein: Schacht XII, Gelsenkirchener Straße 181, tel. 02 01 83 02 40, info@casino-zollverein.de, www.casino-zollverein.de. Midden in de Zeche Zollverein ligt dit iets chiquere restaurant. Maar, het is zeer de moeite waard om iets dieper in de buidel te tasten om hier te eten.

Winkelen

Rüttenscheid is de trendy buurt van Essen. Hier zijn ook de leukste winkels, cafés en terrasjes te vinden. Voor designerkleding en accessoires: **Hanim** (Rüttenscheider Stern); merken zoals Missone, Fürstenberg, Jil Sander, liggen bij **Renate Abs** (Rüttenscheider Straße 127) en direct daarnaast ligt **Yves** met bekende schoenenmerken. Om de hoek in de Dorotheenstraße 13 zit **Uniqat**; de naam zegt het al: exclusief. Hebt u een kleiner budget, ga dan naar de outletstore van **Renate** (Witteringstraße 38) of **Fashion Outlet** (Klarastr 13).

Informatie

Touristikzentrale

Am Hauptbahnhof 2, D-45127, tel. 02 01 19 433, touristikzentrale@essen.de, www.essen.de/tourismus.

Gelsenkirchen ▶ B 2

Nordsternpark 10

Wallstraße 52, D-45899, tel. 02 09 95 160, www.nordsternpark.info

Dit kleine broertje van de Zeche Zollverein, de voormalige steenkolenmijn Nordstern, is weer zo'n voorbeeld van succesvolle herbestemming. Het park heeft een levendige sfeer met Biergärten en een amfitheater waar regelmatig concerten worden gegeven. Het ligt aan het Rhein-Herne-Kanal waar toeristenboten aanleggen en u kunt opstappen om het Ruhrgebied eens vanaf het water te zien (www.kanalschiff.de). In het park zijn voor kinderen verschillende speeltuinen, maar de bekendste attractie is de **Deutschlandexpress**. Met 250 Märklin-treinen, 60 bruggen en 1400 m spoor is deze modelspoorbaan ook leuk voor volwassenen (tel. 02 09 50 83 660, www.der-deutschlandexpress.de, vr.-zo. 10-18 uur).

Bochum ▶ B 3

Ook Bochum is een voorbeeld van een stad die een nieuwe identiteit heeft aangenomen nadat een groot deel van de mijn- en staalindustrie verdween. Natuurlijk liggen er bij Bochum nog een grote autofabriek en enkele hoofdkantoren van multinationals, maar de echte arbeiderssfeer is wel uit het centrum verdwenen. Hoewel, door de hele stad staan monumenten die herinneren aan die tijd. De oude binnenstad van Bochum, vanaf het station, wordt ook wel de **Bermuda Triangle** genoemd. Hier zit het merendeel van de horeca en ook de *Gastro Meile* van de stad.

Deutsches Bergbau Museum 11

Europaplatz, tel. 02 34 58 77 126, service@bergbaumuseum.de, www.bergbaumuseum.de, di.-vr. 8.30-17, za.,zo. 10-17 uur, entree € 6,60

Een 68 m hoge schachttoren markeert het grootste mijnbouwmuseum van Duitsland. De hoofdattractie is de 20 m onder de grond gelegen modelmijn waar zowel de techniek van de mijnbouw als het leven van een mijnwerker worden getoond. Hierna kunt u boven op de schachttoren iets drinken en genieten van het uitzicht over het Ruhrgebied.

De locomotieven lijken zo te kunnen wegrijden vanuit het Eisenbahn Museum in Bochum

Kunstmuseum Bochum

Kortumstraße 147, tel. 02 34 91 04 230, museum@bochum.de, www.kunstmuseumbochum.de, di., do.-zo. 10-17, wo. 10-20 uur, entree € 5

Na de Tweede Wereldoorlog is met veel energie begonnen aan de opbouw van het museum. Het zwaartepunt van de collectie ligt bij internationaal surrealisme en Duitse kunst uit de tweede helft van de 20e eeuw.

Jahrhunderthalle 12

An der Jahrhunderthalle 1, tel. 02 34 36 93 100, info@jahrhunderthalle-bochum.de, www.jahrhunderthalle-bochum.de.

Deze voormalige gas-energiecentrale geldt als het beste voorbeeld van industrieel erfgoed in de regio. De enorme hal is een populaire locatie voor beurzen, concerten en evenementen.

Eisenbahnmuseum 13

Dr.-C.-Otto-Straße 191, 02 34 49 25 16, info@eisenbahnmuseum-bochum. de, www.eisenbahnmuseum-bochum.de, di.-vr. en zo. 10-17 uur, entree € 7,50

Op het terrein waar al vanaf 1916 stoomlocomotieven werden gerepareerd die werden gebruikt voor het vervoer van kolen en staal, is nu dit spoorwegmuseum gevestigd. Meer dan 120 locomotieven en wagons vertellen de geschiedenis van de trein vanaf 1853. Toch is dit niet slechts een historisch museum, er kan met treinen worden gereden en wissels kunnen worden bediend.

Eten en drinken

Kaffee und Kuchen – **Röst Art**: Grabenstraße 1, kaffee@roestart.de, www.roestart.de. Midden in de zogenaamde Bermuda Triangle, het wandelgebied van de stad, kunt u hier de lekkerste koffie en zelfgebakken taart krijgen.

Met zicht op flamingo's – **Franz-Ferdinand**: Klinikstraße 51, tel. 02 34 93 53 92 12, info@franzferdinand.bochum. de, www.franzferdinand-bochem.de. Duitse keuken, gezellig interieur, vlak naast de dierentuin van Bochum. Met fijn terras.

Tussen 700 jaar oude muren – **Kemnade**: An der Kemnade 10, Hattingen, 02 32 49 33 10, www.hauskemnade.de. Onder de gewelven van het renaissancekasteel Kemnade, iets ten zuiden van Bochum, kunt u goed eten in een historische omgeving. Het terras onder de oude bomen in de schaduw van het kasteel is de perfecte plek om chic te lunchen.

Tip

De enige echte!

In de beroemde *Gastro Meile* worden op veel plaatsen en volgens veel bereidingswijzen Bratwurst en Currywurst geserveerd, hét regionale product van het Ruhrgebied. Iets verderop is het **Dönninghaus** gevestigd. Een begrip in de wijde omgeving, want hier zou de beste, en de enige echte Currywurst van Duitsland worden gemaakt. Let wel op de tijd, want deze topsnackbar is slechts tot 18.30 uur geopend (Fleischerei Dönninghaus, Brückstraße 49, 02 34 12 697, www.dieechte.de).

Informatie

Ruhr Infocenter

Huestraße 9, D-44787, tel. 02 34 96 30 20, www.bochum-tourismus.de.

Recklinghausen ▶ B 1

Als een van de weinige steden in het Ruhrgebied is Recklinghausen tijdens de Tweede Wereldoorlog grotendeels gespaard gebleven en heeft nog een gezellig oud centrum met stadspoorten, muren, een mooi plein en twee interessante kerken.

Ikonen-Museum

Kirchplatz 2a, tel. 02 361 50 19 41, ikonen@kunst-re.de, www.ikonen-museum.com, di.-zo. 11-18 uur, entree € 6

Het Ikonen-Museum heeft de grootste verzameling Russische iconen buiten Rusland. De wereldberoemde collectie geeft een overzicht van orthodox-christelijk kunst van de 1e eeuw voor Christus tot nu.

Kunsthalle Recklinghausen

Große-Perdekamp-Straße 25–27, tel. 02 36 15 01 935, info@kunst-re.de, www.kunsthalle-recklinghausen.de, di.-zo. 11-18 uur, entree € 6

De stad probeert zich al jaren op de kaart te zetten als een centrum voor moderne cultuur. Het jaarlijkse theaterfestival, de **Ruhrfestspiele**, heeft al een stevige reputatie verworven. Met de Kunsthalle probeert de stad ook op het gebied van moderne en hedendaagse kunst een grotere rol te gaan spelen.

Museum Strom und Leben 14

Bochumer Straße 253, www.umspannwerk-recklinghausen.de, juni-aug. ma.-zo. 10-17, sept.-mei di.-zo. 10-17 uur, entree € 4

Het uit 1928 stammende **Umspannwerk Recklinghausen**, de grootste elektriciteitscentrale van Westfalen, herbergt sinds 2001 het Museum Strom und Leben. Hier gaat de bezoeker op een reis door de geschiedenis van de elektriciteit. Het museum is sinds 2009 met een brug verbonden met de voormalige stadshaven van Recklinghausen die tegenwoordig het culturele centrum van de stad is. Na het museumbezoek is het strandcafé aan de haven de uitgelezen plek.

Dortmund ▶ B 3

Al tijdens Karel de Grote was Dortmund een belangrijke handelsstad. Toen de laatste mijnen aan het einde van de 20e eeuw sloten, werd het bierbrouwen leidend. In de stad zijn zes grote brouwerijen gevestigd. En hoewel de stad tijdens de Tweede Wereldoorlog bijna helemaal is platgegooid, is Dortmund niet meer de grauwe industriestad die het daarna was. Er zijn een grote universiteit en verschillende goede musea. In de binnenstad is het middeleeuwse stratenpatroon nog terug te vinden en een deel is, samen met de twee prachtige gotische kerken, zorgvuldig herbouwd.

Dortmunder U – Zentrum für Kunst und Kreativität

Leonie-Reygers-Terrasse, tel. 02 31 50 24 723, info@dortmunder-u.de, www.dortmunder-u.de, di., wo., za., zo. 11-18, do., vr. 11-20 uur, entree museum € 5

De collectie van het **Museum am Ostwall** is sinds 2009 ondergebracht in het cultureel centrum van de stad. In een voormalig pakhuis van de Dortmunder Union-Brauerei heeft de voortreffelijke collectie expressionistische kunst van het museum een plek gekregen. In het cultureel centrum zitten naast een universiteit, kunstacademie en mediatheek ook twee restaurants en twee nachtclubs waarvan **The View** op de bovenste verdieping een goed terras heeft met mooi uitzicht.

Mahn- und Gedenkstätte Steinwache

Steinstraße 50, tel. 02 31 50 25 002, www.ns-gedenkstaetten.de/nrw/ dortmund, di.-zo. 10-17 uur, gratis entree

In een voormalige Gestapogevangenis is nu de Steinwache gevestigd die verslag doet van de gruweldaden van de nazi's met een indrukwekkende tentoonstelling over verzet en vervolging in Dortmund tussen 1933 en 1945.

Zeche Zollern – LWL-Industrie Museum 16

Grubenweg 5, tel. 02 31 69 61 111, zeche-zollern@lwl.org, www.lwl. org/lwl/kultur/wim/portal, di.-zo. 10-18 uur, entree € 4

Het Westfälisches Landesmuseum für Industriekultur is een museum voor industrieel erfgoed verdeeld over acht locaties. De oude 'fabriekskastelen' hebben nieuwe bestemmingen gekregen en zijn te bezichtigen. De nadruk ligt op educatie en het leven in een geïndustrialiseerde samenleving. De Zeche Zollern in Dortmund is uniek door de prachtige jugendstil-kenmerken. De renovatie in 1969 markeerde het begin van het behoud en herstel van de industriële architectuur en cultuur in het Ruhrgebied.

Westfalenpark en Florianturm

An der Buschmühle 3, tel. 02 31 50 26 100, westfalenpark@dortmund.de, www.westfalenpark.de, Florianturm: wo.-za. 11-22, zo. 9-22 uur

Dit 70 hectare grote park met groot rosarium, vijvers en fonteinen is een oase van rust. Midden in het park ligt de Florianturm, de oudste televisietoren ter wereld met op 220 m hoogte een draaiend restaurant en platform.

Automobil-Museum

Brandisstraße 50, tel. 02 31 47 56 979, www.oldiemuseum.de, wo.-ma. 12-18 uur, entree € 5

Het cultuurcentrum Dortmunder-U met bovenin restaurant en nachtclub The View

Mooie collectie oldtimers van soms illustere personen en een Formule 1-simulator.

Overnachten

Vriendelijk en centraal – **Union:** Arndtstraße 66, tel. 02 31 55 00 70, info@ hoteluniondortmund.de, www.hotel uniondortmund.de, 2-pk € 85. Op loopafstand van alle bezienswaardigheden met een vermaard ontbijt. Het hotel heeft ook familiekamers.

Vakwerk – **Haus Überacker:** Wittbräckerstraße 504, tel. 02 30 48 07 06, www.haus-ueberacker.de, 2-pk € 75. Dit gezellige familiehotel in een vakwerkhuis ligt net buiten de drukte van de stad. Het hotel heeft een gemoedelijk restaurant waar nog worst wordt gemaakt en taarten worden gebakken. Vlak bij de Dortmundse golfclub.

Eten en drinken

Genieten van vlees – **Pfefferkorn:** Hoher Wall 38, tel. 02 31 14 36 44, info@pfefferkorn-dortmund.de, www.pfeffer korn-dortmund.de. Zoals zij zelf zeggen: *best steaks in town*, en daarvan is niets gelogen. Betaalbaar eten in een nostalgische omgeving.

Hoog verheven – **Turmcafé:** Fernsehturm Dortmund, Westfalenpark ingang Florianstraße 2, tel. 02 31 58 68 01 200, kontakt@mein-florian.de, www. mein-florian.de. Al etende kunt u 360° van het uitzicht genieten. In een zonnig weekend biedt het **Terrassenrestaurant** plaats aan tweehonderd gasten.

Dansen op de vulkaan – **The View:** Leonie-Reygers-Terrasse, tel. 02 31 47 64 780, www.view-dortmund.de. Zeer populaire discotheek op prachtige plek in de Dortmunder U met veel speciale evnementen en bekende dj's.

Informatie

Dortmund Tourismus

Max-von-der-Grün-Platz 5-6, D-44137 Dortmund, tel. 02 31 18 99 90, www.dortmund-tourismus.de.

Omgeving Dortmund

Hamm ▶ B 3

Maximilianpark 17

Alter Grenzweg 2, D-59071 Hamm, tel. 02 38 19 82 100, info@ maximilianpark.de, www. maximilianpark.de. okt.-mrt. 10-19, apr.-sept. 10-21 uur, entree € 5

Ten oosten van Dortmund, op de grens met het Sauerland, ligt het Maximilianpark: een groot avonturenpark voor zowel volwassenen als kinderen, met speeltuinen, een doolhof, vlindertuin en een enorme glazen olifant. Het park is aangelegd op het terrein van een oude steenkolenmijn.

Unna ▶ B 3

Zentrum für Internationale Lichtkunst 18

Lindenplatz 1, D-59432 Unna, tel. 02 30 31 03 770, info@lichtkunst-unna. de, www.lichtkunst-unna.de, rondleidingen: di.-vr. 13, 15, 17 uur, za., zo. 13, 14, 15, 16, 17 uur, entree € 10

In de voormalige bierbrouwerij in het plaatsje Unna is sinds 2001 het Zentrum für Internationale Lichtkunst gevestigd. In de oude koelruimtes van de brouwerij zijn nu lichtkunstwerken van internationaal bekende kunstenaars, zoals Rebecca Horn, Olafur Eliasson en François Morellet tentoongesteld. Het centrum is alleen te bezichtingen tijdens een rondleiding. Reserveren is aan te raden.

Düsseldorf en omgeving

Düsseldorf ▶ B 2

Voor Nederlanders is Düsseldorf bijna geen Duitsland meer. Wie kent de Rheinufer, 'de langste toog van Europa', met zijn terrassen en restaurants nou niet? Wie is er niet in het K20- of K21-museum geweest en wie heeft zich niet een keer vergaapt aan de prachtige winkels langs de Königsallee, de duurste winkelstraat van Europa?

Düsseldorf is als hoofdstad van Noordrhein-Westfalen het kosmopolitische centrum van de Rijnregio. Hier geldt de moderne luxe van de diensteneconomie, in schril contrast tot het realisme van de industriecultuur uit het Ruhrgebied. De stad is het centrum van de mode-industrie en alle grote reclamebureaus hebben hier hun hoofdkantoor. Dat is ook te zien, want na de oorlog werd de stad weer opgebouwd en alle grote architecten, zoals Frank Gehry en Will Alsop, hebben hieraan bijgedragen.

De kunstacademie van Düsseldorf is altijd een van de beste van Europa geweest en bracht kunstenaars voort als Paul Klee en Andreas Gursky. Joseph Beuys heeft hier zelfs nog gedoceerd. Toch blijft de belangrijkste inwoner van Düsseldorf de romantische dichter Heinrich Heine, die hier ook zijn eigen museum heeft.

Burgplatz 1

Vanaf de Rijnoevers begint de oude binnenstad eigenlijk bij het oude stadskasteel. Van hier kronkelen kleine straatjes de stad in met werkelijk overal café's en bierhuizen. Aangekomen bij de Rathausplatz met het renaissancistische raadhuis, is de knusse Altstadt verkend. Laat u echter niet foppen: de gehele binnenstad van Düsseldorf is vernietigd tijdens de Tweede Wereldoorlog. Hoewel goed gerestaureerd, zijn de huizen jonger dan zeventig jaar.

Filmmuseum 2

Schulstraße 4, tel. 02 11 89 92 232, filmmuseum@duesseldorf.de, www.duesseldorf.de/filmmuseum, di., do.-zo. 11-17, wo. 11-21 uur, entree €5
In het hart van de binnenstad ligt het in 1993 geopende Filmmuseum. Het interactieve museum toont de geschiedenis van de film, van het allereerste prille begin tot aan het heden.

Heinrich-Heine-Institut 3

Bilker Straße 12-14, tel. 02 11 89 92 902, heineinstitut@duesseldorf.de, www.duesseldorf.de/heineinstitut, di.-zo. 11-17, za. 13-17 uur, entree € 4
Het instituut met archief, bibliotheek en museum is het enige centrum voor Heine-onderzoek ter wereld. Naast het moderne interactieve museum vinden hier regelmatig literaire evenementen en activiteiten plaats.

Kunsthalle 4

Grabbeplatz 4, 02 11 89 962 40, mail@kunsthalle-duesseldorf.de, www.kunsthalle-duesseldorf.de, di.-zo. 11-18 uur, entree € 6
De Kunsthalle is de tentoonstellingshal van de Düsseldorfer Kunstverein. Grensverleggende jonge kunstenaars krijgen hier de kans hun werk te tonen. Veel fotografie.

Kunstsammlung Nordrhein-Westfalen ✳

K20: Grabbeplatz 5, K21 Ständehaus: Ständehausstraße 1, tel. 02 11 83 81 204, service@kunstsammlung.de, www.kunstsammlung.de, di.-vr. 10-18, za., zo. 11-18 uur, entree € 10

Gemütlichkeit troef op de vele terrassen van de cafés en bierhuizen in de Altstadt

F3 Schmela Haus, Mutter-Ey-Straße 3, openingstijden wisselen, gratis entree

De kunstcollectie van Nordrhein-Westfalen is in 1961 ontstaan door de verwerving van 88 werken van de Düsseldorfse schilder Paul Klee. Meer dan vijftig jaar later is deze kunstverzameling een van de grootste collecties van Duitsland. In de binnenstad is de 20e-eeuwse kunst bijeengebracht in K20 **5**. Ook in het centrum ligt F3 Schmela Haus **6**, ontworpen door de Nederlandse toparchitect Aldo van Eyck en geopend in 2009, waar conceptuele kunst van nu wordt getoond. Ten zuiden van het centrum, ligt het K21 **7**, in het Ständehaus. Deze voormalige zetel van het parlement van Nordrhein-Westfalen is in 1988 verbouwd tot een modern museum. Alleen al de architectuur van het gebouw en het voortreffelijke café zijn een bezoek waard; de collectie 21e-eeuwse kunst ligt er ook niet om.

NRW Forum **8**

Ehrenhof 2, tel. 02 11 89 26 690, museum@nrw-forum.de, www.nrw-forum.de, di.-do., za., zo. 11-20, vr. 11-22 uur, entree € 6

Dit kunstcentrum kan gelden als een voorbeeld van samenwerking tussen overheid en bedrijfsleven om cultuur overeind te houden. Het strakke uit 1926 stammende gebouw is in 1998 geheel gerenoveerd en dient nu als museum en tentoonstellingsruimte voor fotografie en nieuwe media.

SMKP – Museum Kunstpalast **9**

Kulturzentrum Ehrenhof, Ehrenhof 4-5, tel. 02 11 56 64 21 00, www.smkp.de, di., wo., vr.-zo. 11-18, do. 11-21 uur, entree € 9

In het in 1902 gebouwde Kunstpalast zijn de vijf stedelijke musea in 2000 samengevoegd. Europese schilderkunst van de 15e tot het begin van de 20e eeuw is afkomstig van de Gemäldegalerie. Uit de stedelijke collectie moderne kunst komt de verzameling 20e- en 21e-eeuwse schilderkunst. Het zwaartepunt van de grafiek ligt bij baroktekeningen, 19e-eeuws expressionisme en fotografie. Ook is er een grote verzameling plastiek uit het ▷ blz. 82

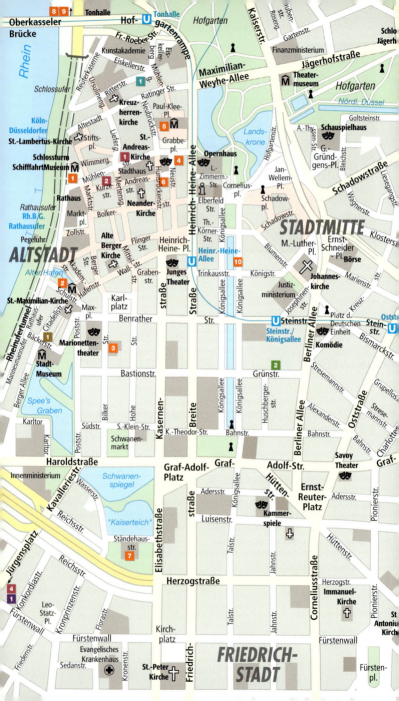

Düsseldorf

Bezienswaardigheden

1. Burgplatz
2. Filmmuseum
3. Heinrich-Heine-Institut
4. Kunsthalle
5. K20
6. Schmela Haus
7. K21
8. NRW Forum
9. SMKP – Museum Kunstpalast
10. Königsallee

Overnachten

1. Hotel Orangerie

Eten en drinken

1. Stadthaus
2. Im Goldenen Ring
3. Takumi
4. Lido 1960

Winkelen

1. Ackerstraße
2. Stilwerk

Uitgaan

1. Zum Goldenen Einhorn

Actief

1. Medienhafen

Rijnland en Nederland uit de 15e tot de 17 eeuw. Als laatste biedt het Glasmuseum Hentrich een overzicht van glas vanaf de Egyptenaren.

De Kö 10

www.koenigsallee-duesseldorf.de
Net buiten de oude binnenstad, tussen K20 en K21, ligt de wereldberoemde Königsallee of *Kö*. Deze straat wordt gezien als de beste winkelstraat van Duitsland en sommigen zeggen zelfs van Europa. Je kunt het zo gek niet verzinnen of de duurste merken hebben hier een winkel. Voor een echte *shoppingspree* is dit de *place to be*. Van H&M tot Chanel en Abercrombie&Fitch tot Hermes.

Overnachten

Oase van rust – **Hotel Orangerie 1**: Bäckergasse 1, tel. 02 11 86 68 00, info@hotel-orangerie-mcs.de, www.hotel-orangerie-mcs.de, 2-pk € 130. Op een steenworp afstand van het oude centrum en op loopafstand van alle attracties ligt dit prachtig gerestaureerde en intieme hotel.

Eten en drinken

Parijs in Düsseldorf – **Brasserie Stadthaus 1**: Mühlenstraße 31, tel. 02 11 16 09 28 15, www.brasserie-stadthaus.de. Van escargots tot een steak frites: deze echte brasserie ligt midden in het oude centrum. Als u schrikt van de prijzen, drink dan een cocktail in Le Bar, de hotspot van de stad.
Hier wordt bier gebrouwen – **Im Goldenen Ring 2**: Burgplatz 21, tel. 02 11 20 05 145, www.goldener-ring.de. Aan de gezellige Burgplatz ligt het oudste Brauhaus van de stad. Hier eet men traditioneel worst met aardappelen, zuurkool én een glas zelfgebrouwen Altbier.

Little Tokio – **Takumi 3**: Immermannstraße 28, tel. 02 11 17 93 308, www.brickny.com/takumi. Düsseldorf heeft de grootste Japanse gemeenschap van Duitsland. Rond de Immermannstraße zijn verschillende Japanse restaurants gevestigd: van toko tot chic restaurant. Van Takumi wordt gezegd dat zij de beste noodlesoep van Duitsland serveren. Er staat vaak een rij voor de deur maar het is het wachten waard. En zeker als je voor slechts een tientje een goede maaltijd krijgt.
Drijvende gastronomie – **Lido 1960 4**: Am Handelshafen 15, tel. 02 11 15 76 87 30, genuss@lido1960.de, www.lido1960.de. In een drijvende glazen kubus midden in de Medienhafen ligt dit exclusieve restaurant. De mix van culinair vakmanschap, hedendaags design en de unieke locatie maken een bezoek tot een bijzondere ervaring.

Uitgaan

Kroegentocht in de Altstadt – **Zum Goldenen Einhorn 1**: Ratinger Straße 18, tel. 02 11 83 68 277, info@einhorn-duesseldorf.de, www.einhorn-duesseldorf.de. Een kroegentocht in het centrum begint bij dit oude café. Staand een biertje drinken of een schnaps en dan snel kijken hoe het bij de buren is.

Winkelen

Modestad – **Flingern**: in deze oude arbeidersbuurt tonen lokale topdesigners hun creaties. Rond de Ackerstraße 1 kunt u fantastische modeontwerpen en hippe accessoires kopen, zoals bij Dein Hausfreund of Misprint. Moe van het winkelen? Overal zijn leuke, kleine restaurantjes en koffietentjes.
Alles voor het interieur – **Stilwerk 2**: Grünstraße 15, 02 11 86 22 81 00,

www.stilwerk.de/duesseldorf. Hier vindt u alles voor interieur en design, van wijnglas tot loungebank.

Actief

Wandelen – Rheinuferpromenade: de Rijnoever verbindt de Altstadt met de voormalige binnenhaven, de Medienhafen **1**. Het verschil tussen beide stadsdelen kan niet groter zijn. Mede door de interessante architectuur van onder meer Frank Gehry en David Chipperfield hebben de havens een totaal eigen identiteit gekregen. In de haven staat ook de 240 m hoge Rheinturm (www.guennewig.de/rheinturm-duesseldorf), met draaiend restaurant. Een goede plek om de wandeling te eindigen en te genieten van het uitzicht. Voor meer informatie: www.medienhafen.de.

Info en festiviteiten

Tourist Information

Hauptbahnhof: Immermannstraße 65-b, tel. 02 11 17 20 28 44, www.duesseldorf-tourismus. de.
Altstadt: Hoek Marktstraße-Rheinstraße, tel. 02 11 17 20 28 40, www.duesseldorf-tourismus.de.

Festiviteiten

Kerstmarkt: het hele centrum wordt van eind november tot de dag voor Kerst omgetoverd tot de gezelligste kerstmarkt van Duitsland. Leuke kerstcadautjes en -versieringen, glühwein, hapjes. En alles is prachtig verlicht.

Vervoer

Trein: vanaf het Hauptbahnhof gaan ICE's naar Nederland en naar Keulen en Berlijn. Ook het Ruhrgebied is gemakkelijk per trein bereikbaar.

Langs de Rijn: beeld van Christoph Pöggeler met architectuur van Frank Gehry

Vliegtuig: het internationale vliegveld van Düsseldorf ligt op 8 km van de stad en is goed bereikbaar met de S-Bahn.

Omgeving Düsseldorf

Mettmann ▶ B 2

Neanderthal Museum

Talstraße 400, D-40822 Mettmann, tel. 02 10 49 79 70, museum@neanderthal.de, www.neanderthal. de, di.-zo. 10-18 uur, entree € 11
In een grot in een ingesloten dal van de Düssel, nu het Neanderthal geheten, werd in 1856 het zestigduizend jaar oud skelet van de neanderthaler gevonden. Er is een klein museum gewijd aan deze vondst. ▷ blz. 86

Hombroich – ideale samensmelting van natuur, architectuur en kunst

In de weilanden bij het dorpje Neuss ligt een internationaal vermaard museumpark. Niet alleen vanwege de collectie maar ook vanwege de architectuur.

Kaart: ▶ B 2
Duur: 3 uur tot een halve dag.
Heenreis: per auto naar Neuss, vanaf daar aangegeven of per bus 877, uitstappen bij Neuss-Minkel.
Museum Insel Hombroich: Minkel 2, D-41472 Neuss, tel. 02 18 28 87 40 00, museum@inselhombroich.de, www.

inselhombroich.de, dag. apr.-sept. 10-19, okt. 10-18, nov.-mrt. 10-17 uur, entree € 15
Raketenstation Hombroich/Langen Foundation: Raketenstation, info@langenfoundation.com, www.langenfoundation.com, dag. 10-18 uur, entree € 7,50

Verwondering en verwarring

Als u aan komt lopen bij het eenvoudige receptiegebouwtje, hebt u geen idee wat u te wachten staat. Pas als u weer naar buiten gaat en via de lange stijle trap het echte museumterrein, het Insel, betreedt, komen woorden tekort. In een park waar natuur deels de vrije hand wordt gegeven, deels heel strak wordt ingeperkt, staan zeventien paviljoens. Hoewel alle paviljoens zijn ontworpen door architect Erwin Heerich, zijn zij allemaal zeer verschillend. Er is een aantal overeenkomsten: de buitenmuren zijn overal van dezelfde baksteen, de ramen zitten in stalen sponningen en binnen zijn alle ruimtes spierwit. Bijzonder is dat de paviljoens allemaal daglichtgebouwen zijn waardoor de kunstwerken op verschillende momenten op de dag of periodes in het jaar in een totaal ander licht staan.

Paviljoens

Soms liggen de paviljoens ver en uit elkaars zicht, soms heel dichtbij, maar zij blijven elkaar telkens weer aanvullen. Het eerste paviljoen is helemaal leeg ... een witte, strakke ruimte met een bijzondere akoestiek **1**. Het schept een beetje verwarring. Weer buiten op weg naar het volgende paviljoen loopt u tegen een metershoge ondoordringbare heg aan. Het lijkt wel een labyrint **2**. Maar, eindelijk de hoge houten deur gevonden, komt u nu bij het hart van de collectie: vroege Han- en Ming-vazen, collages van Kurt Schwitters en Jean Arp, schilderijen van Picabia, en allen op een bijzondere manier tentoongesteld. Weinig mensen, weinig bewaking. Hier hebt u alle tijd en rust om echt eens goed te kijken.

Architectuur, kunst of natuur?

Over het enorme terrein staan de meest uiteenlopende gebouwen verspreid, soms gevuld met etsen en prenten **3**, dan weer met etnografische vondsten gecombineerd met het diepblauwe werk van Yves Klein **4**. Iedere keer wordt de bezoeker weer verrast. En ook het landschap verandert: van een moeras naar een loofbos, van een loofbos naar een Japanse tuin **5** en dan weer naar hoger gelegen gronden met fruitbomen en zicht op het gehele terrein.

Raketinstallaties

Als u nog niet genoeg hebt gehad, loop dan via de parkeerplaats naar het Raketenstation **6** (ongeveer een kwartier). Waar tijdens de Koude Oorlog raketten waren opgesteld, heeft architect Tadao Ando een gebouw van glas en beton neergezet dat lijkt te zweven over water en gras. In het museum is een bijzondere collectie Aziatische kunst – **Foundation Langen** – bijeengebracht. Ook hier lijkt de architectuur de kunst te bevestigen, of is het misschien wel andersom?

Zowel bij het Museuminsel als in de Foundation Langen kunt u iets eten en drinken. In de kantine in het Museuminsel kunt u gewoon pakken wat u wilt: een eenvoudige aardappelsalade, boerenbrood, een biologisch sapje en vruchten uit eigen boomgaard.

Bergische Land ▶ B 3

Der Bergische Land Tourismus Marketing, Kölner Straße 8, D-42651 Solingen, tel. 02 12 88 16 06 65, info@die-bergischen-drei.de, www.die-bergischen-drei.de

Het Bergische Land is een heuvelachtige regio ingeklemd tussen de Rijn in het westen, de Ruhr in het noorden en het Sauerland in het oosten. Deze Bergische **stedendriehoek** (Wuppertal, Solingen en Remscheid) heeft voor de toerist veel interessante hoogtepunten, zoals het **Schloss Burg** (www.schlossburg.de) dat in de middeleeuwen een belangrijk machtscentrum was, de **Müngstener Brücke** (www.muengstener-bruecke.de) die in de 19e eeuw als een wonder van techniek werd gezien, of de uit 1901 stammende **Schwebebahn** (www.schwebebahn.de) die hoog boven Wuppertal hangt.

Voor de actieve bezoeker biedt de regio tal van mogelijkheden voor wandelen en fietsen. De **Panoramaradweg** is een goed voorbeeld hoe oude spoorwegtracés, met bruggen en tunnels, opnieuw benut worden. Ook is het mogelijk om vanuit Wuppertal met een draisine over een oude spoorweg langs de Wupper te rijden. Dit vergt wel wat conditie maar is zeker heel vermakelijk (www.panorama-radwege.bahntrassenradeln.de). Dat de regio bekend is om zijn vroege industrialisatie vanwege het ijzererts in de grond, is nog te zien in **Solingen** (www.solingen.de). De stad is bekend om de hoogwaardig staal en de bijbehorende messen- en scharenfabricage. Messen uit Solingen worden gezien als de beste verkrijgbaar.

De Rheinauhafen met op kranen lijkende kantoorgebouwen en de dom op de achtergrond

Keulen en omgeving

Keulen ▶ B 3

Met bijna een miljoen inwoners is Keulen een van de grootste steden van Duitsland. De stad staat bekend om zijn gastvrijheid, het 'Kölsch', de enorme kunstmusea en geldt als voorbeeld van de volledige wederopstanding van een verwoeste stad.

Al in het jaar 50 werd Keulen, Colonnia Claudia Ara Agrippinensium, de residentie van de gouverneur van de Romeinse provincie Germania Inferior. De stad werd ommuurd, waarvan enige resten nog zichtbaar zijn bij de dom, en beleefde grote economische en culturele bloei tot de 5e eeuw. Een nieuwe periode van bloei kondigde zich aan in

de vroege middeleeuwen, en duurde tot ongeveer 1300, in welke periode de aartsbisschoppen van Keulen niet alleen geestelijke maar ook wereldlijke macht uitoefenden over de stad en de wijde omgeving. Uit deze periode stammen de 150 kerken waarvan er nu nog 12 zijn overgebleven. Keulen werd ook wel het 'Rome van het Noorden' genoemd.

Vanwege de strategische ligging langs de Rijn en belangrijke verbindingswegen, werd Keulen een van de belangrijkste handelssteden van Noord-Europa. De stad had het stapelrecht op alle goederen die door Keulen kwamen en in 1360 vond de eerste jaarmarkt plaats. Al in 1475 werd Keulen een vrije stad en dus onafhankelijk van het (keizerlijke) leenstelsel.

Ook de 19e eeuw was een periode van groei. Dankzij de industrialisatie in de tweede helft van deze eeuw ontwikkelde de stad zich tot een moderne metropool. Konrad Adenauer, die burgemeester was van 1917 tot 1933, heeft een grote rol gespeeld in de modernisering van de stad en de openbare ruimte.

Rondom de dom

De mooiste plek om Keulen en de dom te zien is vanaf de **Triangel Turm** , een 100 m hoge wolkenkrabber direct tegenover de dom aan de overzijde van de Rijn. Vanaf het platform hebt u een prachtige blik op de stad en op de daken van de dom. Hier zijn ook enkele restaurants gevestigd met eenzelfde magnifiek uitzicht. De wandeling vanaf de wolkenkrabber terug naar de binnenstad is misschien nog wel indrukwekkender. Lopend over de **Hohenzollernbrücke**, de spoorbrug met de snelstromende Rijn onder u, nadert de

hooggelegen binnenstad. De zwartge-
blakerde dom komt imponerend dich-
terbij.

Op deze plaats, waar in vroeger tijden de eerste christenen samenkwa-
men stond rond 800 een Karolingische
basiliek met daaromheen een groot
klooster. Met de komst van de Driekoningenschrijn en de grote stroom pelgrims die het heiligdom kwamen bewonderen, ontstond de behoefte aan
een groter godshuis. Hier lag in de middeleeuwen het machtscentrum van het
toenmalige Europa. Na de Tweede Wereldoorlog zijn verschillende musea gebouwd en een prettig park en een fraaie
boulevard aangelegd.

Dom St.-Peter und Maria 2 ☀

Domkloster 4, tel. 02 21 17 94 04 00,
www.koelner-dom.de, mei- okt. dag.
6-21, nov.-apr. 6-19.30 uur
Torenbeklimming mrt.-apr., okt.
dag. 9-17, mei.-sept. dag. 9-18, nov.-
feb. 9-17 uur, entree € 3; schatkamer
ma.-za. 10-18 uur, entree € 5
Al in 1248 begon aartsbisschop Konrad von Hochstaden met de bouw
van een nieuwe gotische dom. Aan de
bouw is ruim zeshonderd jaar gewerkt
en in 1880 is de dom, naar de 13-eeuwse
bouwplannen van bouwmeester Gerhard, uiteindelijk afgebouwd. Vijfen-
zestig jaar later werd de kerk door wel
veertien bombardementen zwaar beschadigd, maar hij is na de Tweede Wereldoorlog weer geheel hersteld. Binnen in de dom valt de Driekoningenschrijn, achter het hoogaltaar, meteen
op: duizend edelstenen en parels en ontelbare antieke cameeën en stenen ver-
sieren de schrijn. Achter de schrijn, in
de middelste kapel, is een van de weinige oude glas-in-loodramen bewaard.
Dit raam uit 1260 beeldt onderwerpen
uit het Oude en Nieuwe Testament uit.
De ramen in het zuidelijke dwarsschip,

met 11.263 glasvierkantjes, zijn ontworpen door Gerhard Richter en in 2007
aangebracht. De kerkschatten van het
aartsbisdom Keulen worden, behalve
in de schatkamer van de dom, tentoongesteld in het **Museum Kolumba**, iets
verderop.

St. Ursulakerk 3

Ursulaplatz 30, tel. 02 21 78 80 750,
ma., di., do.-za. 10-12, 15-17, wo. 10-12,
15-16.30, zo. 15-16.30 uur, entree € 1
De Sint Ursulakerk is een van de twaalf
romaanse kerken in de binnenstad
van Keulen. De kerk is opgericht naar
aanleiding van de martelaarsdood die
Urula na haar bedevaartstocht terug-
gekomen in Keulen stierf. Er ontstond
een levendige relikwiehandel die in de
17e eeuw door de paus werd verboden.
Hierop stichtte een Keuls echtpaar met
de overgebleven relikwieën de camera
aurea, de **Gouden Kamer,** die sindsdien
een belangrijk pelgrimsoord is.

Museum Ludwig 4

Heinrich-Böll-Platz, tel. 02 21 22 12 61
65, info@museum-ludwig.de, www.
museum-ludwig.de, di.-zo. 10-18 uur,
entree € 11
In 1976 is op basis van de popartcollec-
tie van het echtpaar Ludwig dit prachtige museum gebouwd. De verzameling beslaat vooral de 20e en 21e eeuw
met als zwaartepunt een groot aantal
belangrijke Picasso's en schilderijen
van de Russische Avantgarde. Bij het
museum zit een aangenaam restaurant;
ideaal voor een goede lunch.

Römisch-Germanisches Museum 5

Roncalliplatz 5, tel. 02 21 22 12 40 30,
roemisch-germanisches-museum@
stadt-koeln.de, www. roemisch-
germanisches-museum.de, di.-zo.
10-17 uur, entree € 9
Informatief museum met schatten uit

de Romeinse en Germaanse tijd. Niet te missen is het Dionysusmozaïek. De **noordelijke stadspoort** op de Domplatz getuigt van de lange geschiedenis van de stad. Zowel de poort als het **Prätorium** zijn in de middeleeuwen gebouwd op de resten van Romeinse stadsmuren.

Altstadt

De binnenstad van Keulen heeft nadat Engelse bommen de stad voor 95% verwoestten nooit meer zijn oude charme teruggekregen. Hoewel een deel zorgvuldig is herbouwd, zoals verschillende panden aan de **Alte Markt** 6, het **Rathaus**, met zijn laat-gotische toren en renaissancegevel, de **mikwe** en de romaanse **Groß St. Martin**, voelt de stad niet 'oud'. Toch is de binnenstad een bezoek waard, al was het alleen al

vanwege het winkelaanbod en de gezellige cafés en eethuizen. En natuurlijk drinkt u dan een Keuls biertje, het *Kölsch*, dat nog steeds wordt gebrouwen in een van de vele Brauhäuser in de stad.

Wallraf-Richartz-Museum 7

Obenmarspforten 40, tel. 02 21 22 12 11 19, info@wallraf-museum.de, www.wallraf-museum.de, di.-zo. 10-18 uur, entree € 8

Het kubusvormige museumgebouw uit 2001 herbergt de oudste museumcollectie van Keulen, met een indrukwekkende verzameling Europese kunst van de 13e tot de vroege 20e eeuw. De afdeling middeleeuwse kunst is wereldberoemd maar de collectie herbergt ook schilderijen van grote meesters als Rubens, Rembrandt en Van Gogh, en grafiek en tekeningen van Leonardo da Vinci, Albrecht Dürer en Auguste Rodin. ▷ blz. 92

Een typisch Keuls biertje – Kölsch – in een van de vele gezellige cafés in de Altstadt

Keulen

Breslauer Platz/Hbf.
K.-Hbf.
Dompropst-Ketzer-Str.
Haupt-bahnhof
Dom/Hbf.
Trankg.
Trankg.
Am Dombof
Heinr.-Böll-Pl.
Hohen-zollernbrücke
WDR
an der
tschule
Dom-kloster-platz
Rheingarten
Roncalli-pl.
Am Hof
töpfchen
Gr. Neug.
Senf-
Rhein
Franken-
werft
Gr. Budeng.
Kl.
Budeng.
Becher
Mühleng.
Bollwerk
Mauthg.
Rheinufer
Mars-
pforteng.
Goldschmied
Laur.-pl.
Brigitteng.
Fisch-markt
Unt.Portals-g.
Lintg.
Rathaus
Salzg.
Kölner Pegel
Obenmarspforten
Unt. Eisen-
markt
Buttermarkt
Heumarkt
tunnel
St. Alban
Martin-
str.
Hänneschen Theater
Markmanns-
str.
Deutzer Brücke
Gürzenich
nichstr.
Augustinerstr.
Pipinstr.
Am Leystapel
St. Maria im Kapitol
Brauerei zur Malzmühle
König
str.
Marien-pl.
Handwerks-kammer
Rheing.
Overstolzen-haus
Mühlenbach
An der Malzm.
Malzbüchel
Filzengraben
St. Maria Lyskirchen
Malakof-turm
Trinitatis-kirche
Witschg.
Schule
Große
Holzg.
St. Georg
Georgstr.
Severinsbrücke
Schule
Schule
Löweng.
55
Kranhaus Nord
Severinstr.
Spielmannsg.
St. Gregor
An St. Katharinen
Katharinen-graben
Rheinau-hafen
St. Johann Baptist
Mechtildisstr.
Kranhaus Mitte
Karl-Berbuer-Pl.
Landsbergstr.
Bayenstraße
Rosenstr.
Quentelstr.
Biberstr.
Zugasse
Bürgerhaus Stollwerck

Kunst en architectuur vullen elkaar aan in Museum Schnütgen

MAKK – Museum für Angewandte Kunst Köln 8

An der Rechtschule, tel. 02 21 22 12 38 60, makk@stadt-koeln.de, www. museen-koeln.de/makk, di.-zo. 11-17 uur, entree € 6

Kunstnijverheid van de vroege middeleeuwen tot heden wordt in het MAKK getoond. Het museum heeft een vooraanstaande verzameling hedendaags industrieel ontwerp en design.

Rautenstauch-Joest-Museum 9

Cäcilienstraße 29-33, tel. 02 21 13 13 56, rjm@stadt-koeln.de, www. museenkoeln/rjm, di., wo., vr.-zo. 10-18, do. 10-22 uur, entree € 7

Dit museum voor *Kulturen der Welt* is een van de belangrijkste etnografische musea van Europa. In de nieuwbouw uit 2010 komt de uit 65.000 objecten en 100.000 etnografische foto's bestaande collectie goed tot zijn recht. De thematisch ingerichte vaste tentoonstelling is ook zeer geschikt voor kinderen.

Museum Schnütgen 10

Cäcilienstraße 29-33, tel. 02 21 22 13 13 15, museum.schnuetgen@ stadtkoeln.de, www.museum. schnuetgen.de, di., wo., vr.-zo. 10-19, do. 10-20 uur, entree € 10

De na de Tweede Wereldoorlog geheel herbouwde 12e-eeuwse romaanse St. Cäcilien Basilik vormt de perfecte omgeving om de enorme collectie middeleeuwse kunst te beleven. Dit is een van de belangrijkste musea voor middeleeuwse kunst ter wereld.

Rijnhaven

De Rheinauhafen is een geslaagd stadsvernieuwingsproject uit de jaren 90 en het visitekaartje voor het moderne Keulen. In oude havengebouwen en loodsen, afgewisseld door aansprekende moderne architectuur, is deze wijk het centrum van de culturele bedrijvigheid in de stad. Architectonische hoogstandjes als het gebouw 'Sieben-gebirge' (het 170 m lange kantoorge-bouw uit 1909-1910 is het eerste staal-betonskeletgebouw van de streek) of de glazen 'Kranhäuser' (2010) van de Ham-burgse architect Hadi Teherani bepalen het aanzicht. Voor architectuurwande-lingen en overige informatie: www.rheinauhafen-koeln.de.

Schokoladen Museum 11

Am Schokoladenmuseum 1-a, tel. 02 21 93 88 80, service@schokoladenmuseum.de, www.schokoladenmuseum.de, di.-vr. 10-18, za., zo. 10-19 uur, entree € 9

De bouw van het chocolademuseum in 1993, aan de kop van de pier, markeert het begin van de ontwikkeling van de voormalige haventerreinen. In het mu-seum wordt u alles verteld over choco-lade en op het dak van het gebouw heeft u een fantastisch uitzicht over de stad. Met goed café.

Deutsches Sport & Olympia Museum 12

Im Zollhafen 1, tel. 02 21 33 60 90, info@sportmuseum.de, www.sportmuseum.de, di.-vr. 10-18, za., zo. 10-19 uur, entree € 6

In het oude douanekantoor van de ha-ven bevindt zich dit museum dat zich bezighoudt met drieduizend jaar sport-geschiedenis van over de hele wereld: van Olympische Spelen tot snowboar-den. Alles komt aan de orde.

Buiten het centrum

Van de verschillende wijken buiten de oude binnenstad zijn de buurten ten westen daarvan de gezelligste. De na-bijheid van de universiteit en verschil-lende hogescholen – er wonen 70.000 studenten in Keulen – hebben hier ze-ker aan bijgedragen maar ook het feit

dat bijvoorbeeld het Belgisches Vier-tel minder te lijden heeft gehad van de bombardementen in de Tweede We-reldoorlog, maken hen populair. In het zogeheten Universitätsviertel met het Kwartier Latäng 13 (genoemd naar het Quartier Latin in Parijs) wemelt het van de leuke cafés, kroegen, restaurants, clubs, theaters en bioscopen. Voor een leuke avond uit begeeft u zich naar de straatjes tussen de Barbarossa- en Zül-picher Platz en het Bahnhof-Süd.

Museum für Ostasiatische Kunst 14

Universitätsstraße 100, tel. 02 21 22 12 86 17, mok@museenkoeln.de, www.museum-fuer-ostasiatische-kunst.de, di.-zo. 11-17 uur, entree € 6

In de groengordel aan de Aachener Weiher ligt, perfect in de omgeving ingebed, het museum voor Oostazia-tische kunst. Een bezoek aan de collec-tie kalligrafie en lakkunst maar ook aan het museumgebouw zelf mag niet ont-breken bij een bezoek aan Keulen. Het museumgebouw (1970) is een van de be-langrijkste monumenten voor de klas-siek-moderne architectuur in Keulen. Kunio Maekawa (1905-1986), een leer-ling van Le Corbusier, verweeft in dit gebouw strenge kubussen met oude Ja-panse tradities. Dit in combinatie met de perfectie van de Japanse tuin maakt het geheel compleet.

Belgisches Viertel 15

Deze wijk, gelegen aan beide zijden van de Aachener Straße, is de place to be als het gaat om hippe restaurants, interes-sante kunstgaleries en kleine, bijzon-dere winkeltjes en boetieks. Rondom de groene Brüsseler Platz en de St. Michaelskerk kunt u in de zomer heer-lijk buiten – biologisch, vegetarisch – eten, vruchtensapjes drinken en zich mengen onder de jonge beau monde van Keulen.

Odysseum – das Abenteurmuseum

Corintostraße 1, tel. 02 21 69 06 81 11, info@odysseum.de, www.odysseum.de, ma.-do. 9-18, vr.-zo. 9-20 uur, entree € 16

Kinderen vanaf 5 jaar en volwassenen krijgen hier de spannende kant van natuurwetenschappen en techniek op speelse wijze te zien. Met 3D-bioscoop en wisselende tentoonstellingen.

Kölner Zoo en Seilbahn

Riehlerstraße 173, tel. 02 21 56 79 91 10, info@koelnerzoo.de, www.koelnerzoo.de, mrt.-okt. dag. 9-18, nov.-feb. dag. 9-17 uur, entree € 17,50, Seilbahn: mrt.-okt. dag. 10-18 uur, retourkaartje € 6,50

Een van de oudste dierentuinen van Europa ligt net ten noorden van het centrum. De dierentuin met oerwoud- en tropenhuis, aquarium, insectarium en *hippodom* herbergt vijfhonderd diersoorten, van olifanten tot bavianen, en meer dan vijfduizend dieren. Bent u meer geïnteresseerd in flora dan fauna, dan ligt vlak naast de Zoo de Flora, de botanische tuin, met een prachtige 19e-eeuwse belle epoque-feestzaal. Vanaf de Zoo kunt u met de kabelbaan naar de overkant van de Rijn, met zicht op de stad.

Overnachten

Sympathiek boetiekhotel – **Stern am Rathaus** **1**: Bürgerstraße 6, tel. 02 21 22 25 17 50, info@stern-am-rathaus.de, www.stern-am-rathaus.de, 2-pk € 105. Persoonlijk hotel met acht moderne kamers en een fijn café voor het ontbijt.

Eigenzinnige keten – **Hopper Hotel et cetera** **2**: Brüsseler Straße 26, tel. 02 21 92 44 00, hotel@hopper.de, www.hopper.de. **Hopper Hotel St. Antonius** **3**: Dagobertsrtaße 32, tel. 02 21 16 600, st.antonius@hopper.de, www.

hopper.de. **Hopper Hotel St. Josef** **4**: Dreikönigenstraße 1-3, tel. 02 21 99 80 00, st.josef@hopper.de, www.hopper.de, 2-pk € 120. In historische panden verspreid door de leukste wijken van de stad heeft hotel Hopper nu al drie filialen. De hotels vallen op door modern design in een historische omgeving en hebben alle een eigen restaurant.

Eten en drinken

Altstadt

Hoogtepunt van ontbijtcultuur – **Café Stanton** **1**: Schildergasse 57, tel. 02 21 27 10 710, www.cafe-stanton.de. Van een klassiek Frans petit-déjeuner tot een Zuid-Amerikaans ontbijt: 's morgens barst dit moderne café uit zijn voegen met ontbijtgasten.

Taarten en taartjes – **Café Eigel** **2**: Brückenstraße 1-3, tel. 02 21 25 75 858, info@cafe-eigel.de, www.cafe-eigel.de. Al sinds 1851 een begrip in Keulen. Dit koffiehuis schenkt prima koffie maar men komt toch echt voor de taartjes en chocolade. U kunt hier ook taartjes kopen voor thuis.

Romantisch – **Rosendorn** **3**: Ostermanplatz, tel. 02 21 25 75 269, www.rosendorn-koeln.de. Aan het romantische pleintje kunt u tapas krijgen maar ook een goede maaltijd bestellen. Een van de fijnste terrassen van de stad.

Cocktails op het dak – **Sonnenschein Etage** **4**: Cäcilienstraße 21, op de zesde verdieping van de Aral-parkeergarage, info@sonnenscheinetage.de, www.sonnenscheinetage.de. Je gelooft je ogen niet als je de lift uitstapt: een echt strand met uitzicht over de hele stad. Van hippie tot hipster drinkt hier zijn cocktails in de avondzon.

Eigen brouwsel – **Früh am Dom** **5**: Am Hof 12-8, tel. 20 21 26 130, www.frueh.de. Hier wordt het traditionele Keulse biertje getapt: 4,8% alcohol, hoge gisting en een gouden kleur. Ook volgens de traditie: bloedworst met appeltjes.

Voor locals – Peters : Mühlengasse 1, tel. 02 21 25 73 950, reservierung@ peters-brauhaus.de, www.peters-brau haus.de. De hele dag zit het grote bier-café vol met mensen. Natuurlijk bestelt u hier een *Kölsch*. Let op: als u niet meer wilt, leg een viltje op uw glas, anders blijft de ober bijschenken.

Kreeften aan de Rijn – Holtmann's : Am Bollwerk 21, 02 21 25 76 330, welcome@holtmanns.com, www.holt manns.com. Aan de Rijnoever zit een van de beste visrestaurants van de stad. Hier eet u kreeft, gamba's en oesters. Er is ook, voor € 14, een goede dagschotel.

Rond de Severinstraße

Authentiek na-oorlogs – Jakob Fertig : Bonnerstraße 26, tel. 02 21 80 17 340. Eigenlijk ziet dit café er een beetje ongezellig uit maar loop niet te snel door: de sfeer is goed en het eten fantastisch! Eenvoudig, goedkoop en van uitmuntende kwaliteit.

Alles klopt – Capricorn i Aries : Alteburgerstraße 31, tel. 02 21 39 75 710, mail@capricorniaries.com, www. capricorniaries.com. Deze buurt stikt van de leuke eethuisjes en restaurants maar déze (luxe)brasserie bezorgt u gegarandeerd een fantastische avond: aardige bediening, mooie glazen, fijn interieur, lekkere muziek en heerlijk eten. Alles klopt!

Rond het Belgische Viertel

Hippe tearoom – Miss Päpki : Brüsseler Platz 18, 02 21 16 83 49 71, www. miss-päpki.de. Rondom dit gezellige plein liggen tientallen cafeetjes bevolkt door hippe jongens en meisjes. Bij Miss Päpki worden heerlijke zelfgebakken taarten en ijs geserveerd.

Alle lekkers tezamen – Metzgerei Schmitz : Aachenerstraße 28-34, tel.

02 21 13 95 577, www.salonschmitz. de. Slagerij, bar, café, restaurant, club én bierbrouwerij ... als je eenmaal bij Schmitz binnen bent, hoef je eigenlijk nergens meer heen. Leuk gemengd publiek dat verandert per locatie.

Uitgaan

Stevig dansen – Bootshaus : Auenweg 173, 02 21 92 26 088, www. bootshaus.tv. Het adres voor een echte avond uit: internationale dj's, performances en late sluitingstijden. U kunt ook een tafel reserveren en hier dineren.

Tip

4711

Een van de oudste nog bestaande parfummerken is het beroemde Eau de Cologne 4711. In de loop van de jaren is eau de cologne – Keuls water – de generieke term voor parfum geworden. Het nummer verwijst naar de vroegere locatie van de fabriek, Glockengasse 4711, waar nu de flagshipstore van het merk is gevestigd .

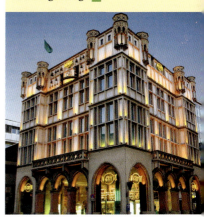

Winkelen

Keulen is een winkelstad bij uitstek. Alle bekende merken zijn te vinden in de winkelstraten in de Altstadt. In het Belgisches Viertel liggen de wat bijzonder winkels en boetiekjes.

Walhalla van boeken – **Walther Koenig Buchhandlung** **1**: Ehrenstraße 4, tel. 02 21 20 59 60, www.buchhandlung-walther-koenig.de. In deze beroemde boekhandel kun je jezelf helemaal kwijtraken. Hier vindt u de grootste collectie kunstboeken ter wereld.

A la mode – **Boutique Belgique** **2**: Brabanterstraße 27-29, tel. 02 21 78 94 85 69, shop@boutique-belgique. de, www.boutique-belgique.de. Vrouwelijke streetstyle uit Scandinavië en Frankrijk van goedkoop tot onbetaalbaar: kleding, accessoires en meubels.

Van confectie tot maatwerk – **Herrn von Eden** **3**: Antwerpener Straße 6-12. tel. 02 21 58 92 149, www.herrnvoneden. com. Eigenlijk de mooiste herenwinkel van Keulen. Van pak tot pochet: alles is origineel, modieus en vakkundig.

Actief

Naar de overkant – **Köln Triangel** **1**: Ottoplatz 1, tel. 02 22 34 99 21, info@kulturinfo-rheinland.de, www. koelntriangel.de. Mei-sept. ma.-vr. 11-22, za., zo. 10-22, okt.-apr. ma.-vr. 12-18, za., zo. 10-18 uur, entree € 3. Ga eens naar de overkant van de Rijn: deze oever wordt steeds populairder. Als u dan toch daar bent, beklim de Köln Triangel. Deze kantoorkolos is opengesteld voor publiek. Op de bovenste verdieping zitten restaurants en een platform met magnifiek uitzicht.

Mini-Rijnreisje – **KölnTourist Personenschifffahrt am Dom** **1**: Konrad-Adenauer-Ufer, tel. 02 21 12 16 00, info@ koelntourist.net, www.koelntourist.

net. Vlak achter de dom vertrekken met grote regelmaat rondvaartboten die uitstapjes aanbieden, zoals door de havens of helemaal naar het Siebengebirge (zie blz. 100).

Info en festiviteiten

Köln Tourismus

Kardinal-Höffner-Platz 1, D-50667, tel. 02 21 34 64 30, info@koelntourismus. de, www.koelntourismus.de.

Festiviteiten

Carnaval is samen met Kerst en Pasen een van de belangrijkste feestdagen van het jaar. Het wordt dan ook groots gevierd met verkleden, optochten en vooral veel feesten.
Art Cologne is een wereldberoemde beurs voor hedendaagse kunst (Köln Messe, Messeplatz 1, www.artcologne. de, tweede helft april).
Kölner Lichter speelt zich af op de tweede zaterdag in juli met muziek en een groot vuurwerk op de Rijn (www. koelner-lichter.de).
Cologne on Pop is een vijfdaags popfestival door de hele stad (www.c-o-pop. de, einde zomer).
De **kerstmarkt** is voor inwoners van Keulen het hoogtepunt van het jaar. In de hele stad staan kraampjes en wordt, vooral op straat, bier en glühwein gedronken (eind nov. tot 22 dec.).

Vervoer

Trein: vanaf het Hauptbahnhof gaan hogesnelheidstreinen naar Nederland en richting Frankfurt en Berlijn.
Vliegtuig: het vliegveld Köln/Bonn (CGN) ligt op een kwartier van de stad en is bereikbaar met de trein.

Vuurwerk tijdens de Kölner Lichter

Frechen ▶ B 3

Keramion

Bonnstraße 12, tel. 02 23 46 97 690, info@keramion.de, www.keramion. de, di.-vr., zo. 10-17, za. 14-17 uur, entree € 3

Dit keramiekmuseum toont aardewerk uit de omgeving van de 13e tot de 20e eeuw. Mooi modern museumgebouw.

Brühl ▶ B 3

Max Ernst Museum

Cornesstraße 42, tel. 02 23 25 79 30, www.maxernstmuseum.lvr.de, di.-zo. 11-18 uur, entree € 6

Brühl, de stad waar Max Ernst is geboren, eert de kunstenaar met een museum waarin een overzicht wordt gegeven van zijn leven en werk. Tevens internationaal erkende tentoonstellingen over zijn tijdgenoten. Het in 2005 geopende museum ligt in het park van Schloss Augustusburg.

Schloss Augustusburg

Max-Ernst-Allee, tel. 02 23 24 40 00, info@schlossbruehl.de, www.schloss bruehl.de, feb.-nov. di.-vr. 9-12, 13.30-16, za., zo. 10-17 uur, entree € 7

Keurvorst en aartsbisschop Clemens August gaf in 1725 opdracht om in Brühl een nieuwe residentie te bouwen. Er ontstond een barokke lusthof van enorme afmetingen met een van de laatste authentieke barokke tuinen van Europa.

Fantasialand

Berggeisstraße 31-41, tel. 01 80 63 66 200, info@phantasialand.de, www. phantasialand.de, apr.-okt. 9-18 uur, entree € 45

Actie, avontuur en entertainment. Na de drukte en cultuur van de grote stad biedt dit pretpark plezier en entertainment voor alle leeftijden, met themaparken, achtbanen, wildwaterbanen en voorstellingen.

Bonn ▶ B 3

De geschiedenis van het bescheiden barokstadje Bonn is niet heel roemrucht. Wel was Bonn de hoofdstad van de Bondsrepubliek Deutschland, van 1949 tot 1990, waar het zijn vele musea en groen aan te danken heeft. Hoewel het parlement en de senaat naar Berlijn zijn verhuisd, resid.eren in Bonn nog steeds enkele ministeries en verschillende hoofdkantoren van Duitse bedrijven. Het belangrijkste cadeau dat de stad kreeg van de 'oude' Bondsrepubliek is de **Museumsmeile**: twee kilometer musea. Maar misschien nog wel belangrijker: Bonn is de stad van Ludwig van Beethoven (1770-1827). Het oude centrum met de romaanse dom, Marktplatz met rococo raadhuis en gotische kerk is gezellig en ligt prachtig bij de Rijn. De universiteit, de stadspoort en het douanegebouw getuigen van de grandeur die de stad had toen het een keurvorstelijke residentie was.

Beethovenhaus

Bonngasse 16-28, tel. 02 28 98 17 525, museum@beethoven-haus-bonn. de, www.beethoven-haus-bonn.de, apr.-okt. dag. 10-18, nov.- mrt. ma.-za. 10-17, zo. 11-17 uur, entree € 6

Het Beethovenhuis is het geboortehuis van Ludwig van Beethoven en een museum met de grootste Beethoven-verzameling ter wereld: muziekinstrumenten, handschriften, partituren, waaronder ook de originele handgeschreven partituur van de Mondscheinsonate.

Münsterplatz

De basiliek van Bonn is in de 11e eeuw in romaanse stijl gebouwd. Het interieur is vooral uit de barok. Op dezelfde plaats heeft al in het jaar 400 een kerkje gestaan. De 12e-eeuwse kloosterhof is een van de mooiste onderdelen. Vlak bij de dom ligt het voormalige laatbarokke keurvorstelijk paleis. In 1818 werden gebouwen en tuinen bestemd voor de universiteit.

Rheinisches Landesmuseum

Colmanstraße 14-16, tel. 02 28 20 70 299, info.landesmuseum-bonn@ lvr.de, www.landesmuseum-bonn. lvr.de, di.-vr., zo. 11-18, za. 13-18 uur, entree € 8

De geschiedenis van de Rijnregio, van de neanderthalers tot de 20e eeuw, wordt in dit moderne museum getoond door middel van archeologische resten, diorama's, modellen, schilderijen en munten. Het museum bezit ook een grote collectie fotografie en grafiek.

Auguste Macke Haus

Bornheimer Straße 96, tel. 02 28 65 55 31, buero@august-macke-haus.de, www.august-macke-haus.de, di.-vr. 14.30-18, za., zo. 11-17 uur, entree € 5

Dit is het voormalige woonhuis van August Macke met zijn studio, waar hij zijn belangrijkste werk heeft gemaakt. Tevens is er een centrum voor zijn schildersvrienden, als Robert Delaunay, Max Ernst en Franz Mark, gevestigd. Er zijn regelmatig kleine maar kwalitatief hoogwaardige tentoonstellingen.

Museumsmeile

Haus der Geschichte

Willy-Brandt-Allee 14, tel. 02 28 91 650, post@hdg.de, www.hdg.de, di.-vr. 9-19, za., zo. 10-18 uur, gratis entree

Schloss Augustusburg in Brühl

Dit fantastische museum vertelt het verhaal van de Duitse geschiedenis vanaf de ineenstorting van het Derde Rijk tot het heden. Niet als een saaie uitstalling maar met veel bewegend beeld, geluidsfragmenten, foto's en natuurlijk objecten zoals een oude VW-kever en een interieur uit de jaren 60.

Bundeskunsthalle

Friedrich-Ebert-Allee 4, tel. 02 28 91 71 200, info@bundeskunsthalle.de, www.bundeskunsthalle.de, di., wo. 10-21, do.-zo. 10-19 uur, entree € 10
De enorme **Kunst- und Ausstellingshalle der Bundesrepubliek Deutschland** heeft sinds zijn oprichting al meer dan tweehonderd spraakmakende tentoonstellingen laten zien. Er worden ook evenementen georganiseerd.

Kunstmuseum Bonn

Friedrich-Ebert-Allee 2, tel. 02 28 77 62 60, kunstmuseum@bonn.de, www.kunstmuseum-bonn.de, ma. 11-21, di.-zo. 11-18 uur, entree € 7
Het Kunstmuseum is een van de grootste musea voor hedendaagse kunst in Duitsland. Het zwaartepunt van de collectie ligt bij August Macke, die uit Bonn komt (zie ook August Macke Haus, blz. 99) en de Rijnlandse expressionisten. De 7500 kunstwerken worden in een bijzonder museumgebouw uit 1992 getoond.

Deutsches Museum Bonn

Ahrstraße 45, tel. 02 28 30 22 55, info@deutsches-museum-bonn.de, www.deutsches-museum-bonn.de, di.-zo. 10-18 uur, entree € 6
Dit museum voor wetenschap en technologie is verbonden aan het wereldberoemde Deutsche Museum in München. Verschillende rondleidingen en workshops – ook voor kinderen – behoren tot de mogelijkheden.

Overnachten

Historische grond – **Rheinhotel Dreesen**: Rheinstraße 45-49, tel. 02 28 82 02, info@rheinhoteldreesen.de, www. rheinhoteldreesen.de. Direct aan de Rijn ligt dit prachtige jugendstilhotel. De Duitse geschiedenis is vervlochten met deze plek: hier ontmoetten Hitler en Chamberlain elkaar voor het eerst.

Tip

Siebengebirge

Ten zuiden van Bonn begint het landschap al snel te veranderen. Hier gaat het echt lijken op het Rijnland dat wij van de plaatjes kennen: stijle beboste oevers met ruïnes van middeleeuwse kastelen. Op nog geen uur varen ligt het stadje **Königswinter**. Vanaf de kade kunt u het treintje omhoog naar Burg Drachenfels **1** nemen (www.drachenfelsbahn.de), een van de veertig toppen van het Siebengebirge, maar het is leuker om te lopen. Een mooie wandeling is uitgezet die u door de bossen langs het **Schloss Drachenburg 2** leidt. Onderweg kunt u het **Milchhäuschen 1** aandoen, een fijn restaurant met goed terras waar u uitstekend kunt lunchen.

Eten en drinken

Koffie voor kenners – **Kaffeekontor Bonn:** Maxstraße 10, tel. 02 28 96 10 68 84, www.kaffeekontor-bonn.de. In deze koffiewinkel kunt u de beste koffie van Bonn krijgen en drinken.

Uitspanning in het bos – **Milchhäuschen** 1: Elsiger Feld 1, D-53639 Königswinter, tel. 02 23 90 90 00, www.milchhaeuschen.sw. Prachtig gelegen in het bos op 25 minuten wandelen van parkeerplaats Lemmerzbad. Op zondagen is er een heerlijk ontbijtbuffet.

Actief

Rheinsteig: tussen Bonn en Wiesbaden loopt een van de bekendste lange-afstandswandelroutes van Duitsland. Voor meer info: www.rheinsteig.de.

Informatie

Bonn-Information

Windeckstraße 1, D-53111, tel. 02 28 77 50 00, bonninformation@bonn.de, www.bonn.de.

Schloss Drachenburg in het Siebengebirge met Bonn op de achtergrond

Sauerland en Noord-Hessen

Hoogtepunten ✳

Schloss Wilhelmshöhe: in het wonderlijkste park van de wereld ligt een van de mooiste musea van Europa met een indrukwekkende collectie oude meesters. Het museum heeft alleen al meer dan twintig schilderijen van Rembrandt. Zie blz. 116.

Op ontdekkingsreis

Op zoek naar de Oranjes: in Siegen zijn veel sporen van onze koninklijke familie te vinden. Maar ook in andere delen van Noord-Hessen, zoals in Nassau, Dillenburg en Diez vind je de sterke band met de Oranjes. Zie blz. 112.

NORDRHEIN-WESTFALEN

Kassel
Schloss Wilhelmshöhe
Sauerland
Arnsberg
Siegen

In het spoor van de Oranjes

Gießen
Fulda
Limburg a.d. Lahn
HESSEN

Cultuur

documenta Kassel: een keer in de vijf jaar speelt zich in Kassel het belangrijkste evenement ter wereld af op het gebied van de hedendaagse kunst. De overige musea in deze bijzondere stad zijn ook van hoog niveau. Zie blz. 115.

Actief

Möhnesee: in het Sauerland zijn verschillende grote meren. De Möhnesee heeft een indrukwekkende stuwdam waarover u kunt lopen. Zie blz. 106.

Waldskulturenweg: niet gewoon een wandeling maar eentje die doorspekt is met landschapskunst. Het ene kunstwerk is nog bijzonderder dan het andere. Zie blz. 110.

Kanoën over de Lahn: met de stroom mee in je eigen kano over de Lahn passeer je historische stadjes, middeleeuwse burchten en imposante ruïnes. Zie blz. 123.

Sfeervol genieten

Bij Menge in Arnsberg: wild uit het Arnsberger Wald, *Kassler*, gerookt varkensvlees, en de beroemde *Westphälische Grünkohl*: het beste uit de omgeving goed klaargemaakt. Zie blz. 105.

Garnizoenskerk is wijnbar: in de gewelven van deze voormalige kerk zit een gezellig wijnbar waar locals, studenten en toeristen in een historische omgeving vooral Italiaanse wijnen proeven of gewoon drinken. Ook een kleine, fijne menukaart. Zie blz. 120.

Winkelen en uitgaan

Markthalle Kassel: in de fantastische 16e-eeuwse markthallen in Kassel hoef je niet eens iets te kopen; kijken is al genoeg. Zie blz. 120.

Sauerland

Prachtige bossen, liefelijke dalen, zachte heuvels en daartussen romantische vakwerkdorpjes. Dit is het Sauerland ten voeten uit. Het best is het gebied te voet te ontdekken. Vele wandelpaden zijn uitgezet, zoals de **Rothaarsteig** (154 km) en de **Sauerland-Waldroute** (240 km). Als u niet meteen dagenlang wilt wandelen, zijn er verschillende mogelijkheden voor kortere wandelingen.

Het Sauerland is veelzijdiger dan menig bezoeker verwacht. Vooral de actieve vakantieganger vindt rondom de verschillende meren een ruim aanbod. Hier kunt u van alle soorten watersporten genieten en wie vaste grond onder de voeten prefereert, struint door de uitgestrekte bossen of maakt een stadswandeling door de goed onderhouden binnensteden van **Soest** of **Freudenberg**. Op de rand van het hoger gelegen Arnsberger Wald, ligt de verrassende Pruisische voorpost Arnsberg .

Arnsberg ▶ D 2

Het centrum van Arnsberg ligt als een eiland in een bocht van de Ruhr. Het middeleeuwse centrum met zijn vele steegjes, de Alte Markt met het raadhuis, de klokkentoren en de **Maximiliaanfontein** lijken zo van een ansichtkaart af te komen. In de 19e eeuw werd de stad ingelijfd door het Pruisische koninkrijk en werd zij uitgebreid met een nieuwe wijk in typisch Pruisische, geordende stijl, onder architectonische leiding van de hofarchitect **Karl von Schinkel**. Deze classicistische wijk, het **Berliner Viertel**, diende als voorpost van het groeiende Pruisen en herbergde haar ambtenaren in het 'wilde westen'. Het contrast tussen de oude en de 19e-eeuwse stad is groot en zeer interessant om te zien.

Sauerland Museum

Alter Markt 24-30, tel. 02 93 19 44 444, www.sauerland-museum.de, di.-vr. 9-17, za. 14-17 uur, entree € 3. Vanwege verbouwing tot 2017 in het Blaue Haus, Alter Markt 30

Het museum, gevestigd in het prachtige keurvorstelijke stadspaleis, vertelt de geschiedenis van het Sauerland van de prehistorie tot nu. Ruime aandacht voor de Tweede Wereldoorlog, en zelfs de korte geschiedenis van de Sauerlandse autoindustrie, de **Kleinschnittger**, komt aan bod.

INFO

Internet

Voor het Sauerland zijn er verschillende toeristische websites waarvan www.sauerland.com de beste is. De website voor wandelaars www.sauerland-wandeldoerfer.de is heel informatief. Voor Noord-Hessen zijn www.nordhessen.de en www.hessen-tourismus.de bruikbaar ter oriëntatie.

Vervoer

Door het gehele gebied lopen spoorlijnen en busverbindingen. Soest en Kassel zijn met de IC vanuit Düsseldorf makkelijk te bereiken. Vanuit Dortmund rijdt de SuaerlandExpress die de overige plaatsen aandoet. In Hessen is Siegen direct met een IC verbonden met Essen, Gießen en Frankfurt. De overige steden liggen langs de Dill-Strecke of de Lahntalbahn die langs de river de Lahn loopt. Busverbindingen zijn er tussen alle steden en dorpen.

Overnachten en eten

Culinair hoogtepunt – **Menge und der Schlacht:** Ruhrstraße 60, tel. 02 93 15 2520, info@hotel-menge.de, www. hotel-menge.de, 2-pk € 89. Christoph Menge is waarschijlijk de beste kok van het Sauerland. Na het eten kunt u slapen in een van de achttien kamers.

In het bakhuis – **Altes Backhaus:** Alter Markt 27, tel. 02 93 15 22 00, mail@ altesbackhaus.de, www.altesbackhaus. de, 2-pk € 90. Charmant hotel met moderne kamers en een gezellige zaal om te eten. Mooi terras.

Actief

Klimmen – **Natur-Klettergarten:** Bellingsen 5, D-59757 Arnsberg-Vosswinkel, tel. 02 93 19 63 92 45, info@ kraeftespiel.de, www.klettergarten-wildwald.de, apr.-nov. 11-19.30 uur, entree € 14. In de Natur-Klettergarten ziet u het bos vanaf de kruinen. U bent gezekerd en een helm is verplicht.

Informatie

Verkehrsverein

Neumarkt 6, D-59821, tel. 02 93 14 055, www.arnsberg.info.de.

Arnsberger Wald ▶ D 2

Het Arnsberger Wald, gelegen tussen Arnsberg en Brilon is een van de grootste aaneengesloten bosgebieden van Duitsland. De bezoeker krijgt door de eindeloze bomenrijen en het ontbreken van andere toeristen een gevoel van prettige eenzaamheid. De hoofdingang van het natuurgebied bij de **Bildensteinhöhlen** is een goed beginpunt voor een prachtige wandeling.

FortFun

Aurorastraße, D-59909 Bestwig, tel. 02 90 58 11 23, post@fortfun.de, www. fortfun.de, mei-aug. dag. 10-17 uur, entree € 26

In het Arnsberger Wald ligt het grootste recreatiepark van het Sauerland: Fort Fun. Met veertig nostalgische en moderne attracties laat het park zien dat in het Sauerland het 'Wilde Westen' begint. Van wildwaterrafting tot rodelen en als een cowboy paardrijden: voor alle leeftijden is hier iets te beleven. En, belangrijker, je voelt je écht alsof je in het Wilde Westen bent.

Soest ▶ D 1

Het oude centrum van Soest is niet moeilijk te herkennen. Een klassieke dubbele stadsmuur met een diepe gracht ertussen maakte de stad vijfhonderd jaar lang onneembaar. Tegenwoordig bieden de muren aan toeristen een boeiende rondweg waarbij verschillende bezienswaardigheden al vanaf de muur kunnen worden bewonderd. De **Hanzestad** beleefde zijn hoogtijdagen in de middeleeuwen. Lucratieve handel in laken, wijn, graan en vooral zout zijn verantwoordelijk voor de prachtige stadspaleizen, Bürgerhäusern, en de indrukwekkende (gotische) kerken.

St.-Patrokli-Dom

Domplatz, tel. 02 92 16 71 06 60, ma.-vr. 10-17.30 uur.

De dom is een belangrijk monument van romaanse bouwkunst in Westfalen. De bouw van de basiliek begon in 964 en in de huidige dom, ondanks verwoestingen tijdens de oorlog, zitten nog originele 12e-eeuwse kerkramen.

Maria zur Wiesenkirche

Wiesenstraße 56, tel. 02 92 1 1 32 51, ma.-za. 11-16 uur.

Dit gotische bouwwerk van de typische Soester groene zandsteen is met zijn twee torens zeer indrukwekkend. Hij wordt gezien als een van de mooiste hallenkerken van Duitsland. Bijzonder is het Westfaalse Avondmaal, een kerkraam uit 1500 met Jezus aan een feestmaal.

Overnachten

Oudste herberg – **Pilgrimhaus:** Jakobistraße 75, tel. 02 92 11 828, info@pilgrimhaus.de, www.pilgrimhaus.de, 2-pk € 98. Al 710 jaar gastvrijheid in een prettige atmosfeer met degelijk restaurant en moderne kamers.

Eten en drinken

Soester bier – **Brauhaus Zwiebel:** Ulricherstraße 24, tel. 02 92 14 424, www.brauhaus-zwiebel.de. Grote porties eten en grote glazen bier: zo hoort een Duits bierhuis eruit te zien.
Taart – **Café am Dom:** Am Vreithof 2, tel. 02 92 19 81 52 44. Hier kunt u de lekkerste taart van Soest eten en misschien wel van de hele omgeving.

Tip

Bieren

Het gehele Sauerland staat bekend om zijn bieren en vooral om de kleine particuliere brouwerijen waarvan sommige, als Warstein en Veltins, een wereldwijde bekendheid genieten. In het renaissancehuis waar Brauhaus Zwiebel is gevestigd, worden naast Soester Hell, Dunkel en Weizen, drie seizoensbieren getapt: Märzen, Maibock en Weihnachtsbock.

Informatie

Tourist Information

Teichsmühlengasse 3, D-59494, tel. 02 92 16 63 50 050, touristinfo@soest.de, www.soest.de

Möhnesee ▶ D 2

Diep in het Arnsberger Wald ligt de Möhnesee (10 km²), ook wel **Westfalisches Meer** (Zee van Westfalen) genoemd. Ontstaan na de bouw van de stuwdam (1908-1913) in de rivier de Möhne, die de waterstand in zowel de Möhne als de Ruhr regelt, is het gebied, vooral voor de stedelingen uit het Ruhrgebied, een populair recreatieterrein. Vanaf de 650 m lange dam hebt u een mooi uitzicht over de rivier beneden. Naast watersportgebied is het een belangrijk vogelreservaat.

Informatie

Gäste Information

Küerbiker Straße 1, D-59519, tel. 02 92 44 973, D-59494, tel. 02 92 44 97, info@moehnesee.de, www.moehnesee.de.

Vervoer

Vanuit het hoofdstation in Soest is er een directe busverbinding naar de Möhnesee.

Warstein ▶ D 2

Warstein is een klein stadje dat vooral bekend is vanwege zijn bierbrouwerij. Al vanaf 1753 wordt er in het centrum van de stad Warsteiner Bier gebrouwen. Tegenwoordig door de negende generatie. De in 1887 ontdekte druipsteengrotten zijn een andere reden om Warstein aan te doen. Tegenwoordig is hier een wildpark gevestigd maar de kooien zijn nogal klein. Wel is het een mooi park om te wandelen.

Warsteiner Welt

Zu Hause im Waldpark, www. warsteiner.weld.de, ma.-vr. 12-17 uur, gratis entree

In het bezoekerscentrum krijgt u een multimediapresentatie, kunt u met een treintje over het terrein van de brouwerij rijden en natuurlijk bier proeven.

Bilsteinhöhle

Im Bodmen 54, tel. 02 90 22 731, info@bilsteintal.de, www.bilsteintal. de, apr.-okt. dag. 9-16.30, nov.-mrt. 10-15.30 uur, entree € 4 (wildpark gratis)

In het Bilsteindal liggen de Bilsteingrotten met vierduizend jaar oude menselijke sporen en mooie druipsteenformaties. De grotten kunnen met een gids worden bekeken.

Overnachten en eten

Autentiek – **Gasthof Cramer:** Prinzenstraße 2, Warstein-Hirschberg, tel. 02 90 29 880, infolgh@welcome-hotels.com, www.landhotel-cramer. de, 2-pk € 91. Antiek ingericht, boven op de Hirschberg, iets buiten Warstein, met een goede avondmaaltijd.

Brilon ▶ D 2

Een typisch Duits Hanzestadje waar nog steeds enige bedrijvigheid heerst, vooral rond de Marktplatz, in de vorm van cafés en restaurants. Ondanks mooie stadspoorten en een 16e-eeuws raadhuis staat het stadje vooral bekend als het beginpunt van de beroemde **Rothaarsteig** (www.rothaarsteig.de), een wandelroute die 154 km dwars door het Rothaargebergte naar Dillenburg loopt.

De enorme stuwdam in de Möhnsesee voorziet het Ruhrgebied nog steeds van stroom

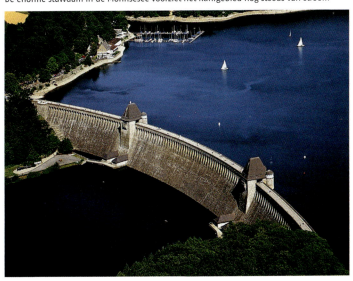

Zonsopgang in het Rothaargebergte

Informatie

Brilon Tourismus

Derkere Straße 10a, D-59929 Brilon, tel. 02 96 19 69 90, bwt@brilon.de, www.brilon.de.

Winterberg ▶ D 2

Hoewel Winterberg ook tot de Hanze behoorde, heeft het nooit de welvaart gekend als andere steden in de omgeving. Dit veranderde met de opkomst van het toerisme in de 19e eeuw en nam een vlucht na de Tweede Wereldoorlog, toen het stadje uitgroeide tot een bekend wintersportcentrum. Met liften, pistes, skischansen en loipen is Winterberg een skioord geworden dat veel wordt bezocht door Nederlanders. Daarom wordt het Rothaargebergte ook wel de Hollandse Alpen genoemd.

Ook in de zomer zijn het vooral buitenactiviteiten als rodelen, mountainbiken en natuurlijk wandelen en fietsen die bezoekers trekken.

Hochsauerland Höhenstraße

www.hochsauerland-hoehenstrasse.de
Over deze goed bewegwijzerde 102 km lange autoroute rijdt u langs alle hoogtepunten in en rond het Rothaargebergte.

Overnachten

Naast de piste – **Der Brabander:** Am Waltenberg 65, tel 02 98 19 320, info@brabander.nl, wwwbrabander.nl, 2-pk € 65. De Nederlands sprekende familie heet u welkom in dit hotel met ruime gezinskamers. Zeer geschikt voor een verblijf met kinderen.

Op de top – **Berggasthof Kahler Asten:** Astenturm 1, tel. 02 98 19 28 74 80, kahlerasten@t-online.de, www.kahlerasten.de, 2-pk € 84. Boven op de hoogste berg van het Sauerland, de Kahler

Actief

Klimmen – **Erlebnisberg Kappe:** Kapperrondweg, tel. 02 98 19 29 66 22, www.erlebnisbergkappe.de, € 16. Hier kunt u met het hele gezin klimmen, mountainbiken, rodelen, wandelen en in de winter skiën.

Informatie

Ferienwelt Winterberg

Am Kurpark 4, D-59955, tel. 02 98 19 25 00, info@winterberg.de, www. winterberg.de.

Attendorn ▶ C 3

Aan de noordkant van het stuwmeer de **Biggesee** ligt het middeleeuwse stadje Attendorn. Het mooie centrum, met barokke kerk en gotisch raadhuis, wordt overschaduwd door de 13e-eeuwse **Burg Schnellenberg,** die nu een hotel is. De stad heeft zijn bekendheid te danken aan de aanwezigheid van een van de mooiste druipsteengrotten van Duitsland.

Atta Höhle

Finnentroper Straße. 39, tel. 02 72 29 37 50, info@atta-hoehle.de, www.atta-hoehle.de, apr.-okt. 10-16, nov.-mrt. 11-15.30 uur, dec. gesloten, entree € 8,50
In de mooiste grot van Duitsland vindt u stalachmieten, stalactieten, zuilenpartijen en sluiers van kalk. Met een gids loopt u 2 km door een fascinerende onderaardse wereld van gangen, hallen en zalen.

Biggeblick

Waldenburger Bucht 11, D-57439, tel. 02 72 26 41 40, tourismus@attendorn. org, www.attendorn.org.

Asten. Met eigen uitzichttoren en goed restaurant.

Eten en drinken

De vele toeristen in Winterberg zorgen voor een levendig maar niet zo afwisselend nachtleven. Vooral in de winter tijdens de après-ski kan het er wild aan toe gaan.
Lange tafels – **Dorf Alm:** Am Waltenberg 35, tel. 02 98 19 29 592, winterberg@dorf-alm.de, www.dorf-alm.de. Hier lijkt het wel iedere avond Oktoberfest! Gezellig café met eenvoudige kaart waar iedereen aan lange tafels bij elkaar aanschuift.
Gastronomie – **Ante:** Nuhnetalstraße 120, tel. 02 98 19 29 796, info@ante-gas tronomie.de, www.ante-gastronomie.de. Iets verwijderd van het rumoer van de vakantiegangers kunt u bij Ante goed mediterraans eten in een chique omgeving.

Sinds april 2013 heeft Attendorn een nieuw toeristisch hoogtepunt: uitzichtplatform Biggeblick, of beter gezegd: een skywalk. Op 90 m hoogte, zwevend boven het meer, hebt u een adembenemend uitzicht op de Biggesee.

Overnachten en eten

Op en top romantisch – **Burg Schnellenberg**: Schnellenberg 1, tel. 02 72 26 940, info@burg-schnellenberg.de, www.burg-schnellenberg.de. De wat gedateerde inrichting geeft dit fantastische hotel juist de extra romantiek. Een perfecte uitvalsbasis om de streek te verkennen.

Bad Berleburg ▶ D 3

Al meer dan 750 jaar is Bad Berleburg de residentie van de vorsten van **Sayn-Wittgenstein**. Net als in de rest van de omgeving zijn de banden met het Nederlandse koningshuis hier sterk. Op nog geen 30 km afstand ligt het **Schloss Ginsburg** van waaruit Willem de Zwijger in 1572 zijn eerste veldtocht tegen de Spanjaarden organiseerde. In het Schloss Berleburg, dat bezichtigd kan worden, wonen nog steeds de prinsen van Sayn-Wittgenstein.

Waldskulpturenweg

www.waldskulpturenweg.de, Wandertaxi: tel. 02 97 29 74 018, info@schmallenberg-sauerland.de, € 15 p.p.
De Waldskulpturenweg is een 23 km lange wandelroute tussen Bad Berleburg en Schmallenberg waarbij deels over de Rothaarsteig wordt gelopen. Deze kam, het Rothaargebergte, vormde vroeger een duidelijke scheidingslijn tussen katholiek en protestants gebied. Ten zuiden van het ge-

bergte begint het gebied van de protestantse Nassaus en hun aanhangers, als de Wittgensteins en Waldecks, ten tijde van de Tachtigjarige Oorlog. Behalve vanwege de prachtige natuur, is deze route vooral interessant door de grote kunstwerken langs de route die een letterlijke, historische symboliek dragen. Wilt u de route niet weer helemaal teruglopen dan is er de Wandertaxi die u terugbrengt naar Bad Berleburg of Schmallenberg.

Informatie

BLB-Tourismus

Marktplatz 1a, D-57319, tel. 02 75 19 36 33, info@blb-tourismus.de, www.touristik-bad-berleburg.de

Siegen ▶ D 3

In Siegen zijn we eigenlijk niet meer in het Sauerland maar in Siegen-Wittgenstein. Hier begint het stamland van de Nassaus en dus ook van onze koninklijke familie. De eerste Nassau vestigde zich al in de 11e eeuw in Siegen en tot 1815 heeft het huis Siegen-Nassau er geregeerd. Nu zetelt hier de districtsregering en zit er een universiteit.

Zie **Op ontdekkingsreis** blz. 112.

Siegerlandmuseum im Oberes Schloss

Burgstraße, tel. 02 71 23 04 10, siegerlandmuseum@siegen.de, www.siegerlandmuseum.de, di.-zo. 10-17 uur, entree € 3,50
Naast een omvangrijke portrettenverzameling van Nassaus en Oranjes en werk van Peter Paul Rubens, is er een permanente tentoonstelling over wooncultuur in de 19e eeuw en over de geschiedenis van de mijnbouw.

Museum für Gegenwartkunst

Unteres Schloss 1, tel. 02 71 40 57 710, info@mgk-siegen.de, www.mgk-siegen.de, di., wo., vr.-zo. 11-18, do. 11-20 uur, entree € 5,90

De kern van de collectie vormen de werken van de winnaars van de prestigieuze Rubensprijs, zoals Giorio Morandi, Francis Bacon en Lucian Freud.

Overnachten en eten

Sfeervol – **Pfeffermühle:** Frankfurter Straße 261, tel. 02 71 23 05 20, info@pfeffermuehle-siegen.de, www.pfeffermuehle-siegen.de, 2-pk € 92. Aangenaam hotel met goed restaurant, beloond met een bib-Michelin, net iets buiten de stad.

Praktisch – **Ramada Siegen:** Kampenstraße 83, tel. 02 71 50 110, siegen@h-hotels.com, www.h-hotels.com, 2-pk € 80. Echt waar voor je geld: niet charmant, maar wel degelijk, comfortabel en in het centrum.

Lokaal – **Laternchen 1:** Löhrstraße 37, tel. 02 71 31 80 00 83. Gezellig restaurant met veel lokale clientèle.

Wijnhandel – **Zum alten Weinkeller 2:** Löhrstraße 51, tel. 02 71 24 555, info@alterweinkeller.de, www.alterweinkeller.de. In een mooie gewelvenkelder krijgt u traditionele kost. Op donderdag is er *Flammkuchenparty*!

Informatie

Touristikverband Siegerland

Koblenzer Straße 73, D-57072, tel. 02 71 33 31 020, tvsw@siegen-wittgenstein.de, www.siegen-wittgenstein-tourismus.de.

Freudenberg ▶ C 3

Een paar km buiten Siegen ligt het charmantste stadje van de omgeving. De vakwerkhuizen staan hier keurig op een rij en de bewoners doen er alles aan om de bezoeker het idee van een levend verleden mee te geven. In oktober is er een feestelijke middeleeuwse markt. Er zijn verder geen bijzondere attracties, maar ga op het bankje in het **Kurpark** zitten en geniet van het mooie uitzicht. ▷ blz. 114

Vakwerkhuizen in Freudenberg

Op ontdekkingsreis

Siegen – op zoek naar de Oranjes

Een historisch stadje, gelegen tussen het Rothaargebergte in Sauerland en de rivier de Lahn, is de bakermat van onze koninklijke familie. Hier liggen nog veel sporen van de Nassaus. Een wandeling op zoek naar de wortels van onze koning.

Kaart: ▶ D 3
Duur: 2 uur.
Start: Oberes Schloss.

Anna van Saksen

Al sinds de 11e eeuw regeert het huis Nassau over het graafschap Siegen. Vanuit het Siegerland begint de strijd, die later de Tachtigjarige Oorlog zou worden genoemd, van Willem de Zwijger tegen de Spanjaarden. Als hij in 1569 tegen de Spanjaarden optrekt, laat hij zijn vrouw, **Anna van Saksen**, achter in het Siegerland. Haar huwelijk met Willem van Oranje was slecht en het is niet verwonderlijk dat zij een relatie kreeg met haar raadsheer, **Jan Rubens**. Het verhaal gaat dat zij in 1571 een kind van hem baarde. Zeker is dat Willem en Anna in december 1571 scheidden. Ook voor Rubens had de vermeende relatie gevolgen: hij werd veroordeeld tot vijf jaar ballingschap in Siegen. Hier werd ook zijn zoon **Peter Paul** geboren.

Oberes Schloss

De wandeling begint bij het Obere Schloss.

De Nassaus, en ook Anna van Saksen, woonden in het Obere Schloss, waar nu het Siegerlandmuseum is gevestigd. Het museum laat niet alleen de band met de Oranjes zien, door middel van historische portretten van de kinderen van Willem van Oranje, maar er hangen ook schilderijen van 17e-eeuwse **Hollandse meesters** als Jordaens, Van Miereveld en Honthorst. In de Rubenszaal hangen zeven meesterwerken van Peter Paul Rubens.

Louise-Juliana van Oranje

Nikolaikirche

Loop via de Burgstraße naar de Nikolaikirche.

Vanaf de 15e eeuw vonden in deze kerk de herdenkingsdiensten voor de graven en vorsten van Nassau plaats. Tot het grote schisma in 1623: het huis Nassau-Siegen raakte religeus verdeeld. De katholieke tak bleef in het bovenslot wonen en de protestantse tak trok in het toenmalige franciscanenklooster. Hier werd later het Benedenslot, Untere Schloss, gebouwd, nu de universiteit. De protestanten kerkten in de Nikolaikirche, de katholieken gingen iets verderop naar de Marienkirche.

Een van de beroemdste van deze protestantse Nassaus is **Johan-Maurits van Nassau-Siegen**. Hij heeft in belangrijke veldslagen voor de Republiek gevochten, maar is vooral bekend van het Mauritshuis in Den Haag, dat hij liet bouwen, en vanwege het feit dat hij gouverneur was van Nederlands-Brazilië. Hij heeft zijn sporen ook in Siegen achtergelaten: aan de kerk schonk hij de gouden kroon op de toren en de vergulde doopschaal. In het museum komen de beroemde doeken van **Peter Post** van de Nieuwe Wereld uit zijn boedel.

Unteres Schloss

Loop via de Kölnerstraße naar het Untere Schloss, nu regeringsgebouwen en universiteit van Siegen.

In het Untere Schloss resideerde de protestantse tak van de Nassau-Siegens tot het uitsterven ervan in 1722. Sindsdien is het voormalige Nassauer Hof eigendom van de staat. Hier is nog de grafkelder van de Nassaus te zien, maar interessanter is het **Museum für Gegenwartkunst** dat deels in een van de torens is gevestigd.

Noord-Hessen

In dit deel van Hessen, ten noorden van Frankfurt en de Taunus vindt u vooral veel burchten, rivieren, heuvels en middeleeuwse (universiteits-)stadjes als **Marburg** en **Wetzlar**.

Een groot deel van het gebied was in handen van de graven, en later hertogen, van **Nassau**. Voor Nederlanders klinken namen als Nassau-Diez, Nassau-Dillenburg maar ook Waldeck-Pyrmondt (koningin Emma) bekend in de oren, maar dat koning Willem-Alexander zich ook graaf van Katzenelbogen mag noemen, weet niet iedereen (zie ook **Essay** blz. 46).

Karakteristiek voor het gebied is ook de **limes**, de grens tussen de Germaanse stammen en het Romeinse Rijk, die dwars door het gebied liep. Op verschillende plekken zijn de forten gereconstrueerd. Deze linie geeft ook in deze gids de grens tussen Noord- en Zuid-Hessen aan (zie ook **Essay** blz. 52). De grootste stad van het gebied, en tevens het culturele centrum in zowel Sauerland als dit deel van Hessen, is **Kassel** met zijn wereldberoemde documenta.

Tip

Sprookjesland

De 600 km lange toeristische autoroute **Deutsche Märchenstraße** volgt de levensloop van de gebroeders Grimm. Geboren in Hanau, naar het gymnasium in Kassel, studeren in Marburg en tot 1830 gewerkt hebbend, in Kassel waren de volksvertellingen en mythen uit Noord-Hessen een belangrijke inspiratiebron. De autoroute loopt langs plekken waarover zij hebben geschreven of waar sprookjes zich zouden hebben afgespeeld: zo is **Schwalmstadt** de geboorteplaats van Roodkapje. Voor meer informatie: www.deutsche-maerchenstrasse.com.

Kassel ▶ F 2

Kassel is het culturele en economische centrum van Noord-Hessen. Hier staan de fabrieken van Bombardier en Volkswagen. De stad ligt schilderachtig in het dal van de Fulda maar heeft in de Tweede Wereldoorlog zwaar te lijden gehad van bombardementen, waardoor het soms een grauwe aanblik heeft. Al het omringende groen en de mooie rivieroevers compenseren dit gelukkig.

Al eeuwen heeft de stad, als residentie van de graven van Hessen, een belangrijke rol gespeeld op het gebied van de kunsten. Zij waren belangrijke kunstverzamelaars en hun collecties zijn nu te bezichtigen in het slot. Bovendien zijn zij verantwoordelijk voor de wonderlijke **Wilhelmshöhe**, een enorm fantasiepark uit de 17e eeuw.

Tegenwoordig wordt Kassel nog steeds gezien als hét centrum voor moderne en hedendaagse kunst in Duitsland. Om de vijf jaar wordt hier de **documenta** georganiseerd: dit 'Museum voor 100 dagen' is een van de belangrijkste festivals voor hedendaagse kunst ter wereld. De volgende documenta vindt in 2017 plaats en trekt honderduizenden mensen aan. Verder is Kassel, vanwege de twintigduizend studenten, een gezellige stad met veel leuke kroegen en goede restaurants. In de parken vinden 's zomers allerlei festivals plaats.

Binnenstad

Fridericianum 1

Friedrichsplatz 18, tel. 05 61 70 72 720, info@fridericianum.org, www.fridericianum.org, di.-zo. 11-18 uur, entree € 5

Het in 1779 geopende complex was het eerste openbare museum van Europa. Tegenwoordig worden er vooruitstrevende tentoonstellingen voor hedendaagse kunst georganiseerd. De grote classicistische Friedrichsplatz wordt door de beroemde **Treppenstraße** met het station verbonden.

documenta-Halle 2

Friedrichsplatz 18-D, tel. 05 61 70 72 70, www.documenta-halle.de

Dit bijzondere tentoonstellingsgebouw van architectenbureau Jourdan en Müller is speciaal gebouwd voor de documenta. De overige jaren zijn hier manifestaties zoals concerten en dansfeesten of bijzondere tentoonstellingen.

Karlsaue 3

Veel lager gelegen, langs de oever van de Fulda, werd in 1680 door landgraaf Karl een prachtig barokpark aangelegd. Hierin lag ook zijn zomerpaleis, de **Orangerie**. In het park ligt het bijzondere **Marmorbad**, omgeven door beelden van mythologische figuren. Bij de ingang van het park staat de **Spitzhacke**, een kunstwerk van Claes Oldenburg uit 1977 dat de houweel van Herculus voorstelt. De vijf ton wegende houweel zou door Herculus vanaf de

Wilhelmshöhe zijn weggeslingerd en hier terecht zijn gekomen.

Orangerie/Astronomisch-Physikalisches Kabinett 4

Karlsaue 20-C, tel. 05 63 16 800, info@museum-kassel.de, www.museum-kassel.de, di. wo., vr.-zo. 10-17, do. 10-20 uur, entree € 3

In de Orangerie is een natuurkundig museum gevestigd met historische objecten, zoals een slinger van Foucault en 16e-eeuwse globes.

Neue Galerie 5

Schöne Aussicht 1, tel. 05 61 31 68 04 00, info@museum-kassel.de, www.museum-kassel.de, di., wo., vr.-zo. 10-17, do. 10-20 uur, entree € 6

Het museum richt zich vooral op Duitse kunst vanaf ongeveer 1900 en op internationale hedendaagse kunst rondom de documenta. Een belangrijk werk van **Joseph Beuys** neemt een centrale plaats in.

Grimm Welt 6

Am Weinberg, info@grimmwelt.de, www.grimmwelt.de, di.-do., za., zo. 10-18, vr. 10-20 uur, entree € 8

Het Brüder Grimm Museum is in 2014 gesloten maar op de Weinberg zal in september 2015 de nieuwe Grimm Welt openen: moderner, multimediaal en interactief.

Hessisches Landesmuseum 7

Brüder-Grimm-Platz 5, info@museum-kassel.de, www.museum-kassel.de

Het streekmuseum van het land Hessen is wegens verbouwing voor langere tijd gesloten.

Stadtmuseum 8

Wilhelmstraße 2, 05 61 78 71 400, stadtmuseum@kassel, www.stadtmuseum-kassel.info

Het museum dat de geschiedenis van de stad Kassel vertelt is wegens verbouwing voor langere tijd gesloten.

Caricatura 9
Rainer-Dierichs-Platz 1, tel. 05 61 77 64 99, info@caricatura.de, www.caricatura.de, di.-vr. 14-20, za., zo. 12-20 uur, entree € 4

De **Galerie für Kömische Kunst** is geheel gewijd aan cartoons en karikaturen. In het **Kulturbahnhof** worden het gehele jaar door evenementen en tentoonstellingen georganiseerd, veelal op het vlak van multimediale kunst en architectuur (www.kulturbahnhof-kassel.de).

St. Martinskirche 10
Martinsplatz 5-A, tel. 05 61 77 02 67

Eeuwenlang werden hier de Hessische vorsten begraven. Na de bombardementen in de Tweede Wereldoorlog zijn de torens van de oorsponkelijke 14e-eeuwse kerk herbouwd als herdenkingsmonument. Er worden regelmatig concerten gegeven.

Wilhelmshöhe

Dit enorme park is een hoogtepunt van Kassel. Ook letterlijk: op het hoogste punt staat een beeld van de Griekse held **Herculus** die vanaf een hoge sokkel neerkijkt op Kassel. Vanaf dit punt gaan er watercascades, watervallen, meren, vijvers en fonteinen richting het dal.

In het park zijn te veel attracties om op te noemen, u moet er in elk geval een paar uur voor uittrekken. Als u van boven naar beneden loopt, komt u langs grotten, aquaducten, een moskee en een Chinese pagode. In het zuidelijk deel ligt de 18e-eeuwse romantische **Löwenburg**, die er uitziet als een middeleeuwse ruïne. Iets verder komt u bij het indrukwekkende classicistische **Schloss Wilhelmshöhe.** Vanaf de Wilhelmshöhe loopt een mooie allee naar het 8 km noordelijker gelegen **Schloss Wilhelmsthal** met een mooi rococo-interieur (www.museum-kassel.de).

Schloss Wilhelmshöhe 11 ✹
Schlosspark 1, tel. 05 61 31 68 00, info@museum-kassel.de, www.museum-kassel.de, di., do.-zo. 10-17, wo. 10-20 uur, entree € 6

In het 18e-eeuwse classicistische slot van de landgraven van Hessen is na de wederopbouw in 1974 het Museum Schloss Wilhelmshöhe geopend. Het museum bezit een hoogwaardige collectie antieke beelden en sieraden, een grote verzameling grafiek en tekeningen van Dürer tot Baselitz. Maar eigenlijk komt u voor de **Gamäldegalerie Alte Meister.** Meer dan 1200 meesterwerken, van renaissance tot klassiek: de collectie omvat bijvoorbeeld meer dan twintig schilderijen van Rembrandt.

Overnachten

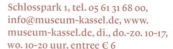

Goede ligging – **Hotel am Rathaus** 1: Wilhelmstraße 29, tel. 05 61 97 88 50, hotel@hotel-am-rathaus-ks.de, www.hotel-am-rathaus-ks.de, 2-pk € 73. Gezellig middenklassehotel met leuke *Stube* en populair restaurant. Het hotel ligt in het centrum van Kassel tussen alle leuke winkels en cafés.

In het groen – **Hotel am Herkules** 2: Hüttenbergstraße 14-16, tel. 05 61 81 67 55 80, info@hotel-am-herkules.de, www.hotel-am-herkules.de, 2-pk € 99. Zeer dicht bij de Wilhelmshöhe en dicht bij het museum. Fijn hotel in het groen, met chic restaurant.

Luxueus – **Schlosshotel Kassel** 1: Schlosspark 8, tel. 05 61 30 880, reception@schlosshotel-kassel.de, www.schlosshotel-kassel.de, 2-pk € 99. Naast museum Schloss Wilhelmshöhe

Kassel

Bezienswaardigheden
1 Fridericianum
2 documenta-Halle
3 Karlsaue
4 Orangerie
5 Neue Galerie
6 Grimm Welt
7 Hessisches
   Landesmuseum
8 Stadtmuseum
9 Caricatura
10 St. Martinskirch
11 Schloss Wilhelmshöhe

Overnachten
1 Am Rathaus
2 Am Herkules
3 Schlosshotel

Eten en drinken
1 Humboldt 1a
2 Mundo Sunshine
3 Il Convento
4 Herkules Terrassen
5 Kaskaden Wirtschaft

Winkelen
1 Königsgalerie
2 City Point
3 Kurfürsten Galerie
4 Titus
5 Markthalle
6 Frank's Outlet
7 Wild Wood Galerie

Uitgaan
1 Friedrich-Ebert-Straße
2 York
3 A.R.M.

met heerlijke spa en zwembad, mooie kamers en een goed restaurant.

Eten en drinken

In mooie villa – **Humboldt 1a** 1:
Humboldtstraße 1a, tel. 05 61 76 64 97 55, info@humboldt1a.de, www.hum

boldt1a.de. In een oude rectorsvilla ligt dit relaxte restaurant met mooi tuin. Lekker eten, fijn terras, aardige bediening en altijd gezellig vol, zeker als het mooi weer is.

Hotspot – **Mundo Sunshine** 2: Schöne Aussicht 1. Deze 'strandbar' is een van de hipste plekken van de stad en heeft bovendien een ▷ blz. 120

Favoriet

Wilhelmshöhe ▶ F 2

Dit is waarschijnlijk het wonderlijkste park ter wereld. Graaf Karl von
Hessen-Kassel liet in 1701 het enorme
Hercules-monument bouwen en de
barokke tuinen eromheen. Een boulevard van 6 km loopt van het hartje van
Kassel naar het monument. In het park
zijn verschillende bijzondere tuinen te
vinden met kunstmatige watervallen,
grote vijvers, Chinese pagodes, grotten, een pyramide en Griekse tempels.
En er staan twee paleizen, het classicistische Schloss Wilhelmshöhe en het
lustslot Löwenburg. Struin hier een
dag rond en waan je in een sprookjeswereld (www.wilhelmshoehe.de).

van de mooiste uitzichten. Vooral om te drinken en loungen, maar ze hebben ook heerlijke – mediterrane – hapjes.

In oude kerk – Il Convento 3: An der Garnisonkirche 2, tel. 05 61 86 19 446, www.il-convento.com. In een oude garnizoenskerk zit nu de leukste wijnbar van Kassel met vooral Italiaanse wijnen en goed Italiaans eten.

Met zicht op Hercules – Herkules Terrassen 4: Schlosspark Wilhelmshöhe 26, Ehlener Straße, tel. 05 61 93 73 19 10, info@herkules-terrassen.de, www.herkules-terrassen.de. Modern panoramarestaurant waar u niet voor de sfeer of het eten maar vooral vanwege het uitzicht komt. Er zit ook een heerlijk terras bij.

Aan het wilde water – Kaskaden Wirtschaft 5: Schlosspark 22, tel. 05 61 28 87 74 4, kontakt@kaskaden-wirtschaft.de, www.kaskaden-wirtschaft.de. Chic restaurant midden in het park aan de watercascade; buiten is er een gezellige Biergarten met kleine kaart. De beste plek voor een zwoele zomeravond.

Winkelen

Rond de Königsplatz, Treppenstraße en Obere Königsstraße liggen de meeste merkwinkels, warenhuizen en winkelcentra, zoals Königsgalerie 1, City Point 2 of de Kurfürsten Galerie 3.

Gympjes en T-shirts – Titus 4: Treppenstraße 8, tel. 05 61 7 3 97 673, www.titus.de. Groot warenhuis voor jongeren die van skaten houden en van street style.

Groenten en fruit – Markthalle 5: Wildemannsgasse 1, tel. 05 61 78 03 95, www.markthalle-kassel.de. In een van de weinige gebouwen die de oorlog ongeschonden heeft doorstaan, de Marstall uit 1591, zitten nu de markthallen. Twee verdiepingen kwaliteitsetenswaren en verschillende cafés.

Outlet – Frank's Outlet 6: Friedrich-Ebert-Straße 58, tel. 05 61 13 075, www.franks-outlet.de. Bekende merken worden hier met kortingen aangeboden.

Kunst – Wild Wood Gallery & Store 7: Friedrich-Ebert-Straße 99, www.wildwood-galery.tumbler.com. Eigenlijk een galerie maar ze verkopen er ook kleding. Wel van het artistieke soort.

Uitgaan

Studentencafés – Friedrich-Ebert-Straße 1: in de wijk Vordere Westen zijn allerlei studentencafés en clubs. Dit buurtje wordt ook wel de **Kneipen-Meile** genoemd en is ook dé plek om 's morgens goed te ontbijten.

Kunstzinnig – York 2: Obere Königsstraße 5, www.my-york.de. Dit is een van de artistiekere nachtclubs met natuurlijk dj's en feesten.

Alternatief – A.R.M. 3: Werner-Hilpert-Straße 22, tel. 05 61 76 60 428, www.armaberokay.de. Populaire nachtclub, vooral onder de alternatievere studentenscene, met Biergarten en café.

Info en festiviteiten

Kassel Marketing

Obere Königsstraße 15, D-34117, tel. 05 61 70 77 07, info@kassel-marketing.de, www.kassel-marketing.de.

Evenementen

documenta: vijfjarige beurs voor hedendaagse kunst: van juni tot sept, 100 dagen. Meer info: www.documenta.de.

Vervoer

Trein: er rijden ICE's vanaf Kassel naar alle grote steden in Duitsland. Vanaf Düsseldorf is een directe IC-verbinding. **Vliegveld:** vluchten vanaf Flughafen Kassel naar alle grote Duitse steden.

Dal van de Lahn ▶ L 3

Stoere burchten en kastelen, indrukwekkende kerken en kloosters getuigen van de cultuur van het Lahndal.
Hier vertellen mooie middeleeuwse
stadjes met vakwerkhuizen het verhaal van bedrijvigheid van de regio. De
romantische rivierdalen kunt u te voet,
met de fiets, auto of in een kano ontdekken. Voor Nederlanders biedt de Lahn
iets extra's: een sterke band met het koningshuis. Langs de rivier liggen verschillende plaatsen die van belang zijn
geweest voor het ontstaan van het huis
Oranje-Nassau (zie **Essay** blz. 46).

Burg Nassau ▶ C 4

Glockenstraße, www.burg-nassau-
oranien.de, di.-zo. 11-18 uur
Deze burcht wordt gezien als het stamslot van de Nassaus. Hier zetelden de
eerste graven van Nassau in de 12e eeuw.
Al aan het einde van de middeleeuwen
werd het slot opgegeven en verhuisden
de Nassaus naar Dillenburg. In 1976 is
pas weer begonnen met de wederopbouw van het kasteel en de toren. De
hoofdzaal werd in 1982 afgebouwd en
is nu een restaurant (Burgschänke, tel.
02 60 49 44 94 37). De toren en de historische ridderzaal zijn met een rondleiding te bezichtigen. De ridderzaal
wordt gebruikt voor evenementen.

Schloss Diez ▶ C 4

Grafenschloss: Schlossberg 8, tel. 06
43 25 07 467, leitung@museumdiez.
de, www.museum.diez.de, di.-vr.
9-12, 14-17, za., zo. 14-17 uur, entree € 4
Oranienstein: tel. 06 43 29 40 16
66, museumschlossoranienstein@
bundeswehr.org, www.oranienstein.
de, rondleidingen apr.- okt. di.-vr. 9,
10.30, 14, 15.30, za., zo. 10.30, 14, 15.30
uur, entree € 4
Al in de 8e eeuw stond er bij Diez een
burcht. In de eerste helft van de 14e

eeuw kregen de Nassaus het gebied, en
het slot, door vererving in bezit. Omdat
de kern van de Nassause macht in de 16e
en 17e eeuw steeds meer in de Nederlanden kwam te liggen, werd het Schloss
Diez vooral een **Witwensitz**, een plaats
waar de weduwes van de vorsten woonden tot hun dood. In 1672 vond Albert-
ine Agnes van Oranje-Nassau het 13e-
eeuwse slot ontoereikend en liet een
echte residentie bouwen in Diez, het
barokke Schloss Oranienstein. Sinds
1867 is de residentie in handen van de
krijgsmacht. Hoewel de Bundeswehr er
nog steeds de baas is, is het slot sinds
2008 opengesteld voor publiek en is er
het Museum Nassau-Oranien gevestigd.
In het oude 'gravenslot' zit nu het stads-
museum van Diez.

Schloss Dillenburg ▶ D 3

Wilhelmsturm, Schlossberg 3, tel. 02
77 18 00 065, m.leitheff@dillenburg.
de, www.museumsverein-dillenburg.
de, di.-zo. 10-13, 14-17 uur, entree € 4
Kazematten: dagelijkse rondleidingen, 15 uur, entree € 4
Het stamslot van de graven van Nassau-
Dillenburg werd al in 1760 tijdens de
Zevenjarige Oorlog door Franse troepen grotendeels verwoest. De enorme
burcht brandde volledig uit maar gelukkig zijn enkele historische meubels
en wandtapijten gered. De huidige toren stamt uit 1875 en had geen verde-
digingsfunctie. Er zijn vergevorderde
plannen om de burcht en het volledige
verdedigingsstelsel in oude glorie te
herstellen. Voor meer informatie hier-
over zie www.dillenburger-museums-
verein.de.

Actief

Fietsen – **Lahntalradweg:** van de bron
bij Netphen (Rothaargebergte) tot de
monding in de Rijn bij Lahnstein loopt

een romantische, bijna geheel autovrije, fietsroute langs de rivier. Langs het 245 km uitstekend bewegwijzerde fietspad liggen verschillende treinstations zodat u de route ook in delen kunt fietsen (www.lahnradweg.de).

Varen – **Lahntalschiffahrt:** Rheinstraße 7, D-65555 Limburg, tel. 06 43 13 984, info@lahntalschiffahrt.de, www. lahntalschiffart.de. De Lahn is bijna het gehele jaar bevaarbaar. Verschillende maatschappijen bevaren de rivier, deze vanuit Limburg.

Tip

Romeins kasteel in Saalburg

De grens tussen het Romeinse Rijk en de Germaanse stammen liep dwars door Hessen. In het archeologische park Saalburg, UNESCO Werelderfgoed, is het Romeinse castellum dat onderdeel uitmaakte van deze limes weer opgebouwd. Hier kunt u Romeinse tijden herbeleven, archeologische vondsten bewonderen en als Romeins soldaat op veldtocht gaan. Voor meer info: www.saalburgmuseum.de.

Informatie

Lahntal Tourismus

Brückenstraße 2, D-35576 Wetzlar, tel. 06 44 13 09 980, info@daslahntal.de, www.daslahntal.de.

Marburg ▶ E 3

Marburg is nu een studentenstad bij uitstek maar haar geschiedenis is lang en imposant. Eeuwenlang was de stad een belangrijk pelgrimsoord en in de middeleeuwen was het een tijdje de hoofdstad van Hessen. Rondom de Marktplatz speelt het sociale en culturele leven zich af. In de kleine steegjes schuimen studenten de kroegen af en kunt u overal gezellig en goedkoop eten.

Het middeleeuwse **Landgrafenschloss** torent boven de Altstadt uit. Hier vonden in 1529 de beroemde *Marburger Religionsgespräche* plaats, waar belangrijke kerkhervormers, onder wie Luther en Zwingli, de betekenis van het Laatste Avondmaal bespraken. De Elisabethkirche, opgericht in 1283, het jaar waarin **Elisabeth van Thüringen**, de beroemdste inwoner van Marburg, werd heilig verklaard, is een bijzonder bouwwerk met mooie grafmonumenten en prachtige reliëfs.

Overnachten en eten

Vakwerk – **Hotel Seebode:** Burgweg 2, D-35085 Ebsdorfergrund-Frauenberg, tel. 06 42 46 896, info@hotel-seebode. de, www.hotel-seebode.de, 2-pk € 90. In een mooie 19e-eeuwse villa op een heuvel net buiten Marburg ligt dit gezellige familiehotel en fijne restaurant. Bij mooi weer kunt u heerlijk in de tuin zitten en genieten van de omgeving.

Kunstzinnig – **Tusculum:** Gutenbergstraße 25 , tel. 06 42 12 27 78, www.

tusculum.de, 2-pk € 68. Midden in het centrum van Marburg ligt dit eenvoudige, maar artistiek ingerichte, hotel.

Informatie

Touristik-Service Marburger Land

Pilgrimstein 26, D-35037, tel. 06 42 19 91 20, mtm@marburg.de, www.marburg.de.

Gießen ▶ E 4

De historische universiteitsstad Gießen, waar Wilhelm Röntgen, de ontdekker van het röntgenapparaat, nog heeft gestudeerd, werd aan het einde van de Tweede Wereldoorlog zo zwaar getroffen door bombardementen dat 90% van de oude binnenstad werd verwoest. In de jaren 50 en 60 is de stad weer opgebouwd naar de toen geldende normen en smaak. Slechts enkele vakwerkhuizen en het oude en nieuwe slot van de graven van Hessen zijn hersteld. In het Alte Schloss is nu het **Oberhessisches Museum** gevestigd.

Actief

Kanoën – **Kanutours Gießen:** Uferweg 8, tel. 06 41 93 03 636, info@kanutours-giessen.de, www.kanutours-giessen.de. Gießen is een ideaal vertrekpunt voor een mooie kanotocht, van een paar uur tot meerdere dagen.

Informatie

Tourist Information

Berliner Platz 2, D-35590, tel. 06 41 30 61 890, tourist@giessen.de, www.giessen-tourismus.de

Wetzlar ▶ D 4

De ligging op de samenvloeiing van de Lahn en de Dill en het gerestaureerde historische centrum maken van de stad een populaire bestemming. Maar Wetzlar is ook de stad van de droevigste liefdesgeschiedenis uit de wereldliteratuur en het beroemdste boek uit de Duitse literatuur: *Die Leiden des jungen Werthers*. Deze oude rijksstad, waar tot 1803 de hoogste Duitse rechtbank was gevestigd, was voor **Johann Wolfgang von Goethe** de inspiratiebron voor deze wereldberoemde Sturm und Drang-roman. In Wetzlar kunt u in de sporen van zowel Werther als Goethe treden via allerlei wandelroutes. Bovendien is het voormalige huis – Lotte Haus – van Lotte Buff, waarop Goethe in de jaren dat hij in Wetzlar verbleef hopeloos verliefd was en die waarschijnlijk de inspiratiebron voor *Die Leiden* was, opengesteld voor publiek.

Overnachten en eten

Gutbürgerlich – **Bürgerhof:** Konrad-Adenauer-Promenade 20, tel. 06 44 19 030, hotel@buergerhof-wetzlar.com. www.buergerhof-wetzlar.com, 2-pk € 94. Vlak bij de dom gelegen hotel met gezellig restaurant met Duitse keuken. Aan het water – **Gaststätte Zum Anker:** Am Rübenmorgen, D-35582 Dutenhofen. Tussen Gießen en Wetzlar ligt de Dutenhofener See met een leuk strand en fijn café-restaurant. In de zomer zijn hier regelmatig concerten.

Informatie

Tourist Information

Domplatz 8, D-35578, tel. 06 44 19 97 755, tourist-info@wetzlar.de, www.wetzlar.de.

Fulda ▶ F4

Ook Fulda heeft een band met Neder-land, al is die veel ouder dan die met de Oranjes. In de dom van Fulda ligt **Bo-nifatius** begraven, de bisschop die in de 8e eeuw Friesland probeerde te kerste-nen en in 754 bij Dokkum is vermoord. Sindsdien is Fulda een belangrijk pel-grimsoord. De stad speelde in de vroege middeleeuwen een belangrijke rol in het culturele leven van Duitsland. In de 9e eeuw werd hier het **Hildebrand-lied** opgeschreven. Na de Dertigjarige Oorlog en de Reformatie verloor de stad aan invloed.

Een tweede bloeiperiode volgde in de 18e eeuw. Een groot deel van de stad, inclusief de bisschoppelijke paleizen en de dom, werden in barokstijl op-gebouwd, waardoor de stad nu de pa-rel van barok in Hessen is. In het oude goedbewaarde centrum zijn bijzondere monumenten te vinden, zoals kerken uit alle tijdperken, een 16e-eeuws raad-huis en kloosters en seminaries.

Een grappig detail: ten tijde van Napoleon kregen de Oranjes, ter com-pensatie voor het verlies van de Neder-landen, het vorstendom Fulda. Hier heersten zij tussen 1803 en 1806, tot zij terugkeerden naar de Nederlanden (zie ook **Essay** blz. 46).

Dom St. Salvador und Bonifatius

Domplatz 1, tel. 06 61 87 457, www. bistum-fulda.de, apr.-okt. ma.-vr. 10-18, za. 10-15, zo. 13-18 uur, gratis entree

Op de fundamenten van de Ratgerbasi-lica, die in de 8e eeuw rondom de resten van Bonifatius was gebouwd, werd tus-sen 1704 en 1712 een grote barokkathe-draal gebouwd. Met één bijzonderheid: de dom is in plaats van naar het oosten naar het westen gericht. In de crypte be-vindt zich het praalgraf van Bonifatius.

Dommuseum

Domplatz 2, tel. 06 61 87 207, www. bistum-fulda.de, apr.-okt. di.-za. 10-17.30, zo. 12.30-17.30, nov.-mrt. di.-za. 10-12.30 en 13.30-16, zo. 12.30-16 uur, entree € 2,10

In de decaanswoning zit nu het museum van het bisdom Fulda. Interessant is de Bourgondische **Ragyntrudiscodex**, een handschrift uit 700, toegeschreven aan Bonifatius.

Michaelskirche

Michaelsberg 1, www.bistum-fulda. de, apr.-okt. dag. 10-18, nov.-mrt. 10-12 en 14-17 uur, gratis entree

Deze eenvoudige Karolingische kerk uit 822, wordt gezien als een van de twee oudste kerken van Duitsland.

Deutsches Feuerwehrmuseum

St.-Laurentius-Straße 3, tel. 06 61 75 017, info@dfm-fulda.de, www.dfm-fulda.de, di.-zo. 10-17 uur, entree € 5

De geschiedenis van de brandweer met brandweerauto's, spuiten en pakken.

Schloss Fasanerie

Fasaneriestraße, D-36124 Eichen-zell, tel. 06 61 94 860, www.schloss-fasanerie.de, apr.-okt. di.-zo. 10-17 uur, rondleidingen op het hele uur, entree € 6-10

Het barokke jachtslot van de kerkvor-sten van Fulda, 6 km buiten de stad, is nu een geliefd zondagsuitje voor de in-woners. Er is een Biergarten en in het slot wordt het porselein tentoongesteld met objecten uit de beroemde fabrieken van Fulda en uit de rest van Europa.

Overnachten en eten

Wintertuin – **Maritim Hotel Am Schlossgarten:** Pauluspromenade 2, tel. 06 61 28 20, www.maritim.de, 2-pk € 109. Chic hotel aan de Schlossgarten met wellness en eigen zwembad. Er zit een goed restaurant in de mooie historische zaal en een gezellige bistroen bar in de gewelvenkelder.

Romantisch – **Goldenen Karpfen:** Simpliziusbrunnen 1, tel. 06 61 86 800, info@hotel-goldener-karpfen.de, www.hotel-goldener-karpfen.de, 2-pk € 135. Aan mooi plein midden in het centrum van Fulda ligt dit Romantik Hotel. Met goed restaurant en fijn terras.

Informatie

Tourismus Fulda

Bonifatiusplatz 1, D-36037, tel. 06 61 10 21 814, tourismus@fulda.de, www.tourismus-fulda.de.

Vervoer

Trein: er is een ICE-verbinding met Frankfurt en een IC naar Kassel. Regionale treinen rijden naar Gießen.

Gezellige terrasjes in het mooie centrum van Fulda

Eifel, Moezel en Saar

Hoogtepunten ✳

De dom van Aken: eens de hofkapel van Karel de Grote, nu een van de mooiste kathedralen van Duitsland. De indrukwekkende Domschatzkammer is niet te missen vanwege de beroemde relikwieën. Zie blz. 129.

Schlossplatz in Saarbrücken: In het Saarland ligt een parel van barok. Vooral Alt-Saarbrücken met het Schloss en de mooie pleinen moet u een keer gezien hebben. Zie blz. 150

Op ontdekkingsreis

Vogelsang: hoewel je in de omgeving veel overblijfselen van de Tweede Wereldoorlog ziet, is dit wel heel bijzonder: hier werd het toekomstige partijkader van de nazi's al op jonge leeftijd gedrild. Zie blz. 136.

Tussen Maar en Moezel: fietsen over een oude spoorlijn door het beroemde vulkaanlandschap van de Eifel om uit te komen bij een van de mooiste stadjes in het Moezeldal. Zie blz. 142.

Rijnreisje: een reisje langs de Rijn was voor generaties Nederlanders de droomvakantie. Tussen Koblenz en Mainz ligt het mooiste deel van het Rijndal. Zie blz. 152.

Cultuur

Ludwig Forum in Aken: aan de wanden van een voormalige paraplufabriek hangen werken van de grootste Duitse en internationale kunstenaars: van popart tot Duits hyperrealisme. Zie blz. 131.

Barokke parels in Saarbrücken: architectonische hoogtepunten aan de Schlossplatz met wel drie interessante musea. Zie blz. 150.

Actief

Nationalpark Eifel: wandelen, fietsen, varen, vissen: in dit natuurpark kunt u zich dagenlang vermaken of van de indrukwekkende natuur genieten. Zie blz. 134.

Racen op het fameuze circuit: de Nürburgring in de Vulkaneifel is wereldberoemd. Zeker ook omdat het de thuisbasis was van een van de grootste Formule 1-racers Michael Schumacher. Zie blz. 140.

Sfeervol genieten

Beroemde chef in Aken: in de Ratskeller kookt topchef Maurice de Boer de sterren van de hemel. Zie blz. 131.

Sterrenregen: Saarland staat bekend om zijn verfijnde keuken. In Saarbrücken heeft één straat zelfs vijf Michelinsterren. Zie blz. 151.

Fürst Ludwig: in de schaduw van oude bomen is dit een van de authentiekste Biergärten van het Saarland. Zie blz. 151.

Winkelen & uitgaan

Vlooienmarkt in Aken: de vlooienmarkt rond de dom wordt gezien als een van de beste van Europa. Zie blz. 134.

Aken en Nordeifel

Vlak over de grens ligt de Eifel, een dunbevolkte streek met natuurgebieden, bossen, meren, heuvels en vulkanen. In het noorden vinden we dichte naaldbossen afgewisseld door hoogvlakten en vele kleine en grotere stuwmeren. In combinatie met idyllische stadjes als **Monschau** en natuurlijk het cultuurcentrum Aken biedt de streek een enorme aantrekkingskracht op de voornamelijk Nederlandse toerist.

Richting het westen wordt het landschap ruiger en de burchten stoerder. Dit is het land van de wandelaar en mountainbiker, hier voelt de natuurliefhebber zich op zijn gemak. Verder naar het zuidoosten, de Eifel wordt afgegrensd door de rivieren de **Moezel** en de Rijn, komen wij in een bijzonder vulkanenlandschap terecht terwijl langs de diverse rivieren, zoals de **Ahr**, wijnbouw de maat aangeeft. De strategische ligging in de driehoek Rijn-Moezel heeft in het verleden voor prachtige kastelen gezorgd.

Aken ▶ A 3

De naam Aachen komt waarschijnlijk van het Keltische woord voor water, 'Ahha'. En dat is ook niet zo gek want zij hadden, al vóór de Romeinen, op de plek waar het warme water naar boven borrelt, al een heiligdom gebouwd. De Romeinen bouwden op dezelfde plek een grote garnizoensbadplaats en **Karel de Grote** vestigde hier zijn palts en de regering van zijn enorme rijk. De keizer liet rond 800 de beroemde **hofkapel** bouwen en vanaf Otto I (936) werden op deze plek de Duitse koningen gekroond, voordat zij in Rome tot keizer werden gezalfd.

De strategische ligging van de stad zorgde ervoor dat het een knooppunt van wegen werd, en nadat Aken tot rijksstad werd verheven in 1336 werd zij ook een belangrijk handelscentrum voor de metaalindustrie. De tweede helft van de 16e eeuw betekende het einde van de belangrijke plek die de stad in het Duitse Rijk innam. De laatste kroning in de hofkapel vond in 1531 plaats – daarna verplaatste de kroning zich naar Frankfurt. De onafhankelijkheid van de Nederlanden in 1581 veranderde de centrale plek die Aken in het Rijk innam, en door de verdrijving van de protestanten in 1614 verloor de stad veel handel. De **Dertigjarige Oorlog** bepaalde vervolgens het lot.

Pas met de opkomst van het kuren in de 19e eeuw kreeg de stad hernieuwde populariteit. Na de grote verwoestingen tijdens de Tweede Wereldoorlog is Aken vooral een moderne internationale stad die een grote rol speelt in de grensoverschrijdende Euregio.

Domschatzkammer 1 ☀

Johannes-Paulus-II-Straße, www. aachendom.de, apr.-dec. ma. 10-13, di.-zo. 10-18, jan.-mrt. di.-zo. 10-17 uur, entree € 6,50 (ticketverkoop bij de dom)

Midden in de Altstadt ligt de imposante dom van Aken. De hofkapel (zie **Favoriet** blz. 132), ingewijd in 805, is het oudste gedeelte van de dom. In later tijden zijn er aan deze byzantijns aandoende kapel romaanse en gotische uitbreidingen gebouwd. Sommige van de aangebouwde kapellen dateren uit de 19e eeuw. En gelukkig is de dom, ondanks enkele vernietigde ramen, nauwelijks geraakt door het geweld in de Tweede Wereldoorlog. Tegenover de dom is de **Domschatzkammer**, wellicht het hoogtepunt van een bezoek aan de dom of misschien wel aan heel Aken. In de schatkamer van de dom ligt een van de belangrijkste kerkschatten van Europa. Hier worden honderden onbetaalbare kunstwerken getoond, van het 10-eeuwse Lotharkruis tot het met edelstenen versierde gouden borstbeeld van Karel de Grote uit de 14e eeuw.

Rathaus 2

Markt, tel. 02 41 43 27 310, dag. 10-18 uur, entree € 5

Op de fundamenten van de koningspalts staat het prachtige 14e-eeuwse gotische raadhuis van Aken. Vijftig heersers van het Heilige Roomse Rijk sieren de noordgevel. Daarvan hebben er 31 op deze plek in de grote zaal hun kroningsmaal gehad. Binnen verdienen de zalen met bewerkt hout en stucwerk uw aandacht. De Krönungsfestsaal is het indrukwekkendst, met 19e-eeuwse beschilderingen.

Hühnermarkt 3

Al in de Romeinse tijd stonden op dit plein thermen en tempels, nu staan er mooie barokhuizen.

De dom van Aken met de hofkapel van Karel de Grote, de octogoon

Aken

Bezienswaardigheden

1 Dom
2 Rathaus
3 Hühnermarkt
4 Couven-Museum
5 Elisenbrunnen
6 Suermondt-Ludwig-
   Museum
7 Ludwig Forum für
   internationale Kunst
8 Neues Kurhaus

Overnachten

1 Drie Könige
2 Pullman Aachen
   Quellenhof
3 Bensons

Eten en drinken

1 Alte Aachener Kaffee
   Stube
2 Ratskeller
3 Degraa am Dom
4 La Jeunesse
5 Am Knipp
6 Gare du Nord

Winkelen

1 Biomarkt
2 Franchipane
3 Lust for Life

Couven-Museum 4

Hühnermarkt 17, tel. 02 41 43 24 421, info@couven-museum.de, www.couven-museum.de, di.-zo. 10-18 uur, entree € 5

In dit museum, genoemd naar de 18e-eeuwse Akense architect Johann Couven, kunt u de ontwikkeling van de burgerlijke wooncultuur in de 18e en 19e eeuw zien.

Elisenbrunnen 5

Friedrich-Wilhelm-Platz

In het classicistische witte complex met Dorische zuilen borrelt zwavelhoudend water uit de Kaiserquelle naar boven. Hier trotseren zowel toeristen als lokalen de geur om een glaasje water te drinken of halen. In de zomermaanden is het een populaire ontmoetingsplek.

Suermondt-Ludwig-Museum 6

Wilhelmstaße 18, tel. 02 41 47 98 040, info@suermondt-ludwig-museum. de, www.suermondt-ludwig-museum.de, di., do., vr. 12-18, wo. 12-20, za., zo. 11-18 uur, entree € 5

Het museum is beroemd om zijn verzameling middeleeuwse kunst, vooral (hout)sculpturen. Maar op de zolder van het museum worden moderne Duitse kunstenaars getoond.

Ludwig Forum für internationale Kunst 7

Jülicher Straße 97-109, tel. 02 41 18 07 104, info@ludwigforum.de, www.ludwigforum.de, di., wo., vr. 12-18, do. 12-20, za., zo. 11-18 uur, entree 5

In een voormalige paraplufabriek gevestigde privéverzameling van het echtpaar Ludwig. Het zwaartepunt van de collectie ligt bij popart en fotografie, maar ook Duits hyperrealisme. Uit de stedelijke kunstcollectie van Aken zijn grote internationale grootheden aan de collectie toegevoegd als Bruce Neuman, Richard Serra en Andy Warhol.

Neues Kurhaus 8

Stadtpark, Monheimsalle 44-48, tel. 0800 77 43 522, www.westspiel.de

Dit is het chique kuurgebied van Aken. Hier wordt gegokt in de casino's, gegeten in luxerestaurants, geluisterd naar klassieke muziek en genoten van massages en wellness in de **Carolus Thermen** (www.carolus-thermen.de).

Overnachten

Naast de dom – **Drie Könige** 1: Büchel 5 Am Markt, tel. 02 41 4 83 93, aix-info@h3k-aachen.de, www.h3k-aachen.de, 2-pk € 90. Gezellig familiehotel midden in het oude centrum, vlak bij de dom en het Rathaus. Ideale plek.

Luxe bronnen – **Pullman Aachen Quellenhof** 2: Monsheimsallee 52, tel. 02 41 91 320, www.pullmanhotels.de, 2-pk € 150. Het meest luxeuze hotel van Aken ligt in een groot oud pand in het stadspark met alle wellness die erbij hoort en dicht bij de Thermen.

Keurig – **Bensons** 3: Bahnhofstraße 3, tel. 02 41 16 04 11 00, www.bensons.de, 2-pk € 99. Net gerenoveerd middenklassehotel met keurige kamers en zeer uitgebreid ontbijt.

Eten en drinken

Een instituut – **Alte Aachener Kaffee Stube Van den Daele** 1: Büchel 18, tel. 02 41 35 724, info@van-den-daele.de, www.van-den-daele.de. Het oudste koffiehuis van Aken en een niet te missen stop. Taarten uit de eigen bakkerij.

Beroemd – **Ratskeller** 2: Markt 40, tel. 02 41 35 001, www.ratskeller-aachen.de. De bekendste chef van Aken, Maurice de Boer, zwaait hier al meer dan tien jaar de scepter: heel goed eten in een fijne atmosfeer. Is dit te prijzig, dan komen de gerechten van ▷ blz. 134

Favoriet

Dom van Aken 1 ▶ A 3

Op de plaats waar de Romeinen al een tempel hadden staan, staat nu de Kaiserdom van Aken. Vergeet de torens en de kapellen, het gaat hier om de achthoekige kapel die Karel de Grote rond 800 als hofkapel liet bouwen.

Dit octogoon, beïnvloed door Byzantische architectuur, is een van de mooiste kapellen van Europa. Bij binnenkomst wordt u overweldigd door het met (goud)mozaïeken ingelegde gewelf, de imposante pilaren en marmeren vloeren. Het gotische koor met zijn hoge glas-in-loodramen is veel jonger, uit 1414, bovendien zijn de ramen reproducties van na de oorlog, maar het licht straalt hier nog even sprookjesachtig doorheen.

Hier staat de gouden schrijn van Karel de Grote uit 1215, én de voor gelovigen zo belangrijke Mariaschrijn, die de windselen en lendendoek van Christus zou bevatten. In de galerij boven de ingang staat de troon van Karel de Grote waarop tot 1513 de gekroonde vorsten van het Duitse Rijk plaatsnamen.

zusterrestaurant de Postwagen (Krämerstraße) uit dezelfde keuken, maar voor minder geld.

Eigen bier – Degraa am Dom – Aachener Brauhaus 3: Kapuzinergraben 4, tel. 02 41 36 017, info@aachener-brau haus.de, www.aachener-brauhaus.de. Hier brouwen ze hun eigen bier en serveren ze de beste schnitzel en goulash van de stad en de wijde omgeving.

Leve de Flammkuchen – La Jeunesse 4: Pontstraße 6, tel. 02 41 40 17 449, info@ la-jeunesse.com, www.la-jeunesse.com. Kleine hapjes, de beste *Flammkuchen* van Aken en 15 open wijnen. Fijne *Weinstube* met jeugdige sfeer.

Bruine kroeg – Am Knipp 5: Bergdriesch 3, tel. 02 41 33 168, info@am knipp.de, www.amknipp.de. In dit gezellige eethuis voel je je meteen op je gemak. U kunt hier terecht voor een drankje aan de bar of een degelijke Duitse maaltijd. En alles in een authentiek ingerichte *Kneipe*.

Franse bistro – Gare du Nord 6: Jülicher Straße 123, tel. 02 41 47 58 21 14, info@gare-du-nord.eu, www.gare-du-nord.eu. Exquise Franse keuken in ontspannen omgeving voor niet te veel geld. Met een fijn terras naast het Forum Ludwig. Van di.-vr. ook lunch.

Winkelen

Markten – Rondom de Dom wordt vier keer per jaar een **vlooienmarkt** gehouden. Deze markt wordt gezien als de beste vlooienmarkt van Europa. Op de Münsterplatz is een wekenlijkse **biomarkt 1** met veel lokale producten. Voor data en tijden, zie www.aachen.de.

Kult – Franchipane **2**: Harscampstraße 4, tel. 02 41 20 017, www.franchipane.de. Hier wordt sinds 1978 net die kleding verkocht die de grote ketens niet hebben. Kult, retro, alternatief: in elk geval zeer individualistisch.

Jong en hip – Lust for Life 3: Komphausbadstraße 10, tel. 02 41 40 00 04, www.lustforlife.de. Een groot warenhuis voor de jongere clientèle met alle hippe merken van het moment.

Informatie

Tourist Information

Friedrich-Wilhelm-Platz, D-52062, tel. 02 41 18 02 960, info@aachen-tourist.de, www.aachen-tourist.de.

Vervoer

Trein: Thalys Parijs-Brussel-Aken-Keulen. Aken is aangesloten op het regionet Zuid-Limburg en het snelste te bereiken via Heerlen of Brussel. **Vliegveld:** Maastricht-Aachen Airport is het dichtst in de buurt.

Heimbach ▶ A 4

Beschermd door een van de oudste burchten van de Eifel, is Heimbach het centrum voor activiteiten op de Rursee, het grootste stuwmeer van de Eifel. De stad is ook een van de toegangspoorten van Nationalpark Eifel. Net buiten het stadje ligt het interessante **Wasser-Info-Zentrum** dat informeert over de werking van stuwmeren en -dammen.

Nationalpark Poort Heimbach

An der Laag 4-6, tel. 02 44 68 05 79 14, www.nationalpark-eifel.de
Vanaf deze 'Poort' kunt u de oerwouden van morgen ontdekken: hier leven wilde katten en zwarte ooievaars. Er zijn mooie uitzichten over de stuwmeren, en wandelingen, zoals de **Wildernis-Trail**, door onbeheerde natuur. Ook kunt u vanaf hier met een boot een tocht maken over de Rursee en u bij **Vogelsang** (zie **Op ontdekkingsreis** blz. 136) of de stuwdam laten afzetten.

Informatie

Rureifel-Tourismus

An der Laag 4, D-52396, tel. 02 44 68 95 790, info@rureifel-tourismus.de, www.rureifel-tourismus.de

Monschau ▶ A 4

Het beroemdste stadje van de Eifel. In het seizoen lopen hier drommen Nederlanders over straat. Of u het leuk vindt of niet, al deze mensen hebben een goede reden om dit bloemenstadje te bezoeken. De oude vakwerkhuizen hangen boven de rivier met rode geraniums aan de ramen, mooie patriciërswoningen staan trots in de straten, en er wordt op traditionele wijze glas geblazen, mosterd gemaakt en bier gebrouwen. Wacht tot de meeste mensen, aan het einde van de middag weer zijn vertrokken en geniet van de rust van het stadje. De bezoekers die blijven, zijn wandelaars die in de directe omgeving gaan lopen of de 300 km lange **Eifelsteig** wandelen die door Monschau loopt: www.eifelsteig.de.

Rotes Haus

Laufenstraße 10, tel. 24 72 50 71, apr.-nov. 10, 11, 12, 14, 15, 16 uur, entree € 3
De 18e-eeuwse stijlkamers en het bewerkte houten trappenhuis tonen de rijkdom van de lakenfabrikant die het huis liet bouwen.

Erlebnismuseum Lernort Natur

Burgau 15, tel. 02 47 29 87 75 30, info @erlebnismuseum-lernort-natur.de, www.erlibnismuseum-lernort-natur. de, apr.-okt. dag. 10-18, nov.-mrt. di.-zo. 10-18 uur, entree € 4,50
Imkers, boswachters en mierenmelkers vertellen het verhaal van de omgeving en de natuur. Voor kinderen zijn er afwisselende activiteiten.

Overnachten en eten

Klassiek – **Hotel Horchem:** Rurstraße 14, tel. 02 47 28 05 80, info@horchem. com, www.horchem.com, 2-pk € 110. In historisch huis gevestigd hotel met klassiek ingerichte kamers, gastronomisch restaurant en gezellige bar.
Mooiste uitzicht – **Hubertusklause:** Bergstraße 45, tel. 02 47 28 03 650, welcome@hubertusklause-monschau. de, www.hubertusklause-monschau.de, 2-pk € 90. Aan de rand van het dorp met comfortabele kamers en fijn restaurant. Het uitzicht over het dal is fenomenaal.

Winkelen

Mosterd – **Senfmühle:** Laufenstr. 118, tel: 02 47 22 245, info@senfmuehle.de, www.senfmuehle.de. Hier wordt op ambachtelijke wijze mosterd gemaakt. U kunt zelf het proces volgens tijdens een rondleiding of mosterd kopen in het winkeltje ernaast. In het restaurant worden mosterdgerechten geserveerd: Schabuleum, tel. 02 47 29 09 840.
Bier – **Felsenkeller-Brauhaus:** St.-Vither-Straße 2-8, tel. 02 47 23 01 872, info@brauerei-museum.de, www. brauerei-museum.de. In de uit leisteen uitgehouwen kelders wordt weer bier gebrouwen. U kunt er ook terecht voor een goede schnitzel.

Informatie

Monschau Touristik

Stadtstraße 16, D-52156, tel. 02 47 28 04 80, touristik@monschau.de, www. monschau.de.

Vervoer

Er rijden slechts bussen naar Monschau, vanuit Aken, maar ook direct vanuit Nederland. ▷ blz. 138

Vogelsang – resten van de Tweede Wereldoorlog

Rondom de Rursee ligt het National-park Eifel: een 110 km² groot natuur-gebied met als kern de Urfttalsperre. Maar naast natuur ligt er in dit park een bijzonder cultureel erfgoed: het nazi-opleidingscentrum Vogelsang.

Kaart: ▶ A 4
Duur: 3 uur.
Start: parkeerplaats Vogelsang

Nazi-Duitsland

De overname van de macht door de nazi's in Duitsland in de jaren 30 had grote consequenties voor alle lagen van de samenleving. De nazi's bepaal-den vanaf dat moment niet alleen het openbare leven, maar ook het leven binnenshuis en zelfs het gedachtegoed van de Duitse burger. De nationaalsoci-alistische ideologie wilde een 'nieuwe' mens vormen die het Duizendjarig Rijk zou gaan besturen. Wie niet in dit ide-aalbeeld paste, zoals mensen met een beperking, homoseksuelen, zigeuners en Joden, werden eerst buiten de maat-schappij geplaatst en later 'entlöst'. De mensen die wél in het beeld pasten, moesten worden gevormd tot de ideale mens. Hiervoor werden verschillende organisaties opgezet, waarvan de bekende Hitlerjugend er een was.

Elitair opleidingskamp

Voor de absolute elite, de **Orden Junkers** – verwijzend naar de Duitse Orde en het roemruchte middeleeuwse verleden van Duitsland – werden in het hele land opleidingscentra gebouwd. Deze geselecteerden moesten voldoen aan de fysieke en raciale eisen van de nazi's: rond de 25 jaar oud, werkervaring binnen de partij, perfecte gezondheid en bewezen arische afkomst.

Deze jongeren moesten het partijkader van de toekomst gaan vormen, de nieuwe 'Führers'. Een van deze opleidingscentra lag in de Eifel. In de jaren 1934 tot 1936 werd voortvarend begonnen met de bouw van de '**NS-Ordensburg Vogelsang**': op een kunstmatige heuvel werd in twee jaar tijd 100 ha groot middeleeuws lijkend complex gebouwd, met torens, wallen en muren. Vanaf de heuvel keken de Junkers uit over het 'ideale' Duitse landschap.

Op de 'burcht'

Op een afstand lijkt u een middeleeuwse burcht te zien, maar in werkelijkheid is het een, voor die tijd, hypermodern utiliteitsgebouw, uit gewapend beton. De hoge wachttorren werd bijvoorbeeld als watertoren gebruikt. Lopend over het terrein ziet u duidelijk de opzet als internaat en nog later als oefenplaats voor Engelse en later Belgische troepen.

In 2005 is het complex teruggegeven aan de Bondsrepubliek en sindsdien is het een herdenkingsplaats voor het fanatisme en de terreur van het naziregime.

Lopend door het enigszins sombere complex kunt u de (grootheids)waanzin van die tijd voelen. Er is nu een interessant informatiecentrum gebouwd (wordt eind 2015 geopend) dat niet alleen vertelt over historische gebeurtenissen ten tijde van de nazi's, maar ook ethische vragen stelt in een breder perspectief. Er is een 2 km lange wandelroute uitgezet dat naar de Burgschänke leidt en een inkijkje geeft in en een uitzicht over het centrale monumentale deel rondom de Adlerhof.

Internationaler Platz für NS-Geschichte, Kultur, Bildung und Natur: D-53937 Schleiden, tel. 02 44 49 15 790, info@vogelsang-ip.de, www.vogelsang-ip.de, dag. 10-17 uur, entree € 5

Bad Münstereifel ▶ B 4

Middeleeuwse charme gecombineerd met moderne wellnesscultuur, dat is Bad Münstereifel. Tussen de 13e en einde 17e eeuw speelde de stad een rol in de lucratieve lakenhandel. Hieraan herinneren intact gebleven 14e-eeuwse stadsmuren: vier poorten en achttien torens verdedigen het centrum met zijn 11e-eeuwse romaanse basiliek, met bijzondere gotische muurschilderingen en diverse middeleeuwse stadshuizen, zoals het Romanische Haus uit 1167 en het rode Rathaus uit de 15e eeuw. In de 19e eeuw streek Sebastian Kneipp hier neer en startte de eerste hydrotherapie.

Informatie

Kurverwaltung

Kölner Straße 13, D-53902, tel. 02 25 35 42 244, touristinfo@bad-muenstereifel. de, www.bad-muenstereifel.de.

Ahrtal

De rivier de Ahr stroomt in hoog tempo van Blankenstein naar Kripp waar hij uitmondt in de Rijn. Tussen de aan de zuidzijde beboste heuvels en aan de noordkant begroeide stijle hellingen met wijnranken ligt een van de beroemdste fietspaden van Duitsland, de Ahrtal-Radweg. Dit is landschap uit een plaatjesboek, met mooie kastelen, romantische vakwerkstadjes en bijzondere rode wijnen.

Informatie

Ahrtal-Tourismus

Hauptstraße 80, D-53474, tel. 02 64 19 17 10, info@ahrtaltourismus.de, www. ahrtaltourismus.de.

Bad Neuenahr-Ahrweiler ▶ B 4

Het middeleeuwse Ahrweiler heeft een groot deel van zijn stadmuren behouden, met poorten, wallen en torens. Door de mooie Marktplatz met vakwerkhuizen, de 14e eeuws gotische hallenkerk en de synagoge uit 1894 zou dit stadje al een attractie zijn, maar de reden dat mensen hier komen is vanwege de heilzame bronnen in Bad Neuenahr. Het 19e-eeuwse Ahr-resort is een droom voor wellnessliefhebbers.

Overnachten en eten

Kuren – **Steigenberger Hotel Bad Neuenahr**: Kurgartenstraße 1, tel. 02 64 19 410, www.steigenberger.com, 2-pk € 148. Grote luxe met eigen thermen, zeer goed aangeschreven restaurant.
Familiaal – **Rodderhof**: Oberhutstraße 48, Ahrweiler, tel. 02 64 13 990, www. rodderhof.de, 2-pk € 115. Knus familiehotel in het oude centrum met huiselijke sfeer en gezellig restaurant.

Actief

Wandelen – **Rotweinwanderweg**: www.rotweinwanderweg.de. Het traject tussen Altenahr en Ahrweiler is het mooiste en in vijf uur te wandelen. Onderweg krijgt u de mooiste uitzichten voorgeschoteld, zoals bij het uitzichtpaviljoen bij **Altenahr** en u kunt overal wijn proeven.
Fietsen – **Ahrtal-Radweg**: www.ahr weg.de. Vanaf Blankenberg, de bron van de Ahr tot aan de Rijn daalt u in 77 km bijna 500 m. Het is een mooie route die meestal direct langs de rivier loopt. Met de trein, de **Ahrtalbahn**, kunt u weer gemakkelijk terugkomen.

Vulkaneifel, Moezel en Saar

Vulkaneifel

De Hoch- of Vulkaneifel is een van de spannendste regio's in het Eifelgebergte. Hier ligt de **Hohe Acht**, de hoogste heuvel van de Eifel, en tegelijkertijd het diepste meer, de enige **natriumsulfaatbronnen** van Duitsland met de bijbehorende kuuroorden, de grootste burcht van de Eifel en natuurlijk het beroemde racecircuit, de **Nürburgring**. De hoofdattractie blijft toch het ongelooflijke vulkaanlandschap en de **Maare** (maren) rondom het stadje **Daun**, die tienduizenden jaren geleden zijn ontstaan. De mooiste en toegankelijkste maren zijn: **Gemündener Maar**, **Schalkenmehrener Maar**, geliefd onder sportvissers en kinderen, en de **Pulvermaar**, met 75 m de diepste maar. Er lopen verschillende wandelen fietsroutes door het gebied langs de maren en er is een goed documentatiecentrum over het ontstaan van het landschap (www.vulkanpark.com).

Kloster Maria Laach
D-56653, tel. 02 65 29 350, kloster forum@maria-laach.de, www.maria-laach.de, di.-za. 10-17, zo., ma. 13-17 uur, gratis entree
Aan de Laacher See, helemaal in het oosten van de Vulkaneifel, richtte paltsgraaf Heinrich II in 1093 het benedictijnenklooster Maria Laach op dat zich in de volgende eeuwen tot een belangrijk kenniscentrum ontwikkelde. De romaanse basiliek kan als voorbeeld van kerkenbouw rond het jaar 1000 worden gezien met zijn verhoogde middenschip en de naar het westen – als symbool voor de zonsondergang en de dood – gerichte ingang met voorhal en atrium. De halfronde apsis waar het 13e-eeuwse hoogaltaar met baldakijn staat, is naar het oosten gericht als symbool voor de wederopstanding. De prachtige bibliotheek wordt nog steeds door de zeventig monniken gebruikt. Er is een kleine uitgeverij en boekwinkel.

Burg Eltz
D-56294 Wierschem, tel. 02 67 29 50 500, burg@eltz.de, www.burg-eltz.de, apr.-nov. dag. 9.30-17.30 uur, entree € 9
Hoog boven het schilderachtige dal van het riviertje de Eltz ligt Burg Eltz. Deze prachtig geconserveerde middeleeuwse burcht uit de 12e eeuw lijkt zo uit een avonturenroman te komen. Het bijzondere aan deze burcht is dat hij in al die eeuwen nooit is verwoest en zelfs nog steeds in handen is van dezelfde familie. De kamers zijn ingericht, de tafels gedekt en bedden opgemaakt, alsof er zo iemand aan komen wonen. Eigenlijk is dat ook wel zo want de graven van Eltz verblijven hier enkele keren per jaar.

Overnachten en eten

Uitzicht – **Panorama:** Rosenbergstraße 26, D-54550, Daun, tel. 06 59 29 340, info@hotelpanorama.de, www.hotelpanorama.de, 2-pk € 118. Met mooi uitzicht over het stadje Daun en wellnessfaciliteiten, inclusief eifelzouten. Vanwege de aantrekkelijke arrangementen is dit een betaalbaar alternatief voor een kuurhotel. Het restaurant serveert creatieve regionale gerechten.
Bij de maar – **Landgasthof Michels:** St.-Martin-Straße 9, D-54552 Schalkenmehren, tel. 06 59 29 280, www.landgasthof-michels.de, 2-pk € 138. Fijn hotel, vlak bij de maar, met eigen zwembad en mooie tuin. Het restaurant heeft een goede regionale keuken.

Actief

Fietsen – **Maare-Mosel-Radweg:** zie Op ontdekkingsreis blz. 142.

Rijden – **Deutsche Vulkanstraße:** www.deutsche-vulkanstrasse.com. Deze 280 km lange autoroute kan het best in twee etappes worden gereden. U komt langs alle belangrijkste attracties, musea en natuurgebieden. Ideaal voor het ontdekken van de omgeving.

Vliegen – **www.flugplatz-daun.de:** iets buiten Daun kunt u rondvluchten boven het bijzondere vulkaanlandschap maken in een vierpersoonsvlieg-

Tip

Racen op de Nürburgring

Gebouwd als een werkloosheidsproject in de jaren 30 is dit racecircuit uitgegroeid tot de beroemdste Formule 1-baan ter wereld. Tegenwoordig rijdt de Formule 1 niet meer in Duitsland maar andere autoraces worden geregeld gereden. Bovendien is de Nürburgring nog steeds een belangrijke testbaan voor nieuwe (sport)auto's. Én voor € 27 per rondje kunt u de baan zelf testen: www.nuerburgring.de.

tuig (vanaf € 36 p.p.) of als door passagier mee te gaan in een zweefvliegtuig (vanaf € 55). Een bijzondere ervaring!

Info en festiviteiten

Natur und Geopark Vulkaneifel

Mainzer Straße 25, D-54550 Daun, tel. 06 59 29 33 203, geopark@vulkaneifel. de, www.vulkaneifel.de.

Festiviteiten

In het laatste weekend van augustus vinden verschillende **riddertoernooien** plaats bij burchten in de omgeving. Spannend met paarden, ridders en natuurlijk schone jonkvrouwen.

Vervoer

Trein: IC's tussen Trier en Koblenz langs de Moezel. Bij het (voormalige) station in Daun is nu de bushalte en hier beginnen verschillende fietsroutes.

Moezeldal

Wie aan de Moezel denkt, denkt aan wijn. En misschien wel niet aan de beste wijn. 'Moezelwijntjes' zijn niet meer alleen donkergeel en zoet. Nieuwe wijnmakers hebben het roer omgegooid (zie **Essay** blz. 44) maar het dal van de Moezel is nagenoeg ongewijzigd mooi gebleven: kronkelend tussen de wijnranken, schilderachtige stadjes met vakwerkhuizen en hier en daar op een rots een oude burcht. Tussen Trier en Koblenz ligt het mooiste deel van het Moezeldal.

Trier ▶ A 6

Hier voelt u tweeduizend jaar geschiedenis: van de hoofdstad van het westelijk deel van het Romeinse Rijk, via heilige stad in de middeleeuwen tot fel bestreden grensstad tussen Duitsland en Frankrijk in de 19e eeuw. In 16 v.Chr. werd de stad **Augusta Treverorum** door keizer Augustus gesticht. Al in de 3e eeuw n.Chr. werd Treveris een bisschopsstad en na de invallen van de Germanen volgde onder keizer **Constantijn** een nieuwe bloeiperiode die duurde tot de tijd van de Noormannen. Zij verwoestten in 882 bijna de gehele stad, maar al anderhalve eeuw later kreeg Trier het marktrecht en ontwikkelde zich in de middeleeuwen tot een **civitas sancta** met verschillende kloosters en kerken. De groei van de stad werd kort onderbroken door de Dertigjarige Oorlog, maar de bloei zette door, zelfs onder Frans bewind. Sinds 1986 zijn de Romeinse overblijfselen en de dom UNESCO Werelderfgoed.

Romeinse resten

Porta Nigra, Amphitheater, Viehmarkt Thermen: www.trier-info.de, apr.-sept. dag. 9-18, okt., mrt. 9-17, nov.-feb. 9-16 uur, entree € 3
Konstantin Basilika, Konstantinplatz, www.trier-info.de, apr.-okt. ma.-za. 10-18, zo. 13-16, nov.-mrt. ma.-za. 10-12, 14-16, zo. 13-16 uur, gratis entree

Door de gehele stad kunt u overblijfselen van de Romeinen vinden. Allereerst de **Porta Nigra** (180 n.Chr.), de toegang tot de stad in de Oudheid. Als u door het stadscentrum loopt, kunt u de dom niet missen. Deze werd in 330 gebouwd op de plek waar het paleis van keizer Constantijn stond en was de eerste christelijke kerk in de Oudheid. Die kerk was ongeveer vier keer zo groot als de huidige dom en besloeg een enorm oppervlakte. Iets verder komt u bij de **Konstantin Basilika**, de **Aula Palatina** (310 n.Chr.), gebouwd als troonzaal voor de keizers van het westelijk deel van het Romeinse Rijk. Nog steeds maken de afmetingen van de basiliek grote indruk.

Via de paleistuinen komt u eerst bij de **Kaiserthermen** uit de 4e eeuw waarvan onder meer het **Caldarium** nog staat, en vervolgens bij het **Amphitheater** (100 n.Chr.) dat tot de 5e eeuw werd gebruikt en nu wordt benut voor historische evenementen. Teruglopend richting de Moezel passeert u twee thermen tot u bij de **Römerbrücke** bent. Vijf van de zeven pijlers van de brug stammen uit de Oudheid en zijn na tweeduizend jaar nog steeds opgewassen tegen het geweld van het 21e-eeuwse verkeer.

Dom St. Peter

Domfreihof, tel. 06 51 97 90 790, www.trier-info.de, apr.-okt. 6.30-18, nov.-mrt. 6.30-17.30, entree € 4,50

De huidige romaanse dom stamt voor het grootste deel uit de 11e eeuw. Gebouwd op Romeinse funderingen – sommige Romeinse muren staan nog tot 24 m hoog – was het enorme gebouw van binnen een donker en mysterieus geheel totdat het licht van de gotiek in de 16e eeuw naar binnen kwam schijnen. De dom werd aanzienlijk uitgebreid en door nieuwe dakconstructies waren grotere ramen mogelijk. Een van de bijzonderheden van de dom is de relikwie van het 'heilige gewaad'. In de 4e eeuw n.Chr. zou Helena, de moeder van keizer Constantijn, de tuniek van Jezus naar Trier hebben meegenomen. In 2012 kwamen nog 700.000 gelovigen dit bijzondere kleed bewonderen.

Overnachten en eten

Keurig – **Friedrich Hotels:** Porta-Nigra-Platz 6, tel. 06 51 97 70 100/200, rezeption@friedrich-hotels.de, www.friedrich-hotels.de, 2-pk € 116. **Römischer Kaiser** en **Altstadt Hotel** worden bestierd door Friedrich Hotels. Beide degelijk en comfortabel, in het centrum en met goed restaurant. ▷ blz. 144

Fietstocht van Maar naar Moezel

Een fietstocht dwars door het bijzondere landschap van de Vulkaneifel, langs maren en kastelen, tot in het dal van Moezel. Maar wat écht bijzonder is aan deze fietsroute: hij loopt over een oude spoorlijn! U fietst over spoorbruggen, door tunnels en vanwege het wordt de route nooit steil of ingewikkeld.

Kaart: ▶ B 5
Lengte: 58 km.
Start: treinstation (D-54550 Daun).

De ogen van de Eifel

De fietsroute loopt door het verstilde landschap van de **Vulkaneifel** met hoogvlakten, diepe dalen en natuurlijk de ronde kegels van de maren (Maare). De maren zijn ontstaan doordat de lava in de vulkaankegels in contact kwam met water waardoor grote gaserupties werden veroorzaakt. Hoewel de oudste maar wordt geschat op 44 miljoen jaar, zijn de meeste kergelronde meren ongeveer tussen 30.000 en 12.500 jaar geleden ontstaan. Veel maren werden gevuld met zand of verdwenen, sommige, omdat de noodzakelijk waterafvoer ontbrak, vulden zich met water.

De route

Al snel na aanvang van de route bij het treinstation komt u bij een van de hoogtepunten van de **Maare-Mosel-Radweg**: een 103 m lang viaduct uit 1909. De route volgend komt u bij de maren bij Daun: iets van de route af ligt de **Gemünder Maar** waar u vrij kunt zwemmen en verderop de **Dauner Maar**, een van de grootste van het gebied. Vervolgens fietst u een meer dan 500 m lange tunnel in, de **Große Schlitzohr**, om uit te komen bij de **Weinfelder Maar**, de **Totenmaar**.

Klokkengieterij

Bij het natuurgebied Sangweiher kunt u van de route afwijken en de bordjes volgen naar **Brockscheid**. Op 7 km van het tracé ligt dit mooie stadje met de beroemde vierhonderd jaar oude Eifelse klokkengieterij. Hier kunt u zien hoe met behoud van traditie en oude technieken nog steeds klokken worden gegoten. Vanaf **Brockscheid** volgt u de bordjes Holzmaar om weer op de route terug te komen.

Vulkanhaus

Terug op de route ligt nét buiten de route, bij Gillenfeld, de 75 m diepe **Pulvermaar**. Dit is een goede stop om even uit te rusten. Bij het haventje liggen cafeetjes en terrasjes. Wilt u meer weten over het vulkaanlandschap, dan kunt u iets na Gillenfeld de afslag Strohn nemen en stoppen bij het educatief centrum **Vulkanhaus** (www.vulkanhaus-strohn.de).

Manderscheid

Het volgende stadje dat u tegenkomt, maar nét buiten de route ligt, is Manderscheid. Na een korte steile klim, worden uw inspanningen beloond met twee stoere kasteelruïnes, de **Oberburg** en de **Niederburg**. Hier schijnt het te spoken, en in het seizoen worden er riddertoernooien georganiseerd. Het mooie Manderscheid is een gezellig stadje met leuke restaurants.

Wittlich

Vanaf Manderscheid fietst u door tunnels en over mooie viaducten met zeer afwisselend landschap met mooie uitzichten. Op 35 km van Daun ligt het mooie stadje Wittlich. Hier eindigt het vulkaanlandschap en begint het wijngebied van de Moezel. Ieder jaar is hier een bijzondere kermis, die de verwoesting van Wittlich in de 14e eeuw herdenkt. Verder is er een mooie Pfarrkirche en zit een er aardig museum in het voormalige raadhuis van de stad. Een mooie plek voor een overnachting.

Hotel Vulcano Lindenhof: Am Mundwald 5, Wittlich, tel. 06 57 16 92 0, www.lindenhofwittlich.de.

Moezel

Verder door het Wittlicher Tal, het centrum van de Duitse tabaksbouw, rijdt u het dal van de rivier de Lieser in en wordt u omringd door glooiende wijngaarden. Nu komt u steeds dichter bij de Moezel. Bij **Lieser** zelf komt de route samen met de Moser-Radweg die u naar Bernkastel-Kues brengt.

RegioRadler: deze fietsbus kan 22 fietsen meenemen en rijdt van Bernkastel naar Daun. Reserveren: tel. 06 57 14 086.

Allerleukste – Weinstube Kesselstatt: Liebfrauenstraße 10, tel. 06 51 41 178, info@weinstube-kesselstatt.de, www. weinstube-kesselstatt.de. Hartje centrum ligt deze fantastische oude wijnbar. De aardige bediening wil je graag helpen de juiste wijn te kiezen en op het menu staan regionale gerechten als *Winzervesper*. In de keldergewelven worden wijnproeverijen gehouden.

Aan de Moezel – Zulaubener Ufer: in deze voormalige visserswijk liggen nu restaurantjes en terrassen zij aan zij langs de rivier. Prettig zijn onder meer de **Alt Zwalawen** (www.altzawalen. de) en de **Ente in Zurlauben** (www. zurlauben-trier.de).

Actief

Gladiator voor één dag – www. gladiatoren-schule.de: in juni en september kunt u (vanaf 12 jaar) meelopen met de 'gladiatorschool', verkleed als gladiator in het antieke amfitheater.

Fietsen – Mosel Radweg: Trier is een goede plek om deze fietsroute langs de Moezel te beginnen. Voor meer informatie: www.mosellandtouristik.de.

Romeinen – www.strassen-der-roemer.eu: in het gebied hebben Romeinen hun sporen achtergelaten. Er zijn allerlei activiteiten met dit thema, zoals wandelen over Romeinse wegen.

Informatie

Tourist Information

An der Porta, D-54290, tel. 06 51 97 80 80, info@trier-info.de, www.trier-info.de.

Vervoer

Trein: ICE/IC naar Koblenz, de Eifel-spoorlijn naar Keulen en aansluitingen met Saarbrücken en Luxemburg.

Neumagen ▶ B 6

Rond vierhonderd n.Chr. lag hier een Romeins fort om de handel over de Moezel en de belangrijke verkeersader tussen Bingen en Trier te beschermen. Hier zijn resten opgegraven van hoog-ontwikkelde wijnbouw. De Romeinen wisten wel waar zich te vestigen, want uit de omgeving van Neumagen komt nog steeds de beste moezelwijn. U kunt met een replica van een Romeins wijn-schip een riviertochtje maken.

Informatie

Tourist Information

Hinterburg 8a, D-54347, tel. 06 50 76 555, info@neumagen-dhron.de, www. neumagen-dhron.de.

Bernkastel-Kues ▶ B 5

In een flauwe bocht van de Moezel ligt dit idyllische stadje. Bernkastel is een goede plek om de omgeving te verkennen: rondvaartboten vertrekken naar alle richtingen en verschillende fiets-routes beginnen/eindigen hier. Het romantische plaatsje met vakwerkhuizen en kasteelachtige wijnhuizen heeft een mooi renaissanceraadhuis en barokke kerk. Rondom de Marktplatz speelt het – gastronomische – leven zich af. Aan de overkant van de rivier liggen de voormalige kloostergebouwen. Hierin is nu het **Weinkulturelle Zentrum** gevestigd (www.moselweinmuseum.de).

Informatie

Tourist Information

Gestade 6, D-54470, tel. 06 53 15 01 90, info@bernkastel.de, www. bernkastel.de.

Cochem ▶ B 5

Het eerste dat u opvalt als u bij Cochem aankomt, is de enorme burcht die net iet buiten de stad ligt. Het slot heeft een hoog Disneygehalte en in werkelijkheid is dat ook zo want hij is in zijn huidige vorm pas in 1877 gebouwd. Desalniettemin ziet het er fantastisch uit en hij is ook nog te bezichtingen (www. burg-cochem.de). Het plaatsje zelf, mooi tegen de heuvel, is een voorbeeldstad met vakwerkhuizen, trappetjes, winkeltjes, een mooi 17e-eeuws klooster en gezellige restaurants.

Wat u niet mag missen is het **Pinnerkreuz**. Vanaf hier hebt u het mooiste uitzicht over de Moezel en er gaat een kabelbaan die u helemaal naar boven brengt. Terug kunt u wandelen via het interessante **Wild- und Freizeitpark Klotten** met wilde dieren en verschillende leuke attracties voor kinderen (www.klotti.de).

Informatie

Tourist Information

Endertplatz 1, D-56812, tel. 02 67 16 00 40, info@ferienland-cochem.de, www. ferienland-cochem.de.

Koblenz ▶ C 5

Confluentes, samenvloeiing van Rijn en Moezel, daar komt de naam van de stad vandaan en door deze locatie heeft het in de geschiedenis ook zo'n belangrijke rol gespeeld. Romeinse resten zijn nog te vinden in, bijvoorbeeld, het **Alte Schloss**. Door de millennia heen zijn hier verstrekkende beslissingen genomen: van het opsplitsen van het Frankische Rijk in 842, tot de samenvoeging van de bezettingszones in 1948, waarbij de facto de Bondsrepubliek ontstond. Vanwege deze ligging had Koblenz altijd al formidabele versterkingen en

Toeristenboten op de Moezel bij Bernkastel-Kues

Koblenz

Bezienswaardigheden
1 Festung Ehrenbreitstein
2 Landesmuseum
3 Rhein-Museum
4 Keiser Wilhelm Denkmal
5 Ludwig Museum
6 Basilika St. Kastor
7 Wirtshaus Deutscher
   Kaiser

8 Münzplatz
9 Alte Burg
10 Kurfürstliches Schloss

Overnachten
1 Kornpforte
2 Jugendherberge Festung
   Ehrenbreitstein

Eten en drinken
1 Dormont's
2 Pfefferminzje
3 Altes Brauhaus
4 Winninger Weinstuben

Uitgaan
1 Café Hahn

tot de komst van Napoleon was de stad, ook in de Dertigjarige Oorlog , nooit ingenomen.

Al in de Eerste Wereldoorlog werd Koblenz getroffen door luchtaanvallen maar die hadden niet het verwoestende effect van de bombardementen in 1944, waarbij 87% van de stad verloren ging. Gevechten tussen Amerikaanse troepen en terugtrekkende Wehrmacht deden in 1945 de rest. Na de oorlog is de Altstadt zo authentiek mogelijk herouwd waardoor u niet snel zult vermoeden dat eigenlijk alles slechts minder dan zeventig jaar oud is. Het is dan ook jammer dat de meeste Nederlanders Koblenz overslaan tijdens hun vakantie in of reis door Duitsland.

Festung Ehrenbreitstein **1**

www.festungehrenbreitstein.de, binnen de vesting: apr.-okt. dag. 10-18, nov.-mrt. dag. 10-17, horeca en terrein: dag. 10-24 uur

Rond het jaar 1000 lag hier de burcht van ene **Erenbert** en op dezelfde plaats bouwden de opeenvolgende machthebbers telkens grotere en nieuwe burchten. In de loop van de tijd bleek het een bijna onmogelijk in te nemen plek te zijn en een belangrijke schakel in de zo belangrijke burchtenreeks langs de Rijn. (zie **Op ontdekkingsreis** blz. 152). Met de toewijzing van het Rijnland – en Koblenz – na het Weens Congres in 1815 aan Pruisen, besloot het nieuwe koninkrijk in 1817 een nieuwe vesting te bouwen. Dit zou de grootste vesting van Europa worden. Vanaf de kazematten en muren is het uitzicht op Koblenz fantastisch en u begrijpt ook meteen het belang van dit fort. Ehrenbreitstein is mede te bereiken met de BUGA, de kabelbaan (dag. 9.30-17.30 uur, € 9 retour).

Landesmuseum **2**

Festung Ehrenbreitstein, tel. 02 61 66 750, landesmuseum-koblenz@ gdke.rlp.de, www.landesmuseum-koblenz.de, apr.-okt. dag. 10-18, nov.-mrt. za., zo. 10-17 uur, entree € 6

In Festung Ehrenbreitstien ligt dit educatieve museum. Het Landesmuseum Koblenz vertelt over archeologie en de geschiedenis van Rheinland-Pfalz en over wijnbouw in de gehele regio.

Rhein-Museum **3**

Charlottenstraße 53-a, tel. 02 61 70 34 50, info@rhein-museum.de, www. rhein-museum.de, dag. 10-17 uur, entree € 11

Een museum over de Rijn: van de Neanderthalers tot Rijnromantiek en de ontwikkeling van de Rijnvaart. Hier speelt de rivier de Rijn de hoofdrol.

Kaiser Wilhelm Denkmal **4**

Deutsches Eck

De scherpe punt die zo karakteristiek voor Koblenz is, de **Deutsche Eck,** wordt bekroond door een massief standbeeld van keizer Wilhelm I. Dit Kaiser-Wilhelm-Denkmal werd in 1897 opgericht als monument voor de Duitse eenwording in 1871. In 1945 haalden de Amerikanen de keizer van zijn sokkel, maar na de – tweede – eenwording van Duitsland, in 1990, verlangden steeds meer mensen de terugkeer van het 64 ton zware bronzen beeld. En sinds 1993 tuurt de keizer weer de loop van de Rijn af en dient het voor de tweede maal als symbool van nationale eenheid.

Ludwig Museum **5**

Danziger Freiheit 1, tel. 02 61 30 40 412, info@ludwigmuseum.org, www. ludwigmuseum.org, di.-za. 10.30-17, zo. 11-18 uur, entree € 5

Het **Deutschherrenhaus** werd al in 1216 opgericht door de Duitse Orde, die ook de naam Deutsches Eck bedacht. Nu herbergt dit eerbiedwaardige gebouw de collectie van het echtpaar Ludwig. De kern van hun verzameling ligt bij Duitse en Franse kunst uit de 20e eeuw, met grote namen als Picasso en Dubuffet. In de **Blumenhof,** staat de sculpturenverzameling van het museum.

Basilika St. Kastor **6**

Kastorhof 4, www.sankt-kastor-koblenz.de, ma.-zo. 9-18 uur

In 842 verdeelden de kleinzonen van Karel de Grote in deze basiliek zijn rijk. De kerk zag er toen alleen heel anders uit: rond 1500 ontstond het huidige laatgotische uiterlijk.

Wirtshaus Deutscher Kaiser **7**

Kastorstraße 3, tel. 26 19 14 81 420 www.deutscherkaiser.net

De Deutsche Kaiser ligt mooi aan de oever van de Moezel waar vroeger de stadsmuur liep. Deze enig overgebleven versterkte woontoren van Koblenz uit de 15e eeuw is nu een restaurant.

Münzplatz 8

Rondom het voetgangersgebied bij de Münzplatz liggen prachtige historische gebouwen, zoals de **Liebfraukirche**, op 5e-eeuwse fundamenten, en het geboortehuis van Fürst **Metternich**, de briljante staatsman die verantwoordelijk was voor de herinrichting van Europa na 1815.

Alte Burg 9

Burgstraße 1, tel. 02 61 12 92 641

De Romeinen bouwden al in de 4e eeuw n.Chr. een machtige burcht aan de Münzplatz. In de 13e eeuw bouwden de bisschoppen van Trier de Alte Burg, direct aan de Moezel, dat zij tot in de 17e eeuw bewoonden.

Kurfürstliches Schloss 10

Neustadt 30

Dit enorme slot is een van de laatste residenties gebouwd in de Franse classicistische stijl. De prachtige tuinen aan de Rijnoever zijn vrij toegankelijk en vormen een oase van rust in de stad.

Overnachten

Ouderwetse kwaliteit – **Kornpforte** 1: Kornpfortstraße 11, tel. 02 61 31 174, info@hotel-kornpforte.de, www.hotel-kornpforte.de, 2-pk € 98. Eenvoudig hotel met leuke *Weinstube* en degelijke Duitse menukaart.

Op het fort – **Jugendherberge Festung Ehrenbreitstein** 2: tel. 02 61 97 28 70, koblenz@diejugendherbergen.de, www.diejugendherbergen.de, € 22,50 p.p. Goede familiekamers, eenvoudig restaurant, maar het mooiste uitzicht over de stad. En bijzonder vervoer van en naar Koblenz per kabelbaan.

Eten en drinken

Duitse Gemütlichkeit – **Dormont's** 1: Gemüsegasse 5, tel. 02 61 30 02 110, www.dormonts.de. Schnitzels en moezelwijnen in een gezellige omgeving met veel lokale Koblenzers.

Vega – **Pfefferminzje** 2: Mehlgasse 12, tel. 26 12 01 77 77, info@pfefferminzje.de, www.pfefferminzje.de. Bistro in mooi steegje in de Altstadt met alleen vegetarische en veganistische gerechten en biologische drankjes en wijn.

Königsbacher Bier – **Altes Brauhaus** 3: Braugasse 4, tel. 02 61 13 30 377, info@altesbrauhaus-koblenz.de, www.altesbrauhaus-koblenz.de. In brouwerij gezellig café met degelijke kost – speciale schnitzelkaart – en natuurlijk verschillende soorten bier. Regelmatig livemuziek en thema-avonden.

Eigen bier – **Winninger Weinstuben** 4: Rheinzollstrasse 2, tel: 02 61 38 707, weinstuben@t-online.de, www.winninger-weinstuben.de. Regionale keuken en uitgebreide wijnkaart met vooral heel fijn terras in het groen.

Uitgaan

Muziek – **Café Hahn** 1: Neustraße 15, tel. 02 61 42 302, info@cafehahn.de, www.cafehahn.de. Jazzclub en muziek- en cabaretpodium. Verzorgt tevens de horeca op Festung Ehrenbreitstein.

Informatie

Tourist Information

Zentralplatz 1, D-56068. tel. 02 61 19 433, touristinformation@koblenz-touristik.de, www.koblenz-touristik.de.

Vervoer

Trein: ICE/IC naar Keulen en Frankfurt, IC naar Trier.

Saarland

Het kleinste Bundesland van Duitsland ligt op de grens met Frankrijk en Luxemburg en hun invloeden zijn duidelijk te merken. In het westen stroomt de Saar, een zijrivier van de Moezel. Tussen de Saar en de Moezel zijn resten van prachtige Romeinse villa's opgegraven. In het zuidoosten beginnen de beboste heuvels van de Pfälzer Wald en de Hunsrück. In het midden ligt de barokke parel Saarbücken.

Nenning en Borg ▶ A 6

Deze kleine plaatsjes hebben grote bekendheid gekregen vanwege de Romeinse opgravingen. De mozaïekvloer in de feestzaal van de villa in Nenning is bijna ongeschonden gebleven en in Borg is het grote villacomplex volledig gereconstrueerd en tot een historisch park gemaakt (www.villa-borg.de).

Saarbrücken ▶ B 7

De hoofdstad van het Saarland heeft een enorme flair: vanaf de wekelijkse markt, tot het flaneren langs de Saar, alles lijkt gemoedelijk en met een Franse slag te verlopen. Men houdt hier van schoonheid en van lekker, heel lekker eten en dat merk je overal. Maar bovenal is Saarbrücken een van de mooiste baroksteden van Duitsland. Twee Nassau-vorsten hebben in de 18e eeuw het initiatief genomen en daarmee de twee oevers van de Saar in elk geval architectonisch bijeengebracht.

St. Johanner Markt 1

Stadtgalerie: St. Johanner Markt 24, tel. 06 81 90 51 842, stadtgalerie@ saarbruecken,de. www.stadtgalerie-saarbruecken.de, di.-vr. 12-18, za., zo. 11-18 uur, gratis entree

Dit plein lijkt een perfecte samenkomst van barokke huizen, winkels en cafés. Iets voorbij de fontein, komt u bij de

Het mooiste uitzicht over de Moezel ligt bij Cloef, dicht bij het plaatsje Mettlach

Saarbrücken

Bezienswaardigheden

1 St. Johanner Markt
2 Stadtgalerie
3 St. Johann
4 Moderne Galerie
5 Alte Brücke
6 Schloss
7 Alte Sammling
8 Schlosskirche

9 Historisches Museum
10 Friedenskirche
11 Ludwigskirche

Overnachten

1 Fuchs
2 Domicil Leidinger
3 Am Triller

Eten en drinken

1 Zum Stiefel
2 Gasthaus Zahm
3 Fürst Ludwig

Uitgaan

1 Garage
2 Home Cocktailbar

mooie binnenplaats van de **Stadtgalerie** 2 waar hedendaagse experimentele kunst tussen 18e-eeuwse muren wordt getoond. Om de hoek ligt de **Basilika St. Johann** 3. Deze barokke maar niet overdadige kerk is duidelijk gebouwd als plaats voor rust en bezinning.

Moderne Galerie 4

Bismarckstraße 11-15, tel. 06 81 99 64 234, service@saarlandmuseum.de, www.saarlandmuseum.de, di., do.- zo. 10-18, wo. 10-22 uur, entree € 5
Tot de vaste collectie van dit geweldige museum horen expressionistische werken van Franz Marc en impressionistische schilderijen van Claude Monet, maar ook sculpturen van Rodin.

Alte Brücke 5

Deze 15e-eeuwse brug is al verschillende malen verwoest, de laatste keer tijdens bombardementen in 1942 die vrijwel de hele stad verwoesten. Toch blijft het de symbolische brug tussen het 'nieuwe' burgerlijke Saarbrücken en het adellijke Alt-Saarbrücken.

Schlossplatz ☀

De gebouwen rondom de Schlossplatz vormen een prachtige eenheid. Zowel het **Schloss** 6, dat in 1989 een modern middenstuk heeft gekregen waarover meningen verschillen, het **Erbprinzenpalais**, de **Schlosskirche** 7, waarin nu religieuze kunst wordt tentoongesteld, als de beide musea zijn door **Friedrich-Joachim Stengel** ontworpen. Het slot zelf heeft een mooie terrastuin met uitzicht op de Saar en de binnenstad.

Alte Sammlung 8

Schlossplatz 16, tel. 06 81 95 40 50, service@saarlandmuseum.de, www. saarlandmuseum.de, di., do.-zo. 10-18, wo. 10-22 uur, entree € 5

Portretten, zilver, meubels en archeologische vondsten dragen allemaal bij om de bijzondere Saarlandse identiteit te verklaren en behouden.

Historisches Museum Saar 9

Schlossplatz 15, tel. 06 81 50 64 501, hms@hismus.de, www.hismus.de, di.-zo. 10-18 uur, entree € 5
De historische 'Alleingang' van het Saarland sinds 1871 gedocumenteerd.

Friedensplatz

Op de Friedensplatz woonden beambten en rijke burgers die dicht bij het hof wilden zitten. De **Friedenskirche** 10 en de **Ludwigskirche** 11 zijn beide barokkerken. Vaak wordt gezegd dat de Ludwigskirche de mooiste evangelische barokkerk van Duitsland is.

Overnachten

Top – **Domicil Leidinger** 1: Mainzer Straße 10, tel. 06 81 93 270, info@domicil-leidinger.de. www.domicil-leidinger.de, 2-pk € 130. Groot luxueus hotel met leuke koffiebar, goede bistro en fantastisch tweesterrenrestaurant.
Chic – **Fuchs** 2: Kappenstraße 12, tel. 06 81 95 91 101, info@hotelfuchs.de, www.hotelfuchs.de, 2-pk € 98 Romantisch boetiekhotel in de binnenstad.
Landelijk – **Am Triller** 3: Trillerweg 57, tel. 06 81 58 00 00, info@hotel-am-triller.de, www.hotel-am-triller.de, 2-pk € 119. Modern hotel net iets buiten de stad met zwembad en restaurant.

Eten en drinken

Authentiek – **Zum Stiefel** 1: Am Stiefel 2, tel. 06 81 93 64 50, derstiefel@t-online.de, www.stiefelgastronomie.de. Al negen genareties worden hier Saarlandse gerechten geserveerd.

Frans – **Gasthaus Zahm** 2: Saarstraße 6, tel. 06 81 95 91 317, kontakt@zahm1911.de, www.zahm1911.de. Goede bistro met een typerende Frans-Saarlandse menukaart.
Biergarten – **Fürst Ludwig** 3: Am Ludwigsplatz 13, tel. 06 81 52 573, info@fuerst-ludwig.de, www.fuerst-ludwig.de. Traditionele Biergarten met stevige kost onder mooie oude bomen.

Uitgaan

Thuis – **Home Cocktailbar** 1: Berliner Promenade 19, tel. 01 57 71 45 03 33, info@home-sb.de, www.home-sb.de. Jaren 70-sferen aan de Saar met uitzonderlijk goede cocktails.
Live – **Garage** 2: Bleichstraße 11-15, tel. 06 81 98 91 43, www.garage-sb.de. Populaire plek voor livemuziek en feesten.

Actief

Varen – Bij de Alte Brücke vertrekken rondvaartboten (www.saarbruecker-personenschiffahrt.de) maar om de Saar echt goed te ontdekken, kunt u ook zelf een boot huren in de Ost-Hafen.

Informatie

Saarbrücken

Rathaus St. Johann, D-66111, tel. 06 81 93 80 90, www.saarbruecken.de.

Saarland

Franz-Josef-Röderstraße 17, D-66119 Saarbrücken, tel. 06 81 93 80 90, info@tz-s.de, www.tourismus-saarland.de.

Vervoer

Trein: directe verbindingen met Metz, Straßburg en Parijs. IC's naar Mannheim, Frankfurt, Keulen, Düsseldorf.

Burchten en de Lorelei – een reisje langs de Rijn

Tussen Koblenz en Rüdesheim begint, zoals de Duitsers het liefdevol noemen, de romantische Mittelrhein. Tussen terrassen met wijnstokken, middeleeuwse kasteelruïnes en geromantiseerde, neogotische burchten, en natuurlijk de Lorelei, slingert de Rijn tussen steile rotsen. Dit bijzondere deel van het Rijndal is zo in 2002 tot UNESCO Werelderfgoed uitgeroepen.

Kaart: ▶ C 5
Duur: één dag .
Start: D-56112 Lahnstein (N42) of Festung Ehrenbreitstein (D-56007 Koblenz).

De romantische Mittelrhein

Natuurlijk is het Rijndal ontdekken het leukste per boot en de mogelijkheden zijn legio, zelfs helemaal vanuit Nederland. Maar dagtochtjes tussen Koblenz en Rüdesheim of Bingen kunnen eenvoudig geboekt worden. Als u niet zo thuis bent op het water, dan loopt er een mooie weg direct langs de Rijn. Het voordeel hiervan is dat u even kunt stoppen om een van de mooie stadjes of kastelen te bezichtigen. Onze route begint bij het gezellige Lahnstein. Als u deze burcht nog niet gezien hebt, kunt u beginnen met de grootste vesting van Europa, **Ehrenbreitstein** bij Koblenz te bezichtigen (zie blz. 147).

Marksburg

Langs dit deel van de Rijn liggen op slechts 70 km veertig kastelen. Sommige zijn een ruïne maar de meeste historiserend herbouwd. Enkele kilometers zuidelijk van Lahnstein, u volgt de N42, komt u al bij een van de grootste monumenten van dit gebied: de **Marksburg** . Deze burcht is niet gereconstrueerd, maar is de 13e-eeuwse burcht van de graven von Katzenelnbogen, waarvan onze koning nog de grafelijke titel draagt. De Marksburg is te bezichtigen en het terras van het bijbehorende restaurant heeft een spectaculair uitzicht op de Rijn en ook op het er recht tegenover gelegen **Schloss Stolzenfels** . Dit middeleeuws aandoende kasteel is een goed voorbeeld van de romantisering van de Midden-Rijn: het slot is in de 19e eeuw gebouwd voor de Pruisische koning Friedrich-Wilhelm.

Lorelei

Twintig km verder komt u bij de eerste afslag 'Loreley'  en eigenlijk is dit het hoogtepunt van de route. Dit is de plek waar volgens de mythe Lorelei schippers op de rotsen liet lopen met haar gezang. Maar, hoewel de Rijn hier inderdaad maar 130 m breed is, er gevaarlijke stromingen zijn en ondieptes, je vraagt je af of hier miljoenen mensen van over de hele wereld echt wel heen moeten. De route naar de top van de rots is mooi en toont het achterliggende landschap. Boven op de beroemde rotsen hebt u een prachtig uitzicht op de Rijn en er is een interessant bezoekerscentrum en wijnwandelpad. Beneden in het dal zit de Lorelei, in brons, aan het water.

Pfalzgrafstein

Terug bij de rivier komt u eerst langs het bijzondere Schloss **Pfalzgrafstein**. Dit kasteel is nooit verwoest, maar is door de eeuwen heen telkens verbouwd en vergroot, zodat alle architectuurstij-len hier terug zijn te vinden. Iets verder aan de overkant, in Bacharach, ligt de **Wernerkapelle** , de beroemdste kapelruïne van Duitsland. Naast inspiratiebron voor romantische schilders, zoals William Turner, is deze nooit afgebouwde kapel een gotisch meesterwerk. Richting Rüdesheim komt u nog langs **Burg Reichenstein** . Oorspronkelijk een vesting voor roofridders die de Rijn terroriseerden werd de ruïne in de 19e eeuw in neogotische stijl door een rijke industrieel herbouwd.

Rüdesheim

In de Drosselgasse wisselen de mooie vakwerkhuizen met daarin *Weinstuben* elkaar af. Als u iets anders actiefs wilt doen, kunt u het **Niederwalddenkmal**  bezichtigen. De Rijn werd door veel Duitsers in de 19e eeuw gezien als de vader van de Duitse natie. Dit monument, ook wel de **Wacht am Rhein** genoemd, getuigt van deze gedachte. Neem de kabelbaan omhoog en wandel door de wijnvelden terug naar Rüdesheim.

Pfalz en Zuid-Hessen

Hoogtepunten ✹

Städel: aan de Museumsufer staat een van de beste musea van Duitsland in Frankfurt. Zie blz. 192.

Heidelberg: vanaf de Philsophenweg begrijp je waarom deze studentenstad gezien wordt als een van de meest romantische steden van Duitsland. Zie blz. 203.

Op ontdekkingsreis

Jonge wijnmakers langs de Wein-straße: steeds meer wijnmakers kiezen de afgelopen decennia voor kwaliteit in plaats van kwantiteit. Er is een nieuwe generatie opgestaan die zich bekommert om smaak én milieu. Zie blz. 164.

Kroegentocht door Heidelberg: waan je weer student en slenter van kroeg naar kroeg door het oude centrum van Heidelberg. Zie blz. 206.

Cultuur

Gutenberg Museum in Mainz: van buiten ziet het er niet erg aantrekkelijk uit maar binnen sta je oog in oog met de échte Gutenbergbijbel. Zie blz. 156

Dom van Speyer: in de Kaiserdom liggen acht Duitse keizers begraven. In de middeleeuwen was het het belangrijkste religieuze bouwwerk ten noorden van de Alpen en nog steeds straalt de dom ontzag uit. Zie blz. 180.

Actief

Pfälzer Wald: dit is geen gewoon bos maar echt een woud met rotsformaties, wilde beken, mooie dalen. Een eldorado voor de avontuurlijke wandelaar. Zie blz. 171 .

Termen: de beroemde termen van Wiesbaden zijn niet alleen voor de *rich and famous* maar voor de gewone Wiesbadener dagelijkse routine. Zie blz. 184.

Sfeervol genieten

Restaurant Leopold in Deidesheim: op de romantische binnenplaats of in het sfeervolle restaurant: altijd fantastische gerechten, attente bediening en natuurlijk wijnen van eigen druiven. Zie blz. 163.

Kleinmarkthalle: deze enorme markthallen in Frankfurt zijn voor fijnproevers de plek om snel maar heel erg goed te lunchen. Zie blz. 196.

Winkelen en uitgaan

Shoppen in de 'Quadrantenstadt': het centrum van Mannheim zit vol met allerlei leuke, bijzondere boetieks en winkeltjes. Zie blz. 212.

Het oosten van Frankfurt: in de legendarische club Oosten begint (of eindigt) het uitgaan eigenlijk bij de ochtendkoffie in de zon ... Zie blz. 198.

Mainz en de Pfalz

Mainz ligt op de plek waar de Main de Rijn instroomt. Een strategisch interessante plek en een belangrijk handelscentrum. Rondom de stad ligt het grootste wijngebied van Duitsland, Rheinhessen. Aan de overkant van de Rijn begint de Rheingau, bekend om zijn riesling en sekt en iets zuidelijker het wijngebied van de Pfalz. Maar, dit deel van het Rijndal staat ook bekend om zijn milde klimaat waardoor fruitbomen welig tieren.

Mainz ▶ D 5

Als hoofdstad van de deelstaat Rheinland-Pfalz en een van de keizersteden is de stad Mainz het culturele centrum van de deelstaat. Zoals de meeste steden langs de Rijn, heeft ook Mainz een Romeinse oorsprong en sporen van deze cultuur zijn gemakkelijk terug te vinden. Niet alleen de resten van een theater uit de 2e eeuw zijn te bezoeken, ook zijn er in de jaren 80 drie goed bewaarde Romeinse schepen opgegraven die nu in een speciaal museum te bezichtigen zijn.

Het opvallendste is de grote dom. Midden in het oude centrum, dat na de oorlog grotendeels is heropgebouwd, bevindt zich de uit rode zandsteen opgetrokken romaanse **Martinuskathedraal**. Hoewel de kathedraal de bombardementen tussen 1942 en 1945, die het oude centrum van Mainz voor 80% platlegden, goed heeft doorstaan, getuigt het nieuwe glas-in-lood van de vernietigingen die hebben plaatsgevonden.

Op de marktplaats waant u zich in de middeleeuwen, maar niets is minder waar. Was het plein na de oorlog opgetrokken in de typische naoorlogse bouw, in de jaren 80 zijn de meeste huizen in oude luister teruggebracht. Aan dit plein ligt het **Gutenberg Museum** dat een bezoek zeker waard is.

Gutenberg Museum

Museum für Buch-, Druck- und Schriftgeschichte, Liebfrauenplatz 5, tel. 06 131 12 26 40, gutenberg-museum@stadt.mainz.de, www.gutenberg-museum.de, di.-za. 9-17, zo. 11-17 uur, entree € 5

Het museum voor de boekdrukkunst eert een van de grootste inwoners van Mainz, Johannes Gutenberg. De grootste schatten van het museum zijn de twee 15e-eeuwse Gutenbergbijbels. Interessant en vooral ook leuk is de drukkerswerkplaats waar u uw eigen Gutenbergbijbel-bladzijde kunt drukken.

INFO

Internet

Er zijn tientallen websites om je te oriënteren in de regio. Hieronder enkele interessante: www.rheinhessen.de, www.pfalz.de, www.deutsche-weinstraße.de, www.die-bergstraße.de, www.hessen-tourismus.de, www.neckar-tourismus.de.

Vervoer

Door het gehele gebied lopen spoorlijnen en busverbindingen. Zowel de Rijn als de Neckar worden bevaren, vooral voor toerisme. De ICE bereikt vanuit Nederland grote steden als Mainz, Frankfurt en Mannheim direct. Lokale spoorvebindingen liggen tussen bijna alle steden en dorpen. Frankfurt heeft een internationaal vliegveld.

Martinuskathedraal

Markt 10, tel. 06 131 25 34 12, dominformation@bistum-mainz.de, www.bistum-mainz.de, mei.-sept. ma.-vr. 9-18.30, za. 9-16, zo. 12.45-15 en 16-18.30, okt.-apr. ma.-vr. 9-17, za. 9-15, zo. 12.45-15, 16-17 uur

De meer dan duizend jaar oude dom was een politiek en religieus machts-centrum in het Heilige Roomse Rijk en het toneel van talloze kroningen en Rijksdagen. De vele, prachtig bewerkte grafplaten getuigen hiervan.

Stephanskathedraal

Weissgasse 12, tel 06 131 23 16 40, pfarrbuero@st-stephan-mainz.de, www.st-stephan-mainz.de, mrt.-okt. ma.-za. 10-17, zo. 12-17, nov.-feb. ma.-za. 10-16,30, zo. 12-17 uur

De gotische St. Stephanskathedraal werd in tegenstelling tot de St. Marti-nuskathedraal in de Tweede Wereld-oorlog wel zwaar beschadigd. Na de restauratie in de jaren 70 is contact ge-legd met Marc Chagall die tussen 1978 en 1985 vijf grote kerkramen ontwierp. Uniek voor Duitsland. Bezichtig na de kerk ook het belendende gotische klooster.

Overnachten

Tegenover de dom – **Schwan:** Liebfrau-enstraße 7, tel. 06 131 14 49 20, info@mainz-hotel-schwan.de, www.mainz-hotel-schwan.de, 2-pk € 98. Midden in de binnenstad. Familiehotel met weinstube en zonnig terras.

Comfortabele middenklasse – **Königs-hof:** Schottstraße 1-5, tel. 06 131 96 01 10, reservierung@hotel-koenigshof-mainz.de, www.hotel-koenigshof-mainz.de, 2-pk € 85. Goed verzorgd, beetje ouder-wets aandoend hotel. Kamers met air-conditioning. Praktisch gelegen bij het treinstation.

Eten en drinken

Met de lokale bevolking – **Weinhaus Zum Spiegel:** Leichhofstraße 1, tel. 06 13 12 28 215. Deze ouderwetse wijnbar is een begrip in Mainz. Hier geen toeris-ten maar vooral buurtbewoners die een glaasje wijn uit de Rheingau of Rhein-hessen drinken met de Mainzer specia-liteit: *Handkäse*.

Terug in de tijd – **Weinhaus Wihelmi**, Rheinstraße 52, D-55116, tel. 06 13 12 24 949, www.weinhaus-wilhelmi.de. Waar vroeger de kade van de Rijn lag, zit nu dit traditionele Weinhaus/res-taurant. Probeer de traditionele ge-rechten als *Saumagen*, gevulde var-kensmaag. Veel privacy hebt u hier echter niet: iedereen wordt bij elkaar aan tafel gezet. Wel heel gezellig!

Strand aan de Rijn – **Mainz-Strand:** Adenauer-Ufer, www.mainzstrand.de, dag. 11-2 uur. Vanaf mei kunt u iedere dag langs de oever van de Rijn loun-gen, eten, drinken, feesten, sporten of relaxen op het stadsstrand van Mainz.

Winkelen

In het voetgangersgebied in het oude centrum zijn talloze kleine winkeltjes met servies, kaarsen en veelal regionale producten. Wijn is overal in overvloed te krijgen. In de moderne Roemerpas-sage zijn vooral boetieks en kledingout-lets gevestigd. Vooral interessant zijn de resten van een Isistempel die zijn opgegraven tijdens de bouw van win-kelcentrum.

Informatie

Touristik Centrale

Brückenturm am Rathaus, Rheinstraße 55, D-55116, tel. 06 131 28 62 19, www. touristik-mainz.de.

Vervoer

Trein: Bahnhofplatz 1. Verbindingen Koblenz, Wiesbaden, Mannheim, Frankfurt (vliegveld), ICE; Kleinere plaatsen als Worms of Ingelheim, RE.
Bus: Regelmatige verbindingen met alle steden in de omgeving.

Rheinhessen

Ondanks de naam hoort de streek sinds 1946 niet meer officieel bij Hessen. Rheinhessen is het grootste wijngebied van Duitsland en produceert vooral witte wijn. Het gebied wordt gezien als de geboorteplaats van de Liebfraumilch hoewel er tegenwoordig voornamelijk müller-thurgau en rieslings worden gemaakt. Zowel **Bingen am Rhein** (zie **Op ontdekkingsreis** blz. 152) als **Worms** (zie blz. 174), **Alzey** en **Ingelheim** horen bij Rheinhessen. En al deze stadjes zijn de moeite waard om te bezoeken. Zo was Ingelheim am Rhein het centrum van de middeleeuwse politiek toen Karel de Grote er rond 800 de **Kaiserpfalz** bouwde, heeft Alzey een duidelijk zichtbare Romeinse oorsprong en is Bingen am Rhein de geboorteplaats van de heilige Hildegard.

Informatie

Rheinhessen Touristik

Friedrich-Ebert-Straße 17, D-55218 Ingelheim am Rhein, tel. 06 132 44 170, info@rheinhessen.info, www.rheinhessen.info.

Vervoer

Trein: Bingen am Rhein, Ingelheim am Rhein, Alzey en Worms hebben een station. Verbindingen richting Mainz, Koblenz, Frankfurt (vliegveld) en Karlsruhe. Kijk voor meer informatie op: www.rnn.info of www.db.de.

Pfalz

De Pfalz of het paltsgraafschap aan de Rijn was een middelgroot land in het Heilige Roomse Rijk. Paltsgraven waren oorspronkelijk verantwoordelijk voor het onderhoud en de bevoorrading van de koninklijke paltsen, paleizen. In de 10e eeuw bestonden er verspreid over het Heilige Roomse Rijk verschillende paltsen die voor de paleizen verantwoordelijk waren. De meeste paltsgraafschappen verdwenen in de middeleeuwen.

In de 13e eeuw werd de Pfalz een van de zeven keurvorstendommen van het Rijk waardoor de paltsgraaf het recht had om mede de Rooms-Duitse koning te kiezen. Het hoogtepunt van de macht van de Pfalz lag rond 1400 – het centrum lag toen nog bij Heidelberg en Mannheim. De keurvorsten van de Pfalz hebben in de 16e eeuw nog een belangrijke rol gespeeld als aanvoerders van de calvinistische vorsten, samen met de Republiek, maar na de Dertigjarige Oorlog (1618-1648) was de rol van de paltsgraven uitgespeeld.

De Pfalz is eigenlijk eenvoudig in tweeën te delen. Aan de ene kant de vruchtbare gronden langs de rivier waar de **keizerssteden** liggen, waar de wijn wordt gemaakt en de amandelbomen in het voorjaar bloeien. Aan de andere kant, westelijk, beginnen de bergen en bossen van het **Pfälzer Wald**. Een ondoordringbaar bosgebied en als grootste natuurpark van Duitsland een eldorado voor wandelaars, waar bosbouw de belangrijkste bron van inkomsten is, met als belangrijkste stad Kaiserslautern.

Deutsche Weinstraße

De Deutsche Weinstraße is de oudste toeristische route van Duitsland. Opgezet in 1935 om de wijnverkopen te promoten loopt de route van **Bockenheim** in het noorden over 85 km binnenwegen tot aan **Zweigen** bij de Franse grens. De Weinstraße is eigenlijk niet één straat maar het gebied dat gelegen is tussen het Pfälzer Wald en de Rijnoever. Vanwege het mediterraan aandoende klimaat is de Weinstraße niet alleen bekend vanwege de vele wijngoederen maar ook door al het fruit dat er vandaan komt. De Deutsche Weinstraße is ook per fiets of te voet af te leggen.

Informatie

www.deutscheweinstrasse-pfalz.de, www.deutsche-weinstrasse.de.

Freinsheim ▶ D 6

Het wijnstadje Freinsheim wordt gezien als het centrum van de rode wijn in de Pfalz. De ommuurde middeleeuwse stad heeft een zeer goed bewaard centrum met een mooie stadspoort, de **Eisentor** uit 1514, een deels romaanse kerk en zorgvuldig gerestaureerde stadshuizen. Dat het goed gaat met de stad, dankzij bloeiende wijnbouw en opkomend toerisme, is vooral te zien aan de vele nieuwe restaurants en cafés. Ook zijn er enkele interessante winkels te vinden en is er zelfs een **speelgoedmuseum**. Nét buiten het centrum bevinden zich verschillende wijnhuizen waar u wijn kunt proeven en kopen (zie blz. 164).

Wijngaarden langs de Deutsche Weinstraße

Overnachten

Stadshotel met weinstube – **Altstadthof Freinsheim:** Hauptstraße 27, D-67251, tel. 06 35 39 32 250, info@altstadthof-freinsheim.de, www.altstadthof-freinsheim.de, 2-pk € 107. Comfortabel stadshotel met moderne kamers midden in het centrum.

Eten en drinken

Moderne 'gutbürgerliche' keuken – **Weinstube Weinreich:** Hauptstraße 25, tel. 06 35 39 59 86 40, info@weinstube-weinreich.de, www.weinstube-weinreich.de. Regionale keuken met seizoensproducten in een gastronomisch jasje. Met vijf hotelkamers.

Informatie

i-Punkt Freinsheim

Hauptstraße 2, D-67251, tel 06 35 39 89 294, touristik@vg-freinsheim.de, www.freinsheim.de.

Vervoer

Trein: Bahnhof Freinsheim, Bahnhofstraße 1, D-67251. Verbindingen met Bad Dürkheim, Neustadt an der Weinstraße, Frankenthal, Grünstadt.
Bus: bus 453 naar Bad Dürkheim-Grünstadt over Weisenheim am Berg.

Bad Dürkheim ▶ D 6

Dat er voor Dürkheim 'Bad' staat, wijst al snel op enige wellness-activiteiten. En ja, Bad Dürkheim heeft naast zijn wereldberoemde wijngaarden, zijn amandelbomen, vijgen en tamme kastanjes, ook nog zoutwaterbronnen. Bij aankomst valt vooral de meer dan 300 m lange **saline** van sleedoorntwijgen,

de **Gradierbau**, op waarlangs het zoute water wordt gevoerd naar de kuurgebouwen en het zwembad. Het centrum, dat in de Tweede Wereldoorlog is verwoest, is sfeervol gerestaureerd maar de echte aantrekkingskracht van de stad ligt daar toch buiten.

De 900 hectare wijngaarden die bij de stad horen, behoren tot de beste van de Pfalz. Vanaf de kapel op de **Michelsberg** hebt u een goed uitzicht op de velden. Allereerst die van het bekende wijnhuis **Michelsberg**, waar op de zuidelijke terrassen een van de beste rieslings van de Pfalz wordt gemaakt. Verder naar het noordwesten, liggen nog drie beroemde huizen, **Rittergarten, Hochbenn** en **Steinberg**, en naar het zuidoosten de **Nonnengarten** en **Fuchmantel**. Het is dan ook niet zo gek dat Bad Dürkheim het thuis is van 's werelds grootste wijnfestival, de Wurstmarkt. Hoewel u hier ook worsten kunt krijgen, draait het toch echt om de wijn.

Eten en drinken

Eten in een vat – **Dürkheimer Riesenfass:** St. Michael Allee 1, tel. 06 32 22 143, reservierung@duerkheimer-fass.de, www.duerkheimer-fass.de. In het grootste wijnvat ter wereld serveert men nu regionale gerechten.
Lokale flair – **Weinstube Peterselie:** Römerplatz 12, 06 32 24 394, www.weinstube-peterselie.de. Duitse keuken met mediterrane flair.

Actief

Uitzicht – Wandel vanaf de parkeerplaats op de Wurstmarkt naar de **St. Michaelskapel** voor het beste zicht op de wijngaarden. Route verkrijgbaar bij het touristenbureau of te downloaden op www.bad-duerkheim.com.

Wijn proeven – In de omgeving kunt u overal wijn proeven en kopen bij de wijnmakers zelf. Maar ook in de stad zelf zijn verschillende mogelijkheden. Bijvoorbeeld bij **Vier Jahreszeiten Winzer**, Limburgstraße 8, tel. 06 32 29 49 00, www.vj-wein.de.

Ruïnes – In de directe omgeving liggen **Slot Hardenburg** (www.schloss-hardenburg.de) en klooster **Limburg** (www.klosterschaenkelimburg.de). In de zomer zijn hier allerlei culturele activiteiten. Er loopt een mooie bewegwijzerde wandelroute tussen het slot en het klooster.

Uitgaan

Rien ne va plus – **Spielbank Bad Dürkheim**, Schlossplatz 6-7, tel. 06 322 94 240, info@spielbank-bad-duerkheim.de, www.spielbank-bad-duerkheim.de. Jackpot, roulette, blackjack en poker. Tot de vroege uurtjes (dagelijks tot 3 uur in de ochtend) kunt u aan de speeltafels een gokje wagen. In de dependance zijn gokkasten.

Info en festiviteiten

Tourist Information

Kurbrunnenstr. 14, D-67098, tel. 06 32 29 35 140, verkehrsamt@bad-duerkheim.de, www.bad-duerkheim.com.

Vervoer

Trein: verbindingen met Neustadt, Grünstadt en Freinsheim.
Bus: stadsbussen en lijn 453 naar Ungstein, Leistadt, Kallstadt, Grünstadt.

Festiviteiten

In het tweede en derde weekend van september worden tijdens het **Wurstfest** door bijna zevenhonderdduizend mensen meer dan driehonderd wijnen uit de omgeving geproefd en gewoon gedronken. Dit is het grootste wijnfeest ter wereld. Een extra attractie: aan het plein staat het grootste wijnvat ter wereld, nu een restaurant. Voor meer info: www.duerkheimer-wurstmarkt.de.

Deidesheim ▶ D 7

Schilderachtig ligt Deidesheim tussen lage heuvels begroeid met wijnstokken. Het voorjaar is de beste tijd om dit wijndorp te bezoeken. Al in maart bloeien de amandelbomen en toveren zij de straten en wandelpaden om tot bloeiende alleeën. De omgeving van Deidesheim ligt in het gebied met de meeste zonuren van Duitsland en de meer dan vijfduizend zuidelijk gewassen geven dit vakantieparadijs een mediterrane flair.

Het mooie oude centrum is bezaaid met historische monumenten. Zo moet u de 15e-eeuwse laatgotische **St. Ulrichkerk** bezoeken vanwege het bijzondere altaar en de crucifix uit 1500. Ook het 16e-eeuwse raadhuis met dubbele statietrap en de **Andreasfontein** zijn een reden om hier iets langer te blijven. Maar Deidesheim wordt niet alleen **Parel van de Weinstraße** genoemd vanwege de historische gebouwen. In en rondom het dorp liggen enkele van de belangrijkste wijngoederen van de Pfalz met klinkende namen als **Weingut von Winning, Weingut von Bassermann-Jordan** of **Weingut Reichsrat von Buhl.**

De nabijheid van deze grote wijnhuizen heeft van Deidesheim het gastronomische centrum van de Pfalz gemaakt. Het is niet voor niets dat voormalig bondskanselier **Helmut Kohl**, die is geboren in de Pfalz, zijn buitenlandse gasten meenam naar deze plaats. In restaurant Deidesheimer Hof aten onder meer Michael Gorbatsjov en het

Spaanse koningspaar. Gaat het in het Deidesheimer Hof nog om de *gutbürgerliche* keuken, in de vele andere restaurants – er zijn er twee met een Michelinster – worden regionale producten op een modernere wijze verwerkt. Laat u verleiden en geef toe aan de gastronomische hoogstandjes. Natuurlijk met de beste wijnen uit de omgeving.

Overnachten

Tussen de groten der aarde – Deidesheimer Hof, Am Marktplatz, tel. 06 326 96 870, info@deidesheimerhof.de, www.deidesheimerhof.de. Dit chique vijfsterrenhotel herbergt twee zeer verschillende restaurants, waarvan St. Urban een Michelinster heeft.

Achterafstraatje in Neustadt an der Weinstraße

Eten en drinken

Culinair wijngoed – **Restaurant Leopold:** Weinstraße 10, tel. 06 32 69 66 88 88, www.von-winning.de. Op de romantische binnenplaats van het beroemde wijnhuis Von Winning ligt dit prettige, moderne restaurant.

Regionale kost – **Gasthaus zur Kanne:** Weinstraße 31, tel. 06 326 96 600, info@gasthauszurkanne.de, www.gasthauszurkanne.de. Al sinds 1140 worden hier pelgrims verwelkomd. Tegenwoordig wordt er met veel aandacht voor het product en zijn herkomst gekookt.

Actief

Proeven – Ga bij ten minste een van de beroemde wijnhuizen proeven. Het ziet er allemaal een beetje chic uit, maar u zult met open armen worden ontvangen, ook al koopt u niets. **Weingut von Winning:** www.von-winning.de, **Weingut von Bassermann-Jordan:** bassermann-jordan.de of **Weingut Reichsrat von Buhl:** www.von-buhl.de.

Informatie

Tourist Service Deidesheim

Bahnhofstraße 5, D-67146, tel. 06 632 69 67 70, touristinfo@deidesheim.de, www.deidesheim.de.

Vervoer

Trein: Bahnhof Deidesheim, Bahnhofstraße 1. Verbindingen met Bad Dürkheim en Neustadt an der Weinstraße.

Neustadt an der Weinstraße ▶ D 7

U ziet Neustadt op haar best op een zomerse marktdag (di. en za., in de zomer ook op do.) of als er kerstmarkt is. Rondom de **Elwedritschebrunnen** wordt op deze dagen een keur aan verse producten uit de Pfalz aangeprezen. Ook de rest van de week is Neustadt een bezoek waard. Het historische centrum is voetgangersgebied en herbergt het grootste aantal vakwerkhuizen van de Pfalz. Bovendien zijn er veel leuke winkels, gezellige terrasjes en natuurlijk wijnhuizen te vinden. Daarnaast is de stad een ideaal beginpunt voor uitstapjes langs de Weinstraße, naar de nabijgelegen wijngoederen of het natuurpark Pfälzer Wald, een UNESCO-Biosfeerreservaat.

Stiftskirche

Marktplatz, beklimming van de toren za. 12 uur

Meer dan vijfhonderd jaar lang torenen de ongelijke kerktorens boven de stad uit. Tot 1970 woonde in de zandstenen zuidtoren nog een klokkenluider – de laatste van Duitsland – en in de noordtoren hangt de **Kaiserglocke**, de grootste gietijzeren klok ter wereld. Voor een magistraal uitzicht kunt u de toren beklimmen.

Haus des Weines

Rathausstraße 6, tel. 06 32 13 55 871, www.haus-des-weines.com, di.-vr. 10-18, za. 10-14 uur

Achter de gotische trapgevel uit 1276 presenteren de wijngoederen van Neustadt hun wijnen. Op de binnenplaats van het huis kunt u in alle rust proeven, vergelijken en selecteren. Een goed uitgangspunt voor een fiets- of wandeltocht langs de verschillende wijngoederen.

Otto Dill Museum

Rathausstraße/Bachängel, tel. 06 32 75 704, into@otto-dill-museum.dc, www.otto-dill-museum.de, wo., vr. 14-17, za., zo. 11-17 uur ▷ blz. 166

Jonge wijnmakers langs de Weinstraße

Andere druivensoorten, nieuwe inzichten en moderne technieken hebben de wijnen van de Pfalz een nieuw leven ingeblazen.

Kaart: ▶ D 7 / D 7
Duur en duur: autoroute 60 km, incl. bezichtiging ca. 5-6 uur.

Een zoete slobber

Duitse wijnen stonden tot niet zo lang geleden vooral bekend om hun zoete smaak. Liebfraumilch, riesling: ze werden in grote hoeveelheden voor weinig geld aan supermarktketens aangeboden. De marges waren zo klein dat er zo veel mogelijk wijn uit een wijnstok gehaald moest worden en dat ging ten kosten van de kwaliteit en zeker ook de reputatie van Duitse wijnen in het algemeen.

De nieuwe generatie

Het afgelopen decennium heeft een nieuwe generatie een aantal wijngoederen overgenomen. Deze 'jonge' wijnmakers bekommeren zich meer om smaak en kwaliteit dan om hectoliters. Bovendien proberen zij zo min mogelijk in te grijpen in het groeiproces. Pesticiden zijn uit den boze, er wordt steeds meer onderzoek gedaan naar het terroir en de druiven worden steeds vaker met de hand geplukt.

Een andere smaak

De traditionale zoete riesling is de af-gelopen jaren steeds droger geworden; deze wijnmakers voegen weinig tot geen extra suikers toe maar vertrouwen op een natuurlijk gistingsproces. En het resultaat is ernaar. Tegelijkertijd experimenteren zij met andere druivensoorten, zoals spätburgunder.

Rings aan de Weinstraße 1

Reizend over de Weinstraße komt u langs honderden wijnhuizen maar het kaf van het koren scheiden is niet altijd even makkelijk. Een van de adressen die u en route niet mag overslaan is Weingut Rings in Freinsheim. Twee broers maken hier subtiele witte wijn maar hebben furore gemaakt met hun spätburgunder. In 2012 wonnen zij de prijs voor de beste rode wijn van Duitsland (*Deutscher Rotweinpreis*). In het hypermoderne proeflokaal kunt u alle wijnen proeven en kopen.

Koning van de sekt 2

Bij Reichsrat von Buhl in Deidesheim streven ze naar het allerbeste. De aanstelling van Mathieu Kauffmann in 2013 als keldermeester en technisch directeur geeft hun ambities weer. Kauffmann komt van het beroemde champagnehuis Bollinger en moet de al goede sekt van Buhl nóg beter maken. Dit klinkt allemaal nogal chic maar de sekt van Reichsrat von Buhl kost nog steeds maar een fractie van een goede champagne.

Generaties vakmanschap 3

Wijngoed Theo Minges wordt al generaties door de familie Minges geleid. Nu staat de oudste dochter aan het roer en hoewel het van buiten onveranderd lijkt, worden hier met veel gevoel naar de modernste inzichten prachtige rieslings gemaakt. U wordt ontvangen in het woonhuis van de familie en krijgt alle tijd om rustig te proeven. Neem ook vooral uw tijd want dochter Regine heeft veel te vertellen. Loop daarna ook even mee naar de kelders waar u de enorme houten vaten kunt bewonderen. Bijzondere wijn voor een goede prijs en hét voorbeeld hoe een nieuwe generatie alle verschil kan maken.

Omdat dit wijngoederen in bedrijf zijn, is het goed om even te bellen of iemand tijd heeft u te ontvangen.

Rings

Dürkheimer Hohl 21, D-67251 Freinsheim, tel. 06 35 32 231, info@weingut-rings.de, www.weingut-rings.de. Ma.-za. 10-12, 13-17 uur.

Reichsrat von Buhl

Weinstraße 18-24. D-67146 Deidesheim, tel. 06 32 69 65 019, info@von-buhl.de, www.von-buhl.de. Ma.-vr. 9-12 en 13-18, za., zo. 10-12 en 13-17 uur.

Theo Minges

Bachstraße 11, D-76835 Flemlingen, tel. 06 32 39 33 50, info@weingut-minges.de, www.weingut-minges.de.

De geboren Neustadter Otto Dill (1884-1957) is met Max Slevogt de bekendste schilder van de Pfalz. Hoewel een groot deel van zijn werk tijdens de Tweede Wereldoorlog verloren is gegaan, toont het museum de artistieke ontwikkeling van deze impressionistische schilder.

Stadtmuseum Villa Böhm

Maximilianstraße 25, tel. 06 32 18 55 540, www.stadtmuseum-neustadt.de, ma.-vr. 16-18, za., zo. 11-13 en 15-18 uur

Tip

Over het koekoeksbaantje

Vanuit het spoorwegmuseum in Neustadt vertrekt elke tweede zondag van de maand een stoomlocomotief uit 1904 over het **Kuckucksbähnel** naar het dal van Elmstein in het Pfälzer Wald. Twee keer per jaar wordt er zelfs een wijnproeverij per trein langs de Weinstraße georganiseerd. (Hauptbahnhof Neustadt, spoor 5, www.eisenbahnmuseum-neustadt.de)

In deze 19e-eeuwse villa wordt achthonderd jaar geschiedenis van de stad verteld. Veel aandacht wordt besteed aan bekende inwoners, als Hans Geiger (de uitvinder van de geigerteller). In de zomer worden de tuinen van de villa gebruikt als openluchttheater.

Eisenbahnmuseum Neustadt

Schillerstraße 3, tel. 06 32 13 03 90, info@eisenbahnmuseum-neustadt.de, www.eisenbahnmuseum-neustadt.de, di.-vr. 10-13, za., zo. 10-16 uur, entree € 5

In het voormalige treinstation worden oude treinen en motoren tentoongesteld. Ook vertrekt de museum(stoom-)trein vanaf dit station.

Hambacher Schloss

D-67434 Hambach, tel. 06 321 92 290, info@hambacher-schloss.de, www.hambacher-schloss.de, apr.-okt. dag. 10-18, nov.-mrt. 11-17 uur, entree € 5. Van april tot november rijdt er een pendelbus; buiten het seizoen vanaf het station Neustadt, bus 502.

Iets buiten Neustadt, op de Schlossberg, ligt het Hambacher Schloss (**zie ook Essay blz. 37**). Hoewel zijn vroege geschiedenis imposant is – de Romeinen hadden op deze plaats al in de 4e eeuw een vesting gebouwd – krijgt het kasteel pas in de 19e eeuw nationale bekendheid.

De ruïnes van het slot waren in 1832 het toneel van een grootschalige manifestatie tegen de repressieve maatregelen van de Beierse regering. Geroken hebbend aan de vrijheden ten tijde van de Franse overheersing (1779-1815) hadden de inwoners van de Pfalz een festival georganiseerd om hun ideeën over nationalisme en democratie uit te dragen. Dit **Hambacher Fest** werd door bijna dertigduizend mensen uit alle rangen en standen bijgewoond en wordt tegenwoordig gezien als het begin van de Duitse eenwordingsbeweging. Tijdens het festival werden voor het eerst de nu nationale kleuren zwart-rood-goud gehesen.

In het gerestaureerde kasteel is de vaste tentoonstelligg: *Hinauf, hinauf zum Schloss!* te bezoeken die de geschiedenis van de Duitse democratie, en de daarmee gepaard gaande ideeën over Duitse eenwording, vertelt. Bij het slot zit ook een elegant restaurant met internationale kaart en een groot terras met adembenemende uitzichten.

Overnachten

*Internationaal erkend – **Restaurant Urgestein:** Hotel Steinhäuser Hof, Rat hausstraße 6a, Neustadt, 06 32 14 89 060, info@steinhaeuserhof.de, www. steinhaeuserhof.de. In het 13e-eeuwse Steinhäuser Hof zijn een goede jazz-club, een degelijk hotel en een voortreffelijk restaurant gevestigd. Met een Michelinster bekroond.

Eten en drinken

*Persoonlijke aandacht – **Altstadtkeller bei Jürgen:** Kundigundenstraße 2, tel. 06 32 13 23 202, altstadtkeller@gmail. com, www.altstadtkeller-neustadt.de. Niet alleen de klassieke Duitse keuken en idyllische Toscaanse tuin aan de overkant van de straat, maar vooral Jürgen zélf maakt uw bezoek onvergetelijk. Hij kan u alles over de stad en omgeving vertellen en doet dat graag.

*Wijn, wijn, wijn – **Restaurant-Weinstube Scheffelhaus:** Marktplatz 4, tel. 06 32 13 90 083, info@scheffelhaus.de, www.scheffelhaus.de. Op het mooiste plekje aan de Marktplatz kunt u in dit 16e-eeuwse stadshuis een goede schnitzel eten. Maar eigenlijk draait alles om wijn ... uit de Pfalz natuurlijk.

Actief

Wijnfietsen – De negen wijndorpen die bij Neustadt horen zijn het beste te verkennen per fiets. De 36 km lange **fietstocht** *Zu den neun Weindörfern* leidt u ook langs de belangrijkste wijnhuizen opdat u onderweg geen dorst zult krijgen. De route is af te halen bij de Tourist Information of te lezen op www. neustadt.eu.

*Wandelen met ezels – **Eselwandern Elmstein:** Friedhofstraße 30, D-67471 Elmstein, 06 32 89 02 01 84, eselwandern-elmstein@freenet.de, www.esel wandern-elmstein.de. Als de kinderen geen wijnhuis meer kunnen zien, is een tocht per ezel met gids door het Pfälzer Wald een goede afleiding.

Informatie

Tourist Information

Hetzelplatz 1, D-67433, tel. 06 32 19 26 80, touristinfo@neustadt.pflaz.de, www.neustadt.eu.

Vervoer

Trein: Bahnhofplatz 6, D-67433, Verbindingen met Mannheim, Ludwigshafen, Heidelberg, Kaiserslautern, Landau, Bad Dürkheim. **Bus:** verbindingen met Haardt, Königsbach, Gimmeldingen, Hambach.

Zuidelijke Weinstraße

Het zuidelijke deel van de Weinstraße kenmerkt zich door een glooiend landschap met wijnvelden, kleine idyllische dorpjes en stadjes. Op de grens tussen de beboste bergen en het wijngebied liggen tientallen kastelen, waarvan er verschillende te bezoeken zijn. Voor de liefhebbers ligt bij **Landau** het grootste reptielenhuis van Duitsland.

Informatie

Südliche Weinstraße

An der Kreuzmühle 2, D-76829, tel. 06 34 19 40 407, info@suedliche-weinstrasse. de, www.suedlicheweinstrasse.de.

Vervoer

Trein: Maikammer, Landau en Schweigen zijn goed per trein bereikbaar.
Bus: St. Martin en Villa Ludwigshöhe hebben regelmatige busverbindingen (www.vrn.de).

Maikammer ▶ D 7

Vanaf Neustadt an der Weinstraße komt u eerst door het mooie en vooral culinair interessante **Maikammer**. Ook hier spelen de wijnen uit de nabijgelegen velden de hoofdrol maar het dorp ligt ook aan de voet van de hoogste berg van de Pfalz, de **Kalmit**. Vanuit Maikammer zijn verschillende fiets- en wandeltochten uitgezet.

Informatie

Tourist Information

Johannes-Damm-Straße 11, tel. 06 32 19 52 768, maikammer@maikammer-erlebnisland.de, www.maikammer-erlebnisland.de.

St. Martin ▶ D 7

De lieflijke en romantische uitstraling van St. Martin heeft ervoor gezorg dat het dorp in heel Duitsland bekendheid geniet. Het ligt op de grens van de wijnstreek en het woud. De restaurants en weinstuben getuigen van interesse in en kennis van gastronomie. De ligging in het smalle dal en de vele wandel- en fietspaden verraden dat St. Martin ei-

genlijk in het bos ligt. Al in 1927 kreeg het centrum, vanwege het grote aantal toeristen dat hier kwam kuren, de status van monument en dit heeft ervoor gezorgd dat veel bij het oude is gebleven. Jaarlijks wordt op de elfde van de elfde het wijnfeest van Sint-Maarten gevierd.

Eten en slapen

Ouderwets gezellig – Dalberg: Tanzstraße 16, tel. 06 323 98 92 24, info@dalberg.de, www.dalberg.de. Midden in het dorp ligt dit hotelletje met gezellig restaurant waar degelijke kost wordt geserveerd.

Actief

Overal in St. Martin struinen wandelaars met stevige schoenen langs winkeltjes en cafés. Het aantal wandelingen is enorm. Het toeristenbureau heeft de meeste op een rij gezet: www.maikammer-erlebnisland.de/wandern/.

Informatie

Tourist Information

Kellereistraße 1, D-67487, tel. 06 32 35 300, www.sankt-martin.de.

Schloss Villa Ludwigshöhe ▶ D 7

De Beierse koning Ludwig I was dol op het landschap van de Pfalz. Daarom liet hij tussen 1846 en 1852 **Schloss Villa Ludwigshöhe** bouwen op een van de mooiste plekjes van de Pfalz: aan de

Het wijndorp Maikammer

Het buitenverblijf van Ludwig I in de Pfalz: Schloss Villa Ludwigshöhe

voet van de Kalmit-berg, uitkijkend over eindeloze rijen wijnstokken.

Schloss Villa Ludwigshöhe

Villastraße 64, D-67480 Edenkoben, tel. 06 32 39 30 16, www.schloss-villa-ludwigshoehe.de, rondleidingen: apr.-sept. di.-zo. 9-18, jan.-mrt. di.-zo. 10-17 uur

Vanwege het bijna mediterrane klimaat in dit deel van het Rijndal, liet Ludwig I de 'villa' in Italiaanse stijl ontwerpen. Er ontstond een classicistische buitenplaats met het formaat van een kasteel, vandaar de naam. Wonder boven wonder is het gebouw tijdens de verschillende oorlogen geheel gespaard, al is het meubilair tijdens de Tweede Wereldoorlog verdwenen.

Max Slevogt Galerie

Villastraße 64, Edenkoben, tel. 06 32 39 30 16, www.max-slevogt-galerie.de, apr.-sept. di.-zo. 9-18, okt.-mrt. di.-zo. 9-17 uur, entree € 4

In de kasteelvilla is tevens het **Landesmuseum** van Ebenkoben gevestigd en een schilderijengalerie met werken van de Pfälzer impressionistische schilder **Max Slevogt**. De villa en de galerie hebben een prettig café-restaurant (**Schlosscafé Ludwig**, tel. 06 32 39 87 71 80) met een prachtig uitzicht. In de directe omgeving liggen verschillende authentieke wijndorpen, zoals **Rhodt**, **Hainfeld** en **Gleisweiler**.

Eten en slapen

Slapen in een slot – **Hotel Schloss Edesheim**: Luitpoldstraße 9, D-67483 Edesheim, tel. 06 32 39 42 40, info@schloss-edesheim.de, www.schloss-edesheim. 2-pk € 140. Gelegen in een vijf hectare groot, ommuurd park, met eigen wijngaard en vijvers, is Slot Edesheim een waar rustoord en een uitstekend uitgangspunt om de dorpen en steden van de Zuidelijke Weinstraße te ontdekken.

Landau ▶ D 7

Deze voormalige vestingstad – er zijn nog twee stadpoorten behouden – is nu een bruisende universiteitsstad met veel groen. Tot 1999 was Landau een belangrijke garnizoensstad waar de afgelopen twee eeuwen Franse en Duitse soldaten elkaar afwisselden. Het autovrije centrum straalt tegenwoordig een Frans savoir-vivre uit met veel terrasjes.

Informatie

Büro für Tourismus Landau

Marktstraße 50, D-76829, tel. 06 34 11 38 301, www.landau-tourismus.de.

Schweigen-Rechtenbach ▶ D 7

De grensplaats Schweigen markeert het einde (of het begin) van de Deutsche Weinstraße. De toegangspoort, **Deutschen Weintor**, was bij de inhuldiging in 1935 eerder een politiek statement naar het buurland dan een toeristisch startpunt. Na 1945 zijn de hakenkruisen weggehaald en wordt de poort ook wel de **Tor des Friedens** genoemd.

Informatie

Büro am Weintor

Am Weintor, tel. 06 34 26 321, www. schweigen-rechtenbach.de.

Pfälzer Wald ▶ L 3

Het Pfälzer Wald beslaat ongeveer eenderde van de Pfalz. Het terrein bestaat uit bergachtig bosgebied met talloze stroompjes, rivieren, meren en rotsformaties. In 1992 kreeg het woud de status UNESCO Biosfeerreservaat en in 1998 kreeg het aansluitende natuurgebied van de Noord-Vogezen deze zelfde status. Het natuurpark is opgedeeld in een kernzone waar de natuur zijn gang mag gaan, een zogenoemde *Pflegezone*, een soort beheerszone, waarin land- en bosbouw plaatsvindt mits het karakter van het landschap niet wordt aangetast, en een ontwikkelingszone waarin economische ontwikkeling, voornamelijk gericht op kleinschalig toerisme, wordt gestimuleerd. Het park beslaat meer dan 1500 km² waarvan meer dan 80% bedekt is met bos.

Het toerisme richt zich vooral op de natuurliefhebber en de wandelaar. Er zijn korte- en langeafstandspaden uitgezet en op verschillende plekken trekkershutten ingericht die slechts te voet bereikt kunnen worden (www.trekking-pfalz.de). In het zuidelijke deel van het Pfälzer Wald liggen rotsformaties waar geoefende klimmers halsbrekende toeren uithalen. Langs de grenzen en op strategische plekken zijn bergtoppen bebouwd met kastelen die zo uit een sprookjesboek zouden kunnen komen. Bij het stadje **Dahn** liggen drie imposante burchten uit de 11e tot 13e eeuw.

Informatie

Er zijn verschillende websites die uitleg geven over en wegwijs bieden in het Pfälzer Wald:

www.pfaelzerwald.de geeft informatie over trektochten, natuurwandelingen, maar ook over restaurants en hotels.

www.pwv.de is de website van de Pfälzerwald Verein die de wandelroutes, bewegwijzering en (natuur)hutten onderhoudt.

www.wanderportal-pfalz.de geeft een overzicht van het routeaanbod: themawandelingen, korte tochtjes, langeafstandswandelingen en uitzichtspunten.

Actief

Natuurcentrum voor iedereen – **Biosphärenhaus Pfälzerwald**, Am Königsbruch 1, D-66996 Fischbach bei Dahn, tel. 06 39 39 21 00, www.biosphaerenhaus.de, apr.-mei, okt. dag. 8.30-17.30, juni-sept. dag. 9.30-18.30, mrt., nov. dag. 9.30-15.30 uur, entree € 11,50. Het Biosphärenhaus is een hypermodern informatiecentrum over het Pfälzer Wald. Daarnaast worden er activiteiten georganiseerd als valkenjachten en is er een 12 tot 18 m hoog en 270 m lang boomkruinenpad, voor jong en oud.

Kaiserslautern ▶ C 6

Deze midden in het Pfälzer Wald gelegen industriestad heet in de volksmond Barbarossastad, naar **keizer Frederik I Barbarossa** die de burcht bouwde waaraan de stad zijn naam te danken heeft. De vele oorlogen waaronder Kaiserslautern heeft geleden, hebben ervoor gezorgd dat er nog maar weinig historische gebouwen staan. Dat iedereen de naam Kaiserslautern kent, is vooral te danken aan de gelijknamige voetbalclub.

Een klein deel van de stad is niet door een bommenregen vernietigd. De knusse **St.-Martins-Platz** met zijn 18e- en 19e-eeuwse stadshuizen en oude bomen straalt een ouderwets gezellige sfeer uit. Aan het plein ligt ook de 14e eeuwse katholieke **Martinuskerk**. Sporen van het roemrijke verleden van Kaiserslautern liggen niet voor het oprapen. Een rondwandeling met gids zorgt ervoor dat u de pareltjes, zoals de overblijfselen van de synagoge, de resten van de burcht van Barbarossa of de Romeinse opgravingen, die deze stad toch bezit te zien krijgt.

Bijzondere rotsformaties zoals de 'Teufelstisch', bij Hauenstein in het Pfälzer Wald

Stiftskirche

Marktstraße 13, ma. 12-14 en 15-17 uur, di. 11-13 en 15-17, wo., vr. 15-17, do. 15-19, za. 11-17 uur

Deze 13e-eeuwse vroeggotische kerk is met zijn drie torens karakteristiek voor Kaiserslautern.

Museum Pfalzgalerie

Museumsplatz 1, tel. 06 31 36 47 201, info@mpk.bv-pfalz.de, www.mpk.de, di. 11-20, ma.-zo. 10-17 uur, entree € 6

Interessante collectie 19e- en 20e-eeuwse kunst, met een belangerijke verzameling grafiek van onder meer Picasso en grote Duitse expressionisten. Daarnaast zijn er het gehele jaar door interessante tentoonstellingen.

Cultuurcentrum Kammgarn

Schoenstraße 10, tel. 06 313 64 72 01, www.kammgarn.de. Kaartjes via de website of direct aan de deur

Centrum voor hedendaagse kunst en muziek in een voormalige kamgaren-spinnerij. Jazz-, blues-, pop-, rock- of indiemuziek in een relaxte atmosfeer.

Japanse tuin

Am Abendsberg 1, tel. 06 313 70 66 00, info@japanischergarten.de, www. japanischergarten.de, apr.-okt., di.-zo. 10-18 uur, entree € 5,50

Het Verre Oosten in Kaiserslautern. Dankzij de samenwerking met haar Japanse zusterstad is er in 2000 een prachtige Japanse tuin geopend.

Overnachten

100% design – **Art Hotel Lauterbach:** Fruchthallstraße 15, tel. 06 31 36 24 00, info@art-hotel-kl.de, www.art-hotel-kl.de. Mooi ingericht designhotel in het centrum vlak bij de gezellige St.-Martins-Platz.

Net buiten de stad – **Idyll:** Dauborner-weg 41, tel. 06 31 46 025, kontakt@idyll-kl.de, www.idyll-kl.de. Op de grens van stad en Pfälzer Wald ligt dit familiehotel met aangenaam restaurant.

Eten en drinken

In de wolken – **Lounge 21:** 21e verdieping van het Rathaus van Kaiserslautern, Willy-Brandt-Platz 1, tel. 06 31 32 04 370, www.21-lounge.de. Op de bovenste verdieping van het stadhuis is een hippe lounge en een fusion-restaurant gevestigd. Met geweldig uitzicht. Stammtisch – **Spinnrädl:** Schiller-straße 1, tel. 06 31 60 511, muders@spinnraedl.de, www.spinnraedl.de. Stevige kost in historische omgeving.

Actief

Het bos in! – **Wilensteiner Mühle:** Karlstalstraße 1, D-67705 Trippstadt. De Wilensteinermolen is een goed startpunt voor een wandeling door een van de mooiste delen van het Pfälzer Wald: snelstromende beekjes, oude loofbomen, houten bruggetjes. Het kan bijna niet romantischer.

Informatie

Tourist Information

Fruchthallstraße 14, D-67655 Kaiserslautern, tel. 06 313 65 23 17, tourist information@kaiserslautern.de, www. kaiserslautern.de/tourismus_freizeit_kultur/tourismus.

Vervoer

Trein: Hauptbahnhof Kaiserslautern, Bahnhofstraße 1. Directe verbindingen met Saarbrücke, Neustadt, Bingen, Ludwigshafen en Mannheim.

Keizersteden langs de Rijn

De keizersteden langs de Rijn waren de steden waar de **Rijksdagen** van het **Heilige Roomse Rijk** plaatsvonden. Hier verzamelden de Duitse vorsten en hoge geestelijken zich om belangrijke zaken met de keizer te bespreken. Tussen ongeveer 1100 en 1650 vonden meer dan 150 Rijksdagen plaats in **Mainz** (zie blz. 156), **Worms** en **Speyer**. Hierdoor speelden deze drie steden een bepalende rol in de vorming van het nieuwe machtsblok dat ontstond na de opdeling van het Frankische Rijk van Karel de Grote. De overheersende rol van religie in het 'nieuwe' Rijk blijkt uit de imposante romaanse kathedralen die in de 11e eeuw zijn gebouwd en nog steeds de aanblik van Worms en Speyer bepalen. Tot ongeveer 1800 hadden deze steden grote invloed op zowel politiek, cultureel als religieus gebied.

Worms ▶ D 6

Maarten Luther

De vrije rijksstad Worms heeft zijn naam en faam in de eerste plaats te danken aan **Maarten Luther** (1483-1546) en het edict uit 1521 dat naar aanleiding van zijn **95 stellingen** werd uitgesproken. Het pleit voor hervorming van de katholieke kerk, kwam hem al snel duur te staan: hij werd in de ban gedaan en vogelvrij verklaard. Maar dankzij de steun die hij van de keurvorst van Saksen genoot, bleef hem dit bespaard en kreeg hij de mogelijkheid om zijn gedachtegoed verder te verspreiden. Zijn beweging was het begin van de **Reformatie** en het **protestantisme** (hij protesteerde tegen de rijkdom van de Kerk en de verkoop van aflaten).

Het feit dat deze belangrijke gebeurtenissen in Worms plaatsvonden zegt veel over het belang van deze stad. De Romeinse keizer Augustus maakte van Worms (Civitus Vangiolum) een belangrijke grensstad en al in de 4e eeuw zetelde er een bisschop. De stad was een favoriete plaats van zowel de Bourgondiërs als de Karolingers en in Worms beëindigden de paus en de keizer in 1122 met het Concordaat van Worms de **Investituurstrijd**. In 1273 werd Worms een **vrije rijksstad**. Dit betekende dat de stad de vrijheid kreeg om zelf belastingen te innen, tol te heffen en handel te drijven. De stad viel vanaf dat moment niet meer onder het gezag van lokale of regionale heersers maar diende slechts verantwoording af te leggen aan de keizer. Het hoogtepunt van de macht van de stad was tijdens de Rijksdag in 1495. De stadsmuren telden toen honderd torens, waarvan enkele nog te zien zijn. Na de 16e eeuw diende langzaam verval zich aan.

Joods verleden

De tweede reden dat Worms extra aandacht krijgt is het Joodse verleden van de stad. De Joodse nederzettingen in Worms en Speyer wedijveren met elkaar om de titel van oudste nog bewaarde *site* van Europa. Beide nederzettingen zijn in de 11e eeuw ontstaan en waar **Worms** de oudste joodse begraafplaats van Europa bezit, heeft **Speyer** een joods badhuis dat in acht eeuwen nauwelijks is veranderd. Ook in **Mainz** zijn resten van Joodse cultuur te vinden en daar is tevens in 2010 een nieuwe synagoge gebouwd wat duidt op een groeiende Joods gemeenschap. De drie steden worden gezien als de geboorteplaatsen van de **Asjkenazische** religieuze cultuur in Europa en hebben zich als de **SCHUM-steden** aangemeld om te worden opgenomen in de lijst van het

Het Luther Denkmal in Worms

UNESCO Werelderfgoed (voor meer informatie: **www.schum-staedte.de**).

Het Nibelungenlied

De derde reden dat Worms bekendheid geniet is de band met het **Nibelungenlied**. De beroemde middeleeuwse sage zou zich in Worms hebben afgespeeld. In het Nibelungenlied wordt de strijd van de Bourgondiërs tegen de Hunnen in 437 verwoord. Hier zou Hagen Siegfried hebben vermoord en de Nibelungenschat in de Rijn hebben gegooid. Het verhaal van de Nibelungen is in later jaren door verschillende nationalistische bewegingen gebruikt maar de opera's van **Richard Wagner** zorgden ervoor dat het verhaal nog steeds over de hele wereld te beluisteren is. Door heel Worms zijn parken, standbeelden en fonteinen aan het lied gewijd (voor meer informatie: www.nibelungenlied-gesellschaft.de).

St. Petersdom

www.wormser-dom.de, apr.-okt. 9-18, nov.-mrt. 10-17 uur

Op het hoogste punt van de binnenstad staat de laatromaanse St. Petersdom. Met zijn vier ronde torens en twee koepels domineert de basiliek het aanzicht van de stad. In de loop van de eeuwen is de dom verschillende malen zwaar beschadigd maar telkens direct weer opgebouwd. Zodoende is de oorspronkelijke structuur nog dezelfde als in de

12e eeuw. Het barokke hoogaltaar van Johann Barthasar Neumann stamt uit 1740; het contrast met de romaanse kerk versterkt beider schoonheid. In vroeger tijden stond direct naast de dom de **palts** (paleis) van de Duitse keizers, die regelmatig in Worms verbleven, en daardoor een directe toegang tot de dom hadden. Rondom de dom zijn nog sporen te vinden van het klooster, maar verder domineert naoorlogse woningbouw de omgeving.

Museum Kunsthaus Heylshof

Stephansgasse 9, www.heylshof.de, mei.-sept. di.-zo. 11-17, okt.-apr. di.-za.

Tip

De Nibelungen in Worms

Deze brug over de Rijn is in 1950 de Nibelungenbrücke genoemd nadat terugtrekkende Duitse troepen de oorspronkelijke brug in 1945 opbliezen. De toren markeert ook het begin van de **Nibelungen- und Siegfriegstraße**, een autoroute die langs belangrijke plaatsen uit het Nibelungenlied loopt. Voor route en informatie: www.nibelungen-siegfriedstrasse.de.

14-17, zo. 11-17 uur, jan.-14 feb. gesloten, entree € 3,50

Op de plek waar vroeger de palts van Karel de Grote en later het bisschoppelijk paleis stond, staat nu een neobarokke villa uit 1884. De familie Von Heyl liet in 1920 het huis en interieur, inclusief de uitgebreide kunstverzameling, aan de stad na. Heylshof is in 1945 volledig verwoest maar gelukkig was de schilderijenverzameling elders opgeslagen. In deze eclectische collectie bevinden zich ook Nederlandse meesters, zoals Gerrit van Honthorst en Salomon en Jacob van Ruysdael.

Joodse wijk

Synagoge: Synagogenplatz, tel. 06 24 18 53 47 025, apr.-okt. dag. 10-12.30 en 13.30-17, nov.-mrt. 10-12, 14-16 uur. Jüdisches Museum im Rasche-Haus: Hintere Judengasse 6, tel. 06 24 18 53 47 07, apr.-okt. dag. 10-12.30, 13.30-17, nov.-mrt. 10-12, 14-16 uur, entree € 2

De Joodse gemeenschap van Worms was een van de oudste en belangrijkste van Duitsland. Rondom de Judengasse speelde het Joodse leven zich af. Aan de andere kant van de toenmalige stad, ligt de joodse begraafplaats. De eerste synagoge van Worms stamt uit 1034, de huidige **synagoge** uit 1175. Het is een zeer getrouwe reconstructie na de volledige verwoesting van het gebouw tijdens de **Kristallnacht** in 1938. De mikwe – rituele baden – zijn wel origineel en vrij toegankelijk. Onderdeel van het complex is het **Jüdisches Museum im Raschi-Haus**, genoemd naar de 11e-eeuwse Talmoedgeleerde Salomon Raschi. Dit museum vertelt het verhaal van negenhonderd jaar Joodse gemeenschap in Worms.

Heiliger **Sand**

Hoek Willy-Brandt-Ring en Andreasstraße, dag. apr.-okt. 8-20, nov.-mrt. 8 uur-zonsondergang

Waarschijnlijk is de Heiliger Sand de oudste joodse begraafplaats van Duitsland. De begraafplaats is in 1034 aangelegd en telt meer dan tweeduizend graven. Er liggen verschillende belangrijke joodse schriftgeleerden begraven.

Nibelungenmuseum

Fischerpförtchen 10, tel. 06 24 18 53 41 203, nibelungenmuseum@worms.de, www.nibelungenmuseum.de, di.-vr. 10-17, za., zo. 10-18 uur, entree € 5,50
Gelegen aan de oude stadsmuur geeft dit museum, in fantastische nieuwbouw, een goed beeld van de oorsprong en het belang van de Nibelungensage door de eeuwen heen. De audiotoer is ook leuk voor kinderen.

Overnachten

Aan de slottuin – **Kriemhilde:** Hofgasse 2-4, tel. 06 24 19 11 50, info@hotelkriemhilde.de, www.hotelkriem hilde.de, 2-pk € 68. Midden in het centrum gelegen hotel met restaurant en *Weinstube*.

Eten en drinken

Biergarten aan de Rijn – **Hagenbräu:** Am Rhein 3, tel. 06 241 92 11 00, info@hagenbraeu.de, www.hagenbraeu.de. In de grote Biergarten kunt u bier uit eigen brouwerij drinken en eenvoudig maar goed eten.
Uitzicht op de dom – **Café-brouwerij-Weinstube Dom Terrassen**: Andreasstraße 13, tel. 06 24 19 77 31 49, info@domterrassen-worms.de, www.domter rassen-worms.de. Dit is dé plek om even een kop koffie of een biertje te drinken. Er is een aardig restaurant en de Weinstube biedt een enorme keuze aan wijnen uit Rheinhessen. U kunt hier ook wijn kopen en meenemen.

Info en festiviteiten

Touristen Information

Neumarkt 14, D-67547, tel. 06 24 12 50 45, www.worms.

Vervoer

Trein: verbindingen met Mainz, Mannheim, Ludwigshafen, Frankenthal en Lorsch.

Festiviteiten

Nibelungen Festspiele: openluchttheater, in de eerste twee weken van augustus, voor de dom met opvoeringen over onder meer de Nibelungensage (www.nibelungenfestspiele.de).

Speyer ▶ D 7

Hoewel op de plaats waar Speyer ligt Kelten, Nemeten en Romeinen zich al veel eerder hadden gevestigd, begon de bloeiperiode van de stad pas in de 11e eeuw. Toen Konrad II in 1027 in Rome tot keizer van het Heilige Roomse Rijk werd gekroond, besloot hij van Speyer zijn hoofdstad te maken. En in de middeleeuwen toonde je je macht door het bouwen van een grote kathedraal. De dom van Speyer werd de raison d'être van Konrad: al in 1020 werd de eerste steen gelegd en de kerk werd in 1061 ingewijd. Zijn opvolgers vervolmaakten zijn levenswerk in de periode 1082-1125. In deze basiliek werden drie eeuwen lang de Duitse keizers begraven.

De glorie van de vrije rijksstad Speyer eindigde met de laatste Rijksdag aldaar in 1570. De stad telde toen nog 60 stadspoorten en torens, 38 kerken en kapellen en de dom. De periode die volgde betekende achteruitgang en verwoesting. Zowel in 1689 als tijdens de napoleontische oorlogen werden stad en dom door Franse soldaten zwaar beschadigd. ▷ blz. 180

Favoriet

Speyer – in en om de dom ▶ D 7

De Kaiserdom **1** is niet alleen de grootste romaanse kathedraal van Europa, de dom ligt op een magnifieke plek: met uitzicht op de Rijn aan de ene kant, de oude stad aan de andere kant en omgeven door groen.

De *Domgarten*, het park tussen de dom en de rivier, is de ideale plek om even uit te rusten van een dag cultuur in Speyer. Aan de noordkant van het park ligt een van de oudste wijkjes van de stad met kleine middeleeuwse huizen en de **Sonnenbrücke**. Dit is een bijzonder romantische plek waar zoveel verliefde stelletjes komen dat de brug in de volksmond de *Liebesbrücke* wordt genoemd.

Maar het historisch besef was groot en in 1854 werd begonnen aan een grootschalige restauratie. Omdat Speyer als een van de weinige Duitse steden niet heeft geleden onder de bombardementen tijdens de Tweede Wereldoorlog, heeft de stad haar oorpronkelijke karakter grotendeels behouden en dat is goed voelbaar.

Kaiserdom 1

Domplatz, www.dom-speyer.de, apr.-okt. dag. 9-19, nov.-mrt. dag. 9-17 uur. Kaisersaal en uitzichtplatform: apr.-okt. ma.-vr. 10-17, zo. 12-17 uur, entree € 6

De Kaiserdom was, na de uitbreidingen van Hendrik V in 1106, met een lengte van 134 m en een breedte van 43 m het grootste gebouw uit zijn tijd. De Salische keizers hadden een politiek statement gemaakt: zij bouwden het grootste religieuze bouwwerk van Europa in een dorp met niet meer dan vijfhonderd inwoners. Een uitdaging voor de paus. Met dit gebouw claimde de keizer niet alleen zijn seculiere macht maar stelde hij zich ook aan het hoofd van de Kerk. De hoofdingang van de dom bevindt zich in het dwarsgeplaatste westwerk. U kunt nu eerst de *Kaisersaal* ingaan. Hier staan 19e-eeuwse standbeelden van de in de dom begraven keizers en monumenten voor de keizers Rudolf van Habsburg en Adolf van Nassau. Ook zijn hier sinds 2012 19e-eeuwse fresco's tentoongesteld. Vanuit de *Kaisersaal* kunt u een platform beklimmen vanwaar u een prachtig uitzicht hebt over de daken van de dom en de omgeving. Vanaf de ingang loopt u door naar het enorme **schip** van de basiliek: 70 m lang, bijna 14 m breed en 33 m hoog. Vlak voor het dwarsschip is het indrukwekkende *Königschor*: hier zijn de bisschoppen van Speyer bijgezet. Het hoogtepunt is de **crypte**: hier zijn acht Duitse keizers bijgezet.

Maximilianstraße

Maximilianstraße en wandelgebied Korngasse

Voor een middeleeuws stratenpatroon is de Maximiliaanstraße bijzonder: de straat die loopt tussen de oude stadspoort en de dom is erg breed. In vroeger tijden reden de keizers met hun gevolg via de stadspoort over de Maximilianstraße naar de dom. Dit was een soort parade met veel pracht en praal. Het grote bassin voor de hoofdingang van de dom werd tijdens dit soort hoogtijdagen gevuld met Paltse wijn voor de bevolking en er werd wekenlang feest gevierd. Tegenwoordig is dit nog steeds het hart van de stad. Vanaf de dom ziet u aan uw linkerhand eerst het **Bisschoppelijk Paleis** 2, en vervolgens het **Alte Rathaus** 3, een barok gebouw uit 1712 waarin nu het toeristenbureau, een theater en in de gewelven Restaurant Ratskeller gevestigd zijn. Aan de rechterhand iets verderop ligt het **Kaufhaus** 4, een statig gebouw waar vroeger de munt zat. De Krongasse is een voetgangersgebied met leuke winkels en cafés. Aan het einde van de straat ligt de middeleeuwse **Altpörtel** 5, de oude stadspoort die het einde van de ommuurde stad aangeeft. Deze 13e-eeuwse stadspoort is te bezichtigen en te beklimmen en biedt een mooi uitzicht over de stad (apr.-okt. ma.-vr. 10-12 en 14- 16, za., zo. 10-17 uur, entree € 1).

Protestantische Dreifaltigkeitskirche 6

Große Himmelsgasse 4, tel. 06 23 26 29 95 89, www.dreifaltigkeit-speyer. de, wo.-za. 10.30-16, zo. 14-17 uur

Na de verwoesting van Speyer in 1689 was deze evangelische kerk het eerste openbare gebouw dat werd herbouwd. De gevel stamt uit 1891 doordat de Fransen de kerk wederom zwaar hadden beschadigd. Het barokke interieur is grotendeels authentiek.

De oude stadspoort, Altpörtel, aan het einde van de Maximilianstraße

Mikwe of joodse baden 7

Kleine Pfarrengasse, apr.-okt. dag. 10-17 uur

Al in de middeleeuwen had Speyer een grote bloeiende Joodse gemeenschap die van zowel de bisschoppen als de keizers grote vrijheden had gekregen. In 1104 werd de eerste **synagoge** gebouwd en enkele jaren later volgde de **mikwe**, het rituele bad. Toen de Joden in 1534 uit de stad werden verdreven, werd het oude getto (*Judenhof*) afgebroken en bij de stad getrokken. Alleen het onderaardse vrouwenbad, met bijzondere romaanse versieringen, is nog intact gebleven. Vlakbij staat nog één

181

gerestaureerde muur van de synagoge. Waarschijnlijk hebben dezelfde ambachtslieden die de dom bouwden ook gewerkt aan de mikwe en de synagoge.

Gedächtniskirche

Bartholomäus-Weltz-Platz 5, tel. 06 23 27 42 37, www.gedaechtniskirchen gemeinde.de, ma.-vr. 14-17, za. 10-17, zo. 14-17 uur

De Gedächtniskirche is tussen 1890 en 1904 gebouwd om het 'protest' van de evangelische vorsten en veertien vrije rijkssteden voor (christelijke) geloofsvrijheid tijdens de Rijksdag van Speyer in 1529 te herdenken. De neogotische kerk heeft een bijzondere 100 m hoge opengewerkte spits en prachtige gebrandschilderde ramen.

Historisches Museum der Pfalz 8

Domplatz, tel. 06 23 21 32 50, www. museum.speyer.de, dag. 10-18 uur, entree € 7

Het Historisch Museum herbergt een aantal belangrijke collecties uit de Pfalz. Hier wordt de kerkschat tentoongesteld met als hoogtepunt de kroon van Konrad II uit 1039. Verder toont het museum de geschiedenis van de Pfalz: van de prehistorie, via de Romeinen en de middeleeuwen tot de moderne tijd. Bijzonder is het **Junge Museum**, het kindermuseum, waar op een bijzondere manier de geschiedenis van de omgeving wordt verteld.

Technik Museum 9

Am Technik Museum 1, tel. 06 23 26 70 80, www.speyer.technik-museum. de, ma.-vr. 9-18, za., zo. 9-19 uur, entree € 11-18

Het Technik Museum is gevestigd in een voormalige vliegtuighangar en richt zich voornamelijk op **transport**. De basis van de collectie is een (Russische) **spaceshuttle**, een jumbojet, een Antonov, maar ook locomotieven, old-timers en een onderzeeboot. Alle objecten kunnen ook vanbinnen worden bekeken. Naast het museum zit een **Imax-theater** waarin natuurfilms worden getoond.

Sea Life 10

Im Hafenbecken 5, tel. 06 23 26 97 80, www.www.sealifeeurope.com/speyer, ma.-vr. 10-17, za., zo. 10-18 uur, entree € 15,50

Veertig aquaria met meer dan drieduizend dieren, zoals haaien, schildpadden en zeesterren. Tussen 10 en 16 uur worden de dieren gevoed.

Overnachten

Klein en fijn – **Residenz am Königsplatz 1**: Ludwigstraße 6, tel. 06 23 26 84 990, info@residenz-speyer.de, www. residenz-speyer.de, 2 pk € 165. In een historisch pand in de binnenstad ligt dit chique, kleinschalige boetiekhotel.

Historische grond – **Domhof 2**: Bauhof 3, tel. 06 23 21 32 90, rezeption@ domhof.de, www.domhof.de, 2-pk € 105. Waar vroeger Duitse koningen logeerden, staat nu dit comfortabele hotel met prachtige binnenplaats.

Eten en drinken

In een sfeervolle kelder – **Ratskeller 1**: Maximilianstraße 12, tel. 06 23 27 86 12, www.ratskeller-speyer.de. Groot restaurant met klassieke keuken, verse ingrediënten en vriendelijke bediening.

Een echte bistro – **Philipp Eins 2**: Johannesstaße 16, tel. 06 23 27 84 00, info@philippeins.de, www.philippeins. de. Een échte Franse bistro met dito interieur, sfeer en menukaart.

Voetjes in het zand – **Rheinstrand 3**: Am Neuen Reinhafen 1, tel. 06 21 18 15 563. In de zomer geopend stadsstrand

Speyer

Bezienswaardigheden

1 Kaiserdom
2 Bisschoppelijk Paleis
3 Alte Rathaus
4 Kaufhaus
5 Altpörtel
6 Protestantische Driefaltigkeitskirche
7 Mikwe
8 Historisches Museum der Pfalz
9 Technik Museum
10 Sea Life

Overnachten

1 Residenz am Königsplatz
2 Domhof

Eten en drinken

1 Ratskeller
2 Philipp Eins
3 Rheinstrand

Winkelen

1 Weltladen Speyer
2 Dompavillion

met eenvoudig eten, goede cocktails en vaak livemuziek. Hier komt de jeugd van Speyer tot in de late uurtjes samen.

Winkelen

Fair – **Weltladen Speyer** 1: Korngasse 31, tel. 06 23 27 82 85, www.weltladen-speyer.de. Levensmiddelen, mode, kunstnijverheid en een fair trade-coffeeshop.

Souvenirs – **Dompavillion** 2: Domplatz, tel. 06 23 29 80 24 00. Allerlei soevernirs van de dom, met zelfs *Dombausteine* (originele bouwstenen afkomstig van de dom), maar ook wijn en kleding.

Actief

Fietsen – Dit deel van de **Rheinradweg** (57 km) volgt de oevers van de Rijn tussen Speyer en Worms. U passeert Mannheim en Ludwigshafen met

hun industrie en havens. De route biedt een mooie afwisseling tussen natuur en industrie. Vanuit Speyer gaat de route bergafwaarts en u kunt met de trein weer terug. Daarom ook heel geschikt met kinderen.

Info en festiviteiten

Tourist Information

Maximilianstraße 13, D-67346, tel. 02 232 14 23 92. Er is een goede website met alle mogelijke informatie en rondleidingen: www.speyer.de.

Vervoer

Trein: goede verbindingen met Karlsruhe en Mannheim.
Boot: verschillende toeristische vaartochten.

Festiviteiten

Bretzelfest: hoewel naar pretzels genoemd is het eigenlijk een bierfeest. Met jaarmarkt, eind juli.

Zuid-Hessen

Wiesbaden ▶ D 5

Wiesbaden is sinds Romeinse tijden bekend om zijn helende warme zoutwaterbaden. Al in de 1e eeuw n.Chr. liet keizer Claudius rondom de baden twee versterkte legerplaatsen aanleggen. In de 18e eeuw werd Wiesbaden, vanwege zijn helende bronnen, de residentie van de vorsten van Nassau, maar de glorietijd kwam pas ná de eenwording van Duitsland, ten tijde van de Pruisische heerschappij. Wiesbaden was de favoriete verblijfplaats van keizer Wilhelm II en de stad werd het verzamelpunt voor de internationale jetset. Niet alleen de kuurbaden maar vooral de casino's hadden grote aantrekkingskracht. Door de grote rijkdommen die er gewonnen en verloren werden, trokken ook kunstenaars en schrijvers naar de stad, waardoor Wiesbaden rond 1900 een middelpunt van cultuur werd.

Na de Eerste Wereldoorlog vertrok de jetset naar warmere oorden en verloor de stad zijn glans. Gelukkig is Wiesbbaden nauwelijks getroffen door bombardementen in de Tweede Wereldoorlog waardoor de chique stad nog steeds een bepaalde allure bezit. Dit is waarschijnlijk deels te danken aan het feit dat de Amerikanen Wiesbaden als bestuurscentrum van de naoorlogse Amerikaanse zone hadden gekozen.

Thermen 1 2 3

Kaiser-Friedrich-Therme, Langgasse 38-40, tel. 06 11 31 70 60, kft@wiesbaden.de, www.wiesbaden.de/kft, mei-aug. dag. 10-22, sept.-apr. zo.-do. 10-22, vr.-za. 10-24 uur
Over het centrum van Wiesbaden liggen enkele kuuroorden verspreid, alle afkomstig uit het eerste decennium van de vorige eeuw. De belangrijkste is het neoclassicistische **Kurhaus** 1 uit 1907. Met zijn paviljoens en zuilengalerijen vormt het Kurhaus hét uitgaanscentrum van Wiesbaden. Het **casino** met zijn beroemde koepelhal is het hart van deze chique uitgaansbuurt. In de overige zalen zijn vaak concerten en in het Kurpark is livemuziek. Tevens is hier een van Wiesbadens beste restaurants, **Bistro Käfer's**, gevestigd. Iets verderop liggen de **Kaiser Friedrich Therme** 2. Ook hier wordt architectonisch verwezen naar de Romeinse tijd maar kunnen ook jugenstil-elementen worden ontdekt. Dit hoogtepunt van kuurcultuur uit 1910 is ook voor de gewone mens te bezoeken en voor verrassend weinig geld! Hoewel niet echt een kurhaus, zijn de **Kochbrunnen** 3 op de Kransplatz onderdeel van de thermen van de stad. Dagelijks borrelt hier een half miljoen liter zout bronwater met een temperatuur van 66°C omhoog. De Kochbrunnentempel (1854) verwijst wederom naar het Romeinse verleden en maakt duidelijk onderdeel uit van het dagelijks leven van de Wiesbader: veel inwoners komen aan het tempelkrantje geregeld een slokje nemen.

Stadspaleis en basiliek 4 5

Schlossplatz

Net als de thermen verwijst ook de residentie van de hertogen van Nassau naar het Romeinse verleden. In het neoclassicistische gebouw uit 1840 is nu de Hessische Landtag gevestigd. Vlak naast het slot ligt de neogotische Marktkirche, een driebeukige basiliek uit rode baksteen met vijf opvallend hoge torens uit 1862. Tegenover de basiliek staat een standbeeld van Willem van Oranje (de Zwijger) dat de lange en historische band tussen de Nassaus en de stad symboliseert.

Schiffchen

Tussen de residentie en de Karl-Frie-drich-Thermen ligt de gezellige uit-gaanswijk Schiffchen. Eigenlijk zijn het maar twee straten, de Grabenstraße en de Wagenmannstraße, en een steeg, de Goldgasse, waar een aaneenschakeling van winebars en cafés een gezellig con-trast vormt met de chique uitgaansge-legenheden bij het casino.

Museum Wiesbaden

Friedrich-Elbert-Allee 2, tel. 06 11 33 52 250, www.museum-wiesbaden.de, di., do. 10-20, wo., vr.-zo. 10-17 uur, entree € 10

In een enigszins somber gebouw uit 1915 is een bijzondere collectie mo-derne en hedendaagse kunst van de stad verzameld. Het museum be-geeft zich met zijn keuze voor heden-daagse kunstenaars op het terrein van de internationale avant-garde met kunstenaars als Rebecca Horn en Fred Sandbeck maar is vooral beroemd om zijn collectie schilderijen en grafiek van Alexej Jawlenski. Jawlenski was, als een van de belangrijkste Russische expres-sionisten, lange tijd werkzaam in Wies-baden. In de collectie zijn ook belang-rijke werken van Kandinsky, Klee, Fei-ninger en Rothko vertegenwoordigd.

Overnachten

Oude chic – **Nassauer Hof** 1: Karl-Friedrich-Platz 3-4, tel. 06 11 13 300,

De Nerotempel iets buiten Wiesbaden

Wiesbaden

Overnachten

1 Nassauer Hof
2 Hotel de France
3 Lalaland B&B

Eten en drinken

1 Käfer's
2 Marco&Momo

Winkelen

1 Wilhelmstraße
2 Markt

Actief

1 Nerobergbahn

Bezienswaardigheden

1 Kurhaus
2 Kaiser Friedrich Therme
3 Kochbrunnen
4 Stadspaleis
5 Basiliek
6 Schiffchen
7 Museum Wiesbaden

---

info@nassauer-hof.de, www.nassauser-hof.de, 2-pk € 215. Waan u een 19e-eeuwse aristocraat en verblijf in dit überchique hotel met eigen spa en op kruipafstand van het casino. Verstandig om de aanbiedingen af te wachten.

Modern mediterraan – **Hotel de France** 2: Taunusstraße 49, tel. 06 11 95 97 30, welcome@hoteldefrance.de, www.hoteldefrance.de, 2-pk € 71. Fijn viersterrenhotel met ruime moderne kamers en grote mediterrane tuin.

Bijzonder familiehotel – **Lalaland Bed & Breakfast** 3: Friedrichstraße 57, tel. 06 11 44 76 350, kontakt@lalaland-wiesbaden.de, www.lalaland-wiesbaden.de, 2-pk € 80. Fijne plek om te ontbijten met bijzondere, persoonlijke kamers.

Eten en drinken

Hier móet je zijn geweest – **Käfer's Bistro** 1: Kurhausplatz 1, tel. 06 11 53 62 00, info@kurhaus-gastronomie.de, www.kurhaus-gastronomie.de. U dineert in een prachtige eetzaal met houten lambriseringen en ontelbare schilderijen. Verwacht geen culinaire hoogstandjes, maar vooral een goede voorbereiding voor een avondje casino.

Goede mediterrane keuken – **Marco & Momo** 2: Westendstraße 3, tel. 06 11 97 16 834, marcoundmomo@gmail.com, www.marcoundmomo.de. Laat u niet ontmoedigen door de eenvoudige aankleding: het eten is gewoon goed, de bediening vriendelijk en de prijzen schappelijk. Zeker een aanrader.

Winkelen

De **Wilhelmstraße** 1 is de flaneerstraat van Wiesbaden met alle chique boetieks die daarbij horen. Op woensdag en zaterdag is er op de hoek van de Stettingerstraße en de Andreasstraße (Biebrich) een uitstekende **markt** 2 met voornamelijk streekproducten.

Actief

Wandelen – Wiesbaden heeft zijn eigen berg: **de Neroberg**. Deze 245 m hoge berg is het favoriete uitstapje van de Wiesbadener. Boven op de berg staat de classicistische Nerotempel vanwaar men een prachtig uitzicht over de stad heeft. De berg biedt allerlei vermaak, zoals klimmuren en een van de mooiste openbare zwembaden van Duitsland. Maar eigenlijk begint het uitstapje onderaan de berg: in 1888 werd de Nerobergbahn **1** gebouwd. Een treintje dat door middel van waterballast al meer dan een eeuw families de berg oprijdt. www.nerobergbahn.de.

Baden – Beroemd om zijn bronnen moet u een bad nemen in een van de vele thermen. De **Kaiser-Friedrich-Therme** zijn de bekendste. Let wel: in deze spa is zwemkleding niet toegestaan (Langgasse 38-40, tel. 06 11 31 70 60). De website www.hessische-heilbader.de geeft meer informatie over thermen en spa's in Hessen.

Informatie

Tourist Information

Marktplatz 1, tel. 06 11 17 29 930, tourist-service@wiesbaden-marketing.de, www.wiesbaden.de/tourismus

Vervoer

Trein: directe treinen naar Frankfurt en Mainz; ICE naar Keulen. Regiotreinen naar Bergstraße.

Omgeving van Wiesbaden

Ten westen van Wiesbaden liggen de beroemde maar toeristische stadjes Eltville en Rüdesheim (Zie **Op ontdekkingsreis** blz. 152). Zij genieten faam vanwege de gezellige stadscentra, de ligging langs de Rijn en hun 'Qualitätsweine'. Een groot deel van de Duitse sekt komt van de heuvels rondom deze twee stadjes in de Rheingau.

Het gebied ten noorden van Wiesbaden is het oude hertogdom Nassau, waar warme banden met ons koningshuis nog steeds zeer aanwezig zijn. Stadjes als Limburg en Nassau trekken drommen oranjegezinde toeristen (zie ook **Essay** blz. 46). Maar de echte aantrekkingskracht van deze regio is het landschap, de rivierdalen en het uitgestrekte **Taunusgebergte**. Ten oosten van Wiesbaden ligt de stad Rüsselsheim. De bijzonderheid van deze stad zit hem in het hoofdkantoor en de fabrieken van Opel.

Nassau ▶ C 4

Burg Nassau (zie blz. 121)

De imposante burcht Nassau kijkt uit over de Lahn. Dit is het stamslot van het Nederlandse koningshuis en is te bezoeken. In de directe omgeving zijn meer 'Oranjesporen' te vinden. Het is leuk om de eeuwenoude band met de Oranjes hier te beleven (www.burg-nassau-oranien.de).

Rüsselsheim ▶ D 5

Opel Werke

Zonder Opel zou Rüsselsheim zo aan uw aandacht zijn ontsnapt. Maar naast de enorme fabrieken heeft de stad een aardige vesting én is het eigenlijk de basis voor **riesling** in Duitsland. Tegenwoordig zijn het de **Opelvillen**, het Opelmuseum en de Opel Werke die de bezoekers aantrekken. Op dezelfde plek waar Adam Opel in 1862 zijn eerst naaimachine produceerde, staat nu een hypermoderne fabriek. Tijdens rondleidingen komt u langs klassieke Opel-modellen en worden u de nieuwste technieken getoond. Meer informatie: www.opel.de/opel-erleben/ueber-opel/company/werkstour.

Frankfurt am Main ▶ D 5 / E 5

Mainhattan, zo wordt Frankfurt genoemd en als je de stad van een afstandje bekijkt, lijkt het er ook wel een beetje op. De stad heeft meer dan 700.000 inwoners en maakt deel uit van de stadsmetropool Frankfurt-Rhein-Main waar meer dan 5,5 miljoen mensen wonen. Frankfurt is het financiële centrum van Europa; hier is de Europese Centrale Bank gevestigd en in zijn kielzog honderden andere banken. Bovendien is de stad hét centrum van de media: grote uitgeverijen hebben hier hun thuisbasis en in de 'Messe' wordt jaarlijks de wereldberoemde Frankfurter Buchmesse gehouden: op dat moment het middelpunt van de mondiale uitgeefwereld.

De Main deelt deze metropool in tweeën: het grootste deel van de stad ligt ten noorden van de rivier. De historische Altstadt, althans, het na de Tweede Wereldoorlog heropgebouwde centrum, ligt aan de Main (zie Essay blz. 42). Ten westen van het centrum vindt u het creatieve en multiculturele Bahnhofsviertel en iets verder de wolkenkrabbers van het Bankenviertel, terwijl de Europese Bank weer ten oosten van de stad aan de Main ligt. Ten noorden liggen wijken met 19e-eeuwse villa's en weelderige parken – Westend – en het prettige Nordend: het uitgaansgebied van de jonge Frankfurter.

Voor de cultuurzoeker is de stad ten zuiden van de Main, Sachsenhausen, interessanter. De zuidelijke oever, de Mainufer, een 15 km lange boulevard, biedt een prachtig uitzicht op de stad. Een deel van de boulevard is Museumsufer genoemd. Hier liggen de wereldberoemde Frankfurter musea met als absoluut hoogtepunt het Städel. Dit topmuseum herbergt een van de mooiste kunstcollecties ter wereld.

Altstadt

Het rivierdal tussen Rijn en Main was altijd al zeer vruchtbaar en bewoning ontstond daardoor al zeer vroeg. Na de Kelten volgden de Romeinen die in het Taunusgebergte hun rijksgrens (limes) hadden. Met de ondergang van het Romeinse Rijk namen de Franken het gebied over.

In 794 bouwde Karel de Grote een hof, een palts, dat in de loop der eeuwen zo belangrijk werd dat Frederik I zich er in 1152 definitief vestigde. Frankfurt was toen al een knooppunt op de grote handelsroutes naar de Nederlanden, Mainz en Keulen. Daarom ook werd in Frankfurt de eerste munt van Duitsland gesticht om alle verschillende munten die de stad binnenstroomden een duidelijke en vaste wisselkoers te geven.

Vanaf de 16e eeuw werden in Frankfurt de Duitse keizers gekroond, met Maximiliaan II als eerste. Bovendien was de stad een centrum van geldhandel geworden, die voornamelijk in handen was van Joden. Zoals de Rothschilds, die vanuit Frankfurt de grootste privébank ter wereld leidden.

Römerberg [1]

Op de Römerberg klopt het historische hart van Frankfurt. Al sinds de 9e eeuw worden hier feesten, markten en toernooien georganiseerd. Hier liggen het oude Rathaus, de Nicolaikirche en de beroemde Justitiafontein, alles tot in de puntjes gerenoveerd. En dat moest ook wel: van de 1500 vakwerkhuizen die hier tot 1944 stonden, waren er na de oorlog nog elf over.

Kaiserdom [2]

Domplatz 1, tel. 06 92 97 03 20, pfarrbuero@dom-frankfurt.de, www.dom-frankfurt.de, dag. 9-20, wo. 13-20 uur

Het financiële centrum van Europa: Mainhattan.

De Kaiserdom is officieel geen dom omdat hij nooit diende als zetel voor de bisschop maar hij is wel de belangrijkste kerk van de stad. De laatgotische kerk met 95 m hoge toren was tussen 1356 en 1792 de plek waar de Duitse koningen en keizers werden ingewijd. De torenspits is echter van na de brand van 1867. De warme rode steen van de kerk is ook binnen te zien. Let vooral op het bijzondere 15e-eeuwse Maria-Schlaf-Altar in de Mariakapel bij de ingang.

Frankfurter Kunstverein 3

Steinernes Haus am Römerberg, Markt 44, tel. 06 92 19 31 40, post@fkv. de, www.fkv.de, di., do., vr. 11-19, wo. 11-21, za., zo. 10-19 uur, entree € 8

In het 15e-eeuwse **Steinerne Haus** worden tentoonstellingen georganiseerd over internationale hedendaagse kunst.

Schirn Kunsthalle 4

Römerberg, tel. 06 92 99 88 20, welcome@schirn.de, www.schirn.de,

di., vr.-zo. 10-19, wo., do. 10-22 uur., entree € 9

De in 1986 geopende Schirn Kunsthalle Frankfurt heeft in de afgelopen decennia bekendheid gekregen vanwege grote internationale exposities. Het langgerekte moderne tentoonstellingsgebouw tussen de Römer en de dom vormt zowel een brug als een contrast tussen beide stadsdelen.

MMK – Museum für moderne Kunst 5

Domstraße 10, tel. 06 92 12 30 447, mmk@stadt-frankfurt.de, www. mmk-frankfurt.de, di., do.-zo. 10-18, wo. 10-20 uur, entree € 12-16

Naast de dom ligt het **Museum für moderne Kunst** (MMK), in de volksmond de 'taartpunt' genoemd. Dit postmoderne museumgebouw heeft

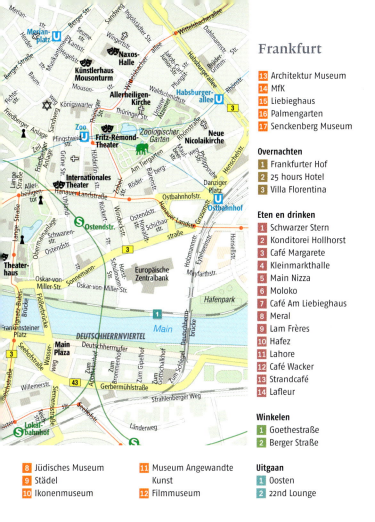

Frankfurt

13 Architektur Museum
14 MfK
15 Liebieghaus
16 Palmengarten
17 Senckenberg Museum

Overnachten

1 Frankfurter Hof
2 25 hours Hotel
3 Villa Florentina

Eten en drinken

1 Schwarzer Stern
2 Konditorei Hollhorst
3 Café Margarete
4 Kleinmarkthalle
5 Main Nizza
6 Moloko
7 Café Am Liebieghaus
8 Meral
9 Lam Frères
10 Hafez
11 Lahore
12 Café Wacker
13 Strandcafé
14 Lafleur

Winkelen

1 Goethestraße
2 Berger Straße

8 Jüdisches Museum
9 Städel
10 Ikonenmuseum

11 Museum Angewandte Kunst
12 Filmmuseum

Uitgaan

1 Oosten
2 22nd Lounge

een enorme collectie conceptuele, foto-
en videokunst en organiseert regelmatig wereldvermaarde tentoonstellingen.
Het museum heeft twee dependances:
in het zakendistrict van de stad waar de
nieuwste aanwinsten worden getoond
(**Taunustor 1 – MMK2**) en tegenover
het MMK waar kleine maar zeer vooruitstrevende tentoonstellingen worden
georganiseerd (**Domstraße 3 – MMK3**).

Kleinmarkthalle 6

De Kleinmarkthalle toont Frankfurt in
al zijn multiculturele glorie. In de in
typisch naoorlogse wederopbouwstijl
gebouwde markthal wordt de bezoeker met geuren en smaken meegenomen op een wereldreis: van Italiaanse
oliën en Perzische gedroogde vruchten tot Griekse feta en Braziliaanse fe-
ijoada. Maar ook voor de dagelijkse

boodschappen zitten hier uitzonderlijk goede slagers, poeliers en groenteboeren. U kunt dit voedselmekka niet verlaten zonder bij een van de vele standjes iets te eten of een glas te drinken. Sla vooral de kraam van Ilse Schreiber niet over met haar zelfgemaakte worsten; schrik niet van rijen want het wachten zal worden beloond!

Het oude getto

Zonder de Joodse bevolking was Frankfurt nooit tot zulke grote bloei gekomen. Uit hun gelederen kwamen grote filosofen van de Frankfurter Schule als **Max** Horkheimer, Theodor W. Adorno en Walter Benjamin, en zonder de grote giften van bankiersfamilies als de Rothschilds, Oppermanns en Goldschmidts had de universiteit nooit haar grote status gekregen. Vóór de Tweede Wereldoorlog bestond de Joodse gemeenschap uit ongeveer dertigduizend leden en stonden er veertig synagogen in de stad.

Museum Judengasse 7

Kurt-Schumacher-Straße 10, tel. 06 92 12 70 790, info@ juedischesmuseum.de, www. juedischesmuseum.de. Het museum is tot najaar 2015 gesloten wegens renovatie en uitbreiding

Op de plek waar vroeger de Judengasse in het getto lag, staat nu het Museum Judengasse dat vertelt over het leven in het getto. Iets buiten het getto ligt achter oude bemoste muren het Alter Jüdischer Friedhof. Tussen 1270 en 1828 werd hier de Joodse bevolking begraven. De begraafplaats is een van de grootste en oudste ter wereld en is, nadat de nazi's een groot deel van de grafzerken hadden vernietigd of beschadigd, zorgvuldig hersteld. Een bijzondere plek om te bezoeken omdat hier ook de monumenten staat voor de elfduizend Frankfurtse Joodse burgers, onder wie Anne Frank, die tijdens de

Tweede Wereldoorlog zijn vermoord. De sleutel van de begraafplaats kan bij het museum worden afgehaald.

Jüdisches Museum 8

Untermainkai 14-15, tel. 06 92 12 35 000, info@juedischesmuseum.de, www.juedischesmuseum.de, di., do.-zo. 10-17, wo. 10-20 uur, entree € 7

Aan de andere kant van de binnenstad ligt, in een voormalig zomerpaleis van de familie Rothschild, het Jüdische Museum met een grote verzameling historische artefacten en tentoonstellingen over het Joodse leven van weleer.

Museumsufer ☀

Aan de zuidoever van de Main ligt een gordel van musea die allemaal de moeite van het bezoeken waard zijn. Het begon allemaal toen koopmanbankier **Johann Friedrich Städel** in 1816 zijn uitgebreide kunstverzameling aan de stad legateerde.

Städelse Kunstinstitut/Städel 9

Schaumankai 63, tel. 06 96 05 09 80, info@staedelmuseum.de, www. staedelmuseum.de, di., wo. en za., zo 10-18, do., vr. 10-21 uur, entree € 12-14

Het in 1878 gebouwde museumgebouw herbergt de roemruchte collectie van Johann Friedrich Städel met werk van Rafael tot Cranach en Renoir tot Van Gogh. De afdeling 17e-eeuwse Nederlandse schilderkunst, met schilderijen van Vermeer en Rembrandt, is voor iedere kunstminnaar verplichte kost. Sinds 2012 zit in een spectaculaire nieuwbouw ook een afdeling moderne en hedendaagse kunst. Beroemde werken van Vasarely en Francis Bacon tot Giacometti en Gerhard Richter komen in de glazen uitbouw goed tot hun recht. In het museum zit ook een winkel en het goede restaurant **Holbein's**.

Eigenlijk kunt u hier een hele dag besteden maar langs de Museumsufer liggen nog meer attracties. Van oost naar west komt u eerst bij het laatgotische **Deutschordenshaus**, met daarin het:

Ikonenmuseum der Stadt Frankfurt

Brückenstraße 3-7, tel. 06 92 12 36 262, info.ikonen-museum@stadt-frankfurt.de, www.ikonen-museum. de, di., do.-zo. 11-17, wo. 11-20 uur, entree € 4

Sinds de collectie van de stad Frankfurt in 1999 werd samengevoegd met de verzameling postbyzantijnse iconen uit Pruisisch bezit, heeft het museum extra statuur gekregen. Uniek is de koptische papieren icoon uit de 12e eeuw.

Museum Angewandte Kunst

Schaumainkai 17, tel. 06 92 12 31 286, www.museumangewandtekunst. de, di., do.-zo. 10-18, wo. 10-20 uur, entree € 9

De nieuwbouw van Richard Meier uit 1985 past perfect bij de oorspronkelijke classicistische villa waarin de collectie is gehuisvest. In het museum komt de toegepaste kunst door het ontbreken van tussenmuren perfeect tot zijn recht.

Deutsches Filmmuseum

Schaumainkai 41, tel. 06 99 61 22 02 20, info@deutsches-filminstitut.de, www.deutsches-filminstitut.de, di., do.-zo. 10-18, wo. 10-20 uur, entree € 6

In de volgende villa zit het **Deutsche Filminstitut**. Dit voormalige koop-

Uitzicht op het zakendistrict vanaf de Museumsufer

manshuis is in de jaren 80 en in 2009 geheel verbouwd en vertelt de geschiedenis van het bewegende beeld. Door de vele interactieve toepassingen is het museum ook heel leuk voor kinderen. In de kelder zit een fijne bioscoop.

Architektur Museum 13

Schaumainkai 43, tel. 06 92 12 38 844, info.dam@stadt-frankfurt.de, www.dam-online.de, di., do.-zo. 11-18, wo. 11-20 uur, entree € 9

Direct naast het filmmuseum ligt het DAM, het **Deutsche Architektur Museum**. De oude stadsvilla waarin het museum is gevestigd, is slechts een huls. Binnen de vier muren van de villa is een 'huis in een huis' gebouwd waar de geschiedenis van het wonen wordt verteld, van loofhut tot wolkenkrabber.

MfK – Museum für Kommunikation 14

Schaumainkai 53, tel. 06 96 06 00, mfk-frankfurt@mspt.de, www.mfk-frankfurt.de, di.-vr. 9-18, za., zo. 11-19 uur, entree € 3

Als u aan de Museumsufer iets leuks met de kinderen wilt doen, dan is het Museum für Kommunikation het adres. Naast het verhaal van communicatie door de eeuwen heen, zijn er aller-

lei workshops voor kinderen, zoals het zelf produceren van een video-podcast.

Liebieghaus Skulpturensammlung 15

Schaumainkai 71, tel. 06 96 05 09 82 00, info@liebieghaus.de, www.liebieghaus.de, di., wo., vr.-zo. 10-18, do. 10-21 uur, entree € 7

Het laatste museum, iets voorbij het Städel, ligt in de eclectische villa van textielfabrikant Heinrich von Liebieg. Al in 1909 werd hier een beeldententoonstelling geopend. De uit drieduizend sculpturen bestaande collectie van de Liebieghaus Skulpturensammlung leidt de bezoeker door vijfduizend jaar beeldhouwkunst. Na een vermoeiende dag vol cultuur zal het Liebiegcafé een verademing zijn. De schaduwrijke tuin van het café is een favoriete plek voor Frankfurters om een zomeravond door te brengen. Er zijn vaak jazzconcerten en andere optredens.

Bahnhofsviertel

Als u met de trein in Frankfurt aankomt, kijk dan goed om u heen als u door het prachtige 19e-eeuwse station loopt. Het toont het belang van Frankfurt als spoorknooppunt in Europa in het begin van de 20e eeuw, zoals het vliegveld van Frankfurt dat nu is voor het luchtverkeer.

Buiten het station kunt u zich verwonderen om de vele verschillende culturen die u tegenkomt. Dat het Bahnhofsviertel in de 19e eeuw gebouwd was voor de gegoede burgerij, blijkt uit de vele rijkversierde gevels. Nu leven hier 180 culturen die allemaal hun eigen nering drijven: winkeltjes en restaurants. Hier komt alles tezamen en, zoals in alle grote steden, heeft juist hier de creatieve sector zich nu gevestigd. Als u geïnteresseerd bent in curi-

Tip

Stop bij de kiosk

Als een Frankfurter in een andere stad is, mist hij eigenlijk vooral één ding: het **Wasserhäuschen**. Het is eigenlijk een soort uitgebreide kiosk waar oorspronkelijk slechts water werd geschonken maar tegenwoordig vaak ook eten en alcohol wordt verkocht. Vroeger zaten ze door de hele stad, nu is er nog een tiental over maar ze zijn erg geliefd onder de bevolking.

osa, bezoek dan het **Hammermuseum** dat hamers uit de hele wereld en van alle tijden toont.

De wijk wordt aan de oostzijde afgesloten door de parken op de voormalige wallen en de hoogbouw van de Main Tower. In de gordel van groen die om het oude centrum ligt, staan verschillende monumenten voor 'grote' Duitsers als Beethoven en Goethe. Aan deze groenzone ligt ook de **Alte Oper**, het enorme operagebouw met 2500 stoelen waar nu concerten worden gegeven.

Nordend en Palmentuin

Was het Nordend in de jaren 80 nog een alternatieve, beetje rauwe buurt, nu is het de omgeving van de hippe, jonge stedeling. De straten zijn gevuld met biowinkels, ecologische boetiekjes en cafés waar filterkoffie wordt geschonken. De edge is er wel af maar het is nog steeds dé plek om leuk te winkelen, te eten en uit te gaan. Vanaf de Altstadt kunt u het best vanaf de Echenheimer Tor de Oeder Weg naar het noorden aflopen.

Palmengarten 16

Siesmayerstraße 61, tel. 06 92 12 33 939, info.palmengarten@stadt-frankfurt.de, www.palmengarten.de, dag. feb.-okt. 9-18, nov.-jan. 9-16 uur, entree € 7

Veel verder naar het noordwesten, waar gefortuneerde Frankfurters in de 19e eeuw hun villa's bouwden, ligt de beroemde palmentuin van Frankfurt. De prachtige kas is zeker een bezoek waard net als de rest van de botanische tuinen. Er rijdt een treintje, de **Palmenexpress**, door het park langs de verschillende kassen en tuinen.

Senckenberg Naturmuseum 17

Senckenberganlage 25, tel. 06 97 54 20, www.senckenberg.de, ma., di., do., vr. 9-17, wo. 9-20, za., zo. 9-18 uur, entree € 9

In de Palmengarten ligt het Senckenberg Naturmuseum met sensationele kopieën van dinosauriërskeletten en bijzondere fossielen.

Overnachten

Grote klasse – **Frankfurter Hof** 1: Kaiserplatz 1, tel. 06 92 15 02, www.steigenberger.com, 2-pk € 170. De enorme lobby van het hotel lijkt het centrum van de wereld te zijn. Overal zitten mensen te praten, de krant te lezen, te werken of te bellen. Verder zijn er in het hotel een sterrenrestaurant, een spa, een fijne hotelbar en een groot terras. Eigenlijk hoeft u uw hotel helemaal nooit meer te verlaten.

Hippe spijkerbroek – **25 hours Hotel by Levi's** 2: Nidastraße 58, tel. 06 92 56 67 70, levis@25hours-hotels.com, www.25hours-hotels.com, 2-pk € 67. In samenwerking met het kledingmerk Levi's is dit hotel de hotspot van het Bahnhofsviertel geworden. Het populaire restaurant **Chez Ima** trekt veel hipsters uit de creatieve sector aan. Op het ruime dakterras hebt u geen last van het rumoer van het restaurant.

Italiaanse sferen – **Villa Florentina** 3: Westendstraße 23, tel. 06 97 40 370, www.hotelflorentina.de, 2-pk € 85. Op gunstige plek gelegen, intiem hotel met mooie tuin.

Eten en drinken

Altstadt

Zeer traditioneel – **Restaurant Schwarzer Stern** 1: Römerberg 6, tel. 06 92 91 979, www.schwarzerstern.de. Een echt Duits restaurant waar u in het najaar gans eet, in de winter wild en in het voorjaar arsperges. Al door Goethe genoemd maar de huidige 'historische omgeving' stamt eigenlijk uit 1983.

De beste taartjes – Konditorei Hollhorst 2**:** Fahrtor 1, tel. 06 92 82 769, www.konditorei-hollhorst.de. Koffie kunt u alleen staand drinken maar toch of misschien juist daarom is dit dé plek. Vergeet niet een *Kreppel* te bestellen, een soort Frankfurtse berliner.

Neo-bistro – Café Margarete 3**:** Braubachstraße 18, tel. 06 91 30 66 501, info@margarete.eu, www.margarete-restaurant.de. Modern licht café met een uitstekend ontbijt en lunch. 's Avonds verandert het café in een Franse bistro met eigentijdse gerechten.

Van de markt – Kleinmarkthalle 4**:** Hasengasse 5-7, tel. 06 92 12 33 696, www.kleinmarkthalle.de. In de markthallen worden allerlei, gewone en exotische, etenswaren verkocht. Bovendien zijn er verschillende plekken waar eenvoudig maar goed geluncht kan worden. Stop even bij **Rollander Hof** (stand 33/34) voor een goed glas wijn of bij Ilse Schreiber (stand 8) voor zelfgemaakte worst.

Aan de Main – Main Nizza 5**:** Untermainkai 17, tel. 06 92 69 52 922, www.mainnizza.de. Grootstedelijke allure met mooi terras en uitzicht over het park en de rivier. De iets hogere prijzen wegen op tegen de kwaliteit en de omgeving.

Hipster cocktails – Moloko 6**:** Braubachstraße 18, tel. 06 91 38 86 932, moloko.frankfurt@gmx.de, www.moloko-am-meer.de. Overdag kunt u er ook gewoon hele goede koffie, thee en taart krijgen maar vooral de cocktails in de avond zijn de omweg waard.

Een van de vele kraampjes in de Kleinmarkthalle

Museumsufer

Jazz onder kastanjes – **Café am Liebieghaus 7**: Schaumainkai 71, tel. 06
96 35 814, www.cafe-im-liebieghaus.de.
Ontbijt, koffie en zelfgemaakte taarten
kunnen ook in de prachtige tuin worden genuttigd.

Aan boord – **Meral 8**: tegenover
Schaumainkai 35, tel. 06 63 58 14, www.
meral-event.de. Waarschijnlijk de
enige dönerboot van Duitsland: hier
kunt u tussen maart en oktober drij-
vend op de Main Turks eten.

Bahnhofsviertel

In het multiculturele Bahnhofsviertel
kunt u alles uit de hele wereld krijgen.
Hieronder slechts enkele voorbeelden:

Vietnamees – **Lam Frères 9**: Weser-
straße 12, tel. 06 92 34 779. Niet heel romantisch, maar wel snel, vers en zeer
smakelijk.

Perzisch – **Hafez 10**: Baseler Straße 21,
tel. 06 92 32 301. Chique kitsch maar de
keuken is authentiek Perzisch.

Pakistaans – **Lahore 11**: Münchener
Straße 39, tel. 06 92 44 04 641. Ziet er
uit als een kantine maar is verreweg de
beste Pakistaan van de wijk.

Ostend, Nordend, Westend

Een écht café – **Café Wacker 12**: We-
serstraße 12, tel. 06 92 34 779, www.
wackers-kaffee.de. Tijdschriften, goede
koffie, een uitgebreid ontbijt en fijne
tuin. Het perfecte begin van de dag.

Niet meer revolutionair – **Strandcafé
13**: Koselstraße 46, tel. 02 93 41 45 495,
www.strandcafe-frankfurt.de. Voorheen het middelpunt van de studen-
tenbeweging in de jaren 70, nu een
modieus café en restaurant met een
grote keuze uit vegetarische gerechten.
Goede atmosfeer.

Sterren in het groen – **Lafleur 14**:
Palmengartenstraße 11, tel. 06 99 02
91 00, www.restaurant-lafleur.de. Chic
sterrenrestaurant in de Palmengarten

met klassieke Franse keuken. Wilt u de
keuken proberen maar vindt u het wel
erg duur? Kies dan voor de lunch: drie
gangen voor € 42,50.

Winkelen

Lijkt het centrum van Frankfurt vooral
beheerst te worden door grote win-
kelketens en winkelcentra, er zijn
nog een paar uitzonderingen. In de
Goethestraße 1 vindt u de wat luxere
merken en boetieks. En iets verderop in
de **Fahrgasse** zijn de meeste galeries en
antiquairs verzameld. Echt leuk wordt
het winkelen in de **Oeder Weg** en de
Berger Straße 2. Hier vindt u jonge
kledingontwerpers, ateliers van designers met meubels, kleden, enz. En natuurlijk alles wat vintage is of er een
beetje vintage uitziet. In dit buurtje
zitten de meeste leuke koffietentjes en
ijscobarren van Frankfurt.

Actief

Fietsen – Ten zuiden van Frankfurt ligt
een ruime groenzone, de **GrünGürtel**.
Hier gaat de Frankfurter na een lange
werkweek wandelen en fietsen. Er
zijn verschillende fietstochten uitgezet en bij de Goetheturm is het mogelijk fietsen te huren (**Goetherad**: Sach-
senhauser Landwehr 1, tel. 0176 50 52
85 99).Het mooist is het om helemaal
om Frankfurt heen te fietsen (68 km),
maar als dit te veel van het goede is,
dan kunt u ook kortere routes afleggen.
gen. Onderweg komt u langs verschillende uitspanningen, maar de **Wald-
gaststätte Oberschweinstiege** (www.
oberschweinstiege-frankfurt.de) heeft
de mooiste ligging en Biergarten. U
kunt de fietsroute bij het toeristenbureau krijgen of downloaden via de website: www.radroutenplaner.hessen.de.

Uitgaan

Feesten in de haven – **Oosten** 1: Mayfahrtstraße 4, tel. 06 99 49 42 56 80, www.oosten-frankfurt.com. In het havengebied in het oosten van de stad kunt u de hele dag – en nacht – terecht voor loungen, eten en dansen.

Adembenemend uitzicht – **22nd Lounge & Bar** 2: Neue Mainzer Straße 66-68 (Euroturm), tel. 06 92 10 880, www.inside.com/de/22nd-barlounge-frankfurt.html. Frankfurt heet niet voor niets Mainhattan. Op de 22e etage kunt u nippend aan uw cocktail genieten van de skyline van Frankfurt.

Info en evenementen

Tourist Informationen

Zowel op het vliegveld (Terminal 1) als het Hauptbahnhof is een toeristenbureau. In de stad op Römer 27, tel. 02 12 38 800, www.frankfurt.de, www.frankfurt-touristik.de.

Vervoer

Frankfurt wordt wel gezien als het verkeersknooppunt van Duitsland. Treinen en ICE's komen uit alle kanten aan op het Hauptbahnhof. Het vliegveld is het grootste van het Europese vasteland: tientallen vluchten arriveren dagelijks vanuit Nederland.

Evenementen

Een van de grootste evenementen van de stad is de **Buchmesse**. Rondom deze vakbeurs worden talloze festiviteiten georganiseerd, ook voor mensen die niet in het 'vak' zitten (oktober, www.buchmesse.de). Rondom het grote museumaanbod zijn twee festivals interessant: allereerst de **Nacht der Museen**. Rondom 1 mei zijn alle musea de gehele nacht open en zijn er verschillende bijzondere tentoonstellingen (www.nacht-der-museen.de). En rond 1 september vindt het **Museumsuferfest** plaats langs de oevers van de Main, met allerlei kraampjes, voorstellingen en natuurlijk bijzondere tentoonstellingen in de musea.

Darmstadt ▶ D 6

Darmstadt was tot de Tweede Wereldoorlog een van de belangrijkste steden van Hessen. De bloei van de stad begon toen het toenmalige marktplaatsje in 1567 de residentie werd van de markgraven van **Hessen-Darmstadt**. Onder deze vorsten werd Darmstadt een cultureel centrum in de regio. Na de vernietigende bommenregens van 1944 heeft de stad zijn glans nooit meer teruggekregen. Weliswaar zijn belangrijke historische gebouwen weer opgebouwd, maar het grootste deel van de stad heeft een naoorlogse signatuur. Naast de paleizen van de hertogen en het interessante **Hessische Landesmuseum** is er één echte reden om te stoppen in Darmstad: **Mathildenhöhe**.

Mathildenhöhe

Obrichweg 13a, tel. 06 15 11 33 385, mathildenhoehe@darmstadt.de, www.mathildenhoehe.eu. Museum: di.-zo. 11-18 uur, entree € 3

In 1899 stelde de laatste groothertog van Hessen-Darmstadt een stuk land ten oosten van de stad beschikbaar aan een groep jonge kunstenaars. Zij mochten het terrein zelf inrichten en bouwden, rondom de bestaande Grieks-orthodoxe kerk, een kunstenaarskolonie in **jugendstil**. Bijzonder zijn het **Ernst-Ludwig-Haus**, een gebouw met ateliers voor kunstenaars, de **Hochzeitsturm** en het **Jugendstilbad**. Voor liefhebbers van deze kunststijl is de Mathildenhöhe en het bijbehorende **Museum Künstlerkolonie** een must see.

Bergstraße

Tussen Darmstadt en Heidelberg ligt de **Kreis Bergstraße**. Dit heuvelachtige gebied aan de oostelijke oever van de Rijn staat bekend om mooie dorpjes, imposante kastelen, goed fruit en interessante wijnen. De bewegwijzerde route **Bergstraße** leidt langs de belangrijkste trekpleisters. Overal zijn uitstapjes vanaf de route mogelijk van paardrijden en wandelen tot klimmen en fietsen. Wijnproeven behoort tot de populaire bezigheden.

Info en evenementen

Tourist Information

Großer Markt 9, D-64646 Heppenheim, tel. 06 25 21 31 170, info@diebergstraße.de, www.diebergstraße.de. Op de website van de Bergstraße is informatie te vinden over de verschillende steden en dorpen die langs de Bergstraße liggen. Daarnaast zijn er wandel-, fiets- en wijnroutes te downloaden.

Evenementen

Bergsträßer Winzerfest: in het eerste weekend van september vindt in Bensheim het wijnfeest van de Bergstraße plaats, met proeverijen, markten en feesten.

Vervoer

De Bergstraße is het best met de auto of per fiets te zien. Bijna iedere stad heeft ook een eigen station en treinen rijden regelmatig vanaf Darmstadt, Mannheim en Heidelberg.

Bensheim ▶ D 6

Tussen wijnranken en fruitbomen staan, dicht op elkaar, vakwerkhuizen aan gezellig pleintjes. Welvarend en tevreden, dat is de indruk die je krijgt in Bensheim. De omgeving was zo geliefd dat de groothertogen van Hessen-Darmstadt in de 18e eeuw nét buiten het stadje hun zomerresidentie bouwden. Nu is het landgoed vrijelijk te bezoeken en vooral in de lente is het

Misschien wel de fijnste plek van de Bergstraße: het Kirchberghäuschen in Bensheim

Staatspark een waar lustoord. De ruïnes van **Schoss Auerbach** torenen nog steeds boven alles uit en vanaf het terras van het restaurant is het uitzicht over de **Bergstraße**, het **Odenwald** (in het zuidoosten) en de **Rijnoevers** prachtig. In het seizoen worden er ridderspelen georganiseerd.

Eten en drinken

Ridderlijk – **Schloss Auerbach:** Ernst-Ludwig-Promenade, tel. 06 25 17 29 23, www.schloss-auerbach.de, mrt. vr.-zo. 12-18, apr.-sep. wo.-zo. 11-22, okt.-nov. za., zo. 12-18 uur. De beruchte riddermaaltijden worden op zondagen geserveerd en zijn zeer populair. Zorg dat u van tevoren hebt gereserveerd.

Paradijselijk – **Kirchberghäuschen:** tel. 06 25 13 267, www.kirchberghaeuschen. de, di-zo. 11-17, nov.-dec. za., zo. 11-17 uur. Eigenlijk het mooiste plekje van de Bergstraße. Vanuit het stadspark van Bensheim loopt u 1,5 km over het **Weinlehrpfad** tussen wijnranken naar deze idylische plek voor wijn en eten. Alleen te voet te bereiken.

Lorsch ▶ D 6

Het stadje Lorsch is bekend door het gelijknamige klooster en heeft een aangenaam centrum met veel cafés en restaurants. Het klooster aan de rand van de stad is inderdaad wereldberoemd. In 1991 is het UNESCO Werelderfgoed geworden en het wordt gezien als een van de belangrijkste kloosters en politiek-religeuze centra van de middeleeuwen.

Kloster Lorsch

Nibelungenstraße 35, tel. 06 25 11 03 820, muz@kloster-lorsch.de, www. kloster-lorsch.de. Di.-zo. 10-17 uur, entree € 5

Al in 764 wordt het klooster van Lorsch genoemd en het komt zelfs in het **Nibelungenlied** voor. Naast de **Königshalle** zijn de resten van de kloosterkerk en een deel van de kloostermuren bewaard gebleven. De Königshalle wordt gezien als een hoogtepunt van Karolingische architectuur. In 2014 is het museum vernieuwd en op het domein een openluchtmuseum geopend dat het leven ten tijde van **Karel de Grote** laat zien.

Heppenheim ▶ D 6

Het wijnstadje Heppenheim heeft een belangrijke rol gespeeld in de naoorlogse Duitse politiek. Hier werd in 1948 de liberale **Freie Demokratische Partei** (**FDP**) opgericht. De Große Marktplatz is het culturele en gastronomische middelpunt van Heppenheim: hier worden de jaarlijkse **Festspiele** gehouden, zitten de leukste restaurants en terrassen en staat het mooie barokke vakwerkraadhuis. De dom van Heppenheim doet ouder aan dan hij werkelijk is: de huidige kerk is tussen 1900 en 1904 gebouwd. Ook Heppenheim wordt bewaakt door een kasteel. Het **Schloss Starkenburg** werd in 1065 als burcht voor het klooster Lorsch gebouwd. Slechts een klein deel van het slot is origineel; op het moment zitten er een jeugdherberg en sterrenwacht.

Overnachten en eten

Terug in de tijd – **Goldener Engel:** Großer Markt 2, tel. 06 25 22 563, info@ goldener-engel-heppenheim.de, www. goldener-engel-heppenheim, de. 2-pk € 99. In het vakwerkhuis uit 1782 aan het marktplein kunt u van de beste wijnen en spijzen uit de omgeving genieten. Het restaurant heeft 29 keurige hotelkamers.

Vakwerkhuizen en rode daken: Weinheim op zijn mooist

Weinheim ▶ E 6

Reizend vanaf Heppenheim verlaat u **Hessen** en rijdt u **Baden-Würtemberg** in. Weinheim wordt bewaakt door twee kastelen en wordt daarom ook wel de **Zweiburgenstadt** genoemd. Dat deze stad door velen wordt gezien als een van de mooiste van Duitsland komt door de romantische parken en pleinen, de mooie vakwerkhuizen en het schijnbaar organisch opgebouwde stratenpatroon. Zelfs het kasteel (Obertorstraße) met zijn weelderige Engelse tuin – de oudste van Duitsland – straalt vriendelijkheid en gastvrijheid uit. Intimiteit is hier een kernbegrip. Én natuurlijk gastronomie. Want Weinheim trekt alleen al vanwege zijn vele goede restaurants veel dagjesmensen uit Mannheim, Heidelberg en de omgeving aan.

Eten en drinken

Favoriet bij bewoners – **Schlosspark Restaurant:** Obertorstraße 9, tel. 06 20 19 95 50, www.hutter-im-schloss.de. Bij het barokke slot van Weinheim ligt dit elegante restaurant met terras in de kasteeltuin. Binnen is het chic met witte tafelkleden en gesoigneerde obers. Beroemdheden en pasta – **La Cantina:** Marktplatz 16, tel. 06 20 16 24 34, www.ristorante-ferrarese.de. De Italiaanse chef Alberto Ferrarese zwaait de scepter bij La Cantina en doet dat met verve. Niet alleen worden u heerlijke Italiaanse specialiteiten voorgeschoteld, ook kunt u hier kookcursussen volgen. En, kijk goed om u heen: bij La Cantina zitten nogal wat Duitse beroemdheden. De familie bestiert ook een pizzarestaurant, een hotel en appartementen.

Steden van de Keurvorsten

In de 13e eeuw ontstaat het begrip keur-vorst. De vier machtigste edelen van het rijk werden door de paus aangewezen als keurvorst: alleen zij konden een kandidaat voordragen als koning van het **Heilige Roomse Rijk**. Deze koning werd vervolgens door de paus tot kei-zer gekroond. De vier wereldlijke keur-vorsten waren de koning van Bohemen, de hertog van Saksen, de markgraaf van Brandenburg en de paltsgraaf van de Rijn. Naast de wereldlijke keurvorsten behoorden ook drie aartsbisschoppen, die van Keulen, Mainz en Trier, tot het hoge college dat de koning voordroeg.

De 'nieuwe' keurvorsten van de Rijn hadden al snel door dat zij de macht van hun positie moesten uitstralen en kozen hun residenties op de mooiste plek van hun land: het dal waar de Rijn en de Neckar samenkomen. In Mann-heim en Heidelberg bouwden zij hun machtscentra, in Schwetzingen hadden zij hun zomerresidentie.

Heidelberg ▶ E 7

Heidelberg werd vanaf 1256 pas be-langrijk als de residentie van de keur-vorsten van de Rijn. Zij vestigden zich hier, langs de Neckar, en versterkten het al aanwezige slot. Dertig jaar later stichtte **Rupert I**, Elector van de Pfalz, de **universiteit van Heidelberg**. Deze speelde in de 15e en 16e eeuw een be-

Zicht op het oude centrum en het slot van Heidelberg.

langrijke rol in de ontwikkeling van het humanisme en een voortrekkersrol in de **Reformatie**. Een paar maanden nadat Luther zijn 95 stellingen had gedeponeerd, werd hij al naar Heidelberg gehaald om ze te verdedigen.

Philosophenweg

Het mooiste uitzicht op het slot en de oude stad hebt u vanaf de Philosophenweg. De meeste schilderijen en prenten van Heidelberg zijn geschilderd vanaf deze zijde van de rivier. De naam komt waarschijnlijk van de studenten en professoren die 'romantische' wandelingen maakten met uitzicht op de ruïnes van de stad. Het parkje, het **Philosophengärtchen** **1**, is een prettige plek om even uit te rusten.

Neuenheim

Tegenover het oude centrum ligt het knusse Neuenheim, met goede restaurants, leuke cafés, mooie winkels en op woensdag en zaterdag een grote markt met regionale producten. De langs de rivier gelegen **Neckarwiese** **2** is de plek waar de inwoners van Heidelberg komen om te joggen, ontspannen, van de zon te genieten of gewoon te luieren. Hier liggen ook de dierentuin en de botanische tuinen.

Altstadt

Kurpfälzisches Museum en Heidelberger Kunstverein **3**

Hauptstraße 97, (Museum) tel. 06 22 15 83 40 20, kurpfaelzischesmuseum@ heidelberg.de, www.museum-heidelberg.de, di.-zo. 10-18 uur, entree € 3, (Kunstverein) tel. 06 22 11 84 086, hdkv@hdkv.de, www.hdkv. de, ma.-vr. 12-19, za., zo. 11-19 uur, entree € 4

In dit stadspaleis wordt sinds 1879 de collectie van verzamelaar **Charles de Graimberg** getoond. In het Kurpfälzisches Museum wordt een goed beeld van de geschiedenis van Heidelberg en de Keurpalts geschetst. In de nieuwbouw uit 1990 wordt plaats geboden aan de **Heidelberger Kunstverein**. Deze zeer actieve vereniging laat in moderne, lichte zalen hedendaagse Heidelbergse kunst zien.

Prinzhornsammlung **4**

Universitätsklinik Heidelberg, Voßstraße 2, tel. 06 22 15 64 739, prinzhorn@uni-heidelberg, www. prinzhorn.ukl-hd.de, di., do.-zo. 11-17, wo. 11-20 uur, entree € 4

De verzameling van psychiater Hans Prinzhorn is een van ▷ blz. 208

Heidelberg

Bezienswaardigheden

1 Philosophengärtchen
2 Neckarwiese
3 Kurpfälzisches Museum
4 Prinzhornsammlung

5 Alte Universität
6 Universitätsbibliothek
7 Alte Brücke
8 Heidelbergschloss

Overnachten

1 Zum Ritter St-Georg
2 Zur alten Brücke

Eten en drinken

1 Marstal Mensa
2 Café Burkardt
3 Destille
4 Weinloch

5 Goldene Reichsapfel
6 Café Knösel
7 Zum Roten Ochsen

Uitgaan

1 Max Bar
2 Cave 54
3 Karlstorbahnhof

Op kroegentocht door studentikoos Heidelberg

Bij studenten horen cafés en als oudste universiteitsstad van het land, stikt het in Heidelberg van de barretjes, weinstubes en kroegen. Een ontdekkingstocht door het studentenleven.

Kaart: ▶ E 7
Duur: 3 uur, tot in de kleine uurtjes
Start: Alte Universität.

Instituten

Achter de Alte Universität liggen de historische **Studentenkarzers**. Hier werden studenten die zich schuldig had-den gemaakt aan nachtelijke ordever-storingen opgesloten om hun roes uit te slapen. Aan de vele graffiti op de mu-ren te zien, werd het niet altijd als een zware straf beschouwd.

Om een bodem te leggen, eten we eerst een hapje bij de **Marstall Mensa** **1** waar onder oude gewelven eenvou-dige maar degelijke kost te krijgen is. Op de binnenplaats worden vaak con-certen en optredens gegeven.

Untere Straße

Dit smalle straatje, dat vroeger de hoofdstraat van Heidelberg was, is een aaneenschakeling van bars, restaurants en cafés. We doen er maar een paar aan: in **Café Burkardt**  (nr. 27, tel. 06 22 11 66 62, www.cafeburkardt.de) zitten verschillende generaties studenten bier en wijn te drinken. Vervolgens lopen we naar twee ouderwetse drinklokalen. De Nederlander zal zich hier goed thuis voelen want zowel **Destille** (nr. 16, www.destilleonline.de) als **Weinloch** (nr. 19, tel. 06 22 12 50 93) lijken erg op het ons bekende bruine café.

Iedereen staat, praat en drinkt een biertje of weinschorle. Op nummer 35 lijkt café de **Goldene Reichsapfel** (nr. 35, tel. 06 22 14 85 549, www. reichsapfel-lager.de) hier altijd al te hebben gezeten. Er is niets bijzonders aan de hand, maar hier drinken studenten zij aan zij met 'gewone burgers' gezellig een biertje. Twee huizen verder staat het oudste café van Heidelberg, **Café Knösel** (nr. 37, tel. 06 22 72 72 754, www.cafe-k-hd.de), een populaire ontmoetingsplek met een ouderwetse *Studentenkammer* en natuurlijk de wereldberoemde *Studentenkuß*.

Voor de nachtbrakers

Als u nog energie hebt, ga dan richting de Marktplatz. Hier zitten de cafés waar tot in de late uurtjes wordt geschonken. Eerst de kleine maar zo fijne **Max Bar** (Marktplatz 5, tel. 06 22 16 00 194, www.max-bar-heidelberg.de) en er schuin tegenover de oudste studentenjazzclub van Duitsland: **Cave 54** (Krämergasse 2, tel. 06 22 12 78 49, www.cave54.de). Onder de gewelven wordt in het weekend tot 5 uur in de ochtend gefeest; de jazzconcerten beginnen rond 21 uur.

Het échte nachtleven vindt plaats in het voormalige station **Karlstorbahnhof** (Am Karlstor 1, tel. 06 22 19 87 911, www.karlstorbahnhof.de). Hier is vaak live muziek en worden dansfeesten georganiseerd. Onderweg naar de Karlstor loopt u over de Hauptstraße langs een van de mooiste studentencafés van Heidelberg: **Zum Roten Ochsen** (nr. 213, tel. 06 22 12 09 77, www.rotenochsen.de). Als het café open is, ga dan even naar binnen al is het alleen voor de vele oude foto's.

de eerste collecties ter wereld van wat wij nu **Art Brut** of **Outsider Art** noemen: kunst gemaakt door mensen met een geestelijke beperking. Deze kunst wordt gekenmerkt door de totale afwezigheid van (beperkende) kaders. Vaak expressief en soms kinderlijk heeft deze kunst diverse stromingen beïnvloed, van Der Blaue Reiter tot Cobra.

Alte Universität 5

Grabengasse 2, alteuniversitaet@ uni-heidelberg.de, www.uni-heidelberg.de, apr.-sept., di.-zo. 10-18, okt.-mrt. di.-za. 10-16 uur

Het gebouw van de Alte Universität stamt uit 1728 en is een van de hoogtepunten van een bezoek aan Heidelberg. In het prachtige barokpand worden in de aula, in neorenaissancestijl, concerten en lezingen gegeven die ook voor niet-studenten toegankelijk zijn. Ook de studentengevangenis (zie blz. 206) is een bezoek waard.

Universitätsbibliothek 6

Plöck 107, tel. 06 22 15 42 380, www. ub.uni-heidelberg.de, dag. 10-18 uur.

Het neorenaissancegebouw uit 1905 past architectonisch goed bij het slot maar is van veel recenter datum. De collectie is dat zeker niet. De oudste manuscripten dateren van de 14e eeuw; de universiteitsbibliotheek is dan ook de oudste van Duitsland. Sla vooral de (facsimile van de) prachtig geïllustreerde **Codex Manesse**, het beroemde middeleeuwse liederenboek, niet over.

Marktplatz

Na de 17e-eeuwse verwoestingen door Franse troepen werd Heidelberg voornamelijk door jezuïeten weer opgebouwd. Rondom het marktplein staan dan ook het seminarium, **Seminarium Carolingum**, de Jezuïetenkerk en het Rathaus in neo-renaissancestijl. Het vormt allemaal een mooi geheel.

Alte Brücke 7

Niemand noemt de Karl-Theodor-Brücke met zijn officiële naam. Deze 'oude' brug was tot de 19e eeuw de enige brug over de rivier en Goethe noemde hem al *vielleicht der schönste Brücke der Welt*. De in vroegclassicistische stijl gebouwde stenen brug, met standbeelden van keurvorst Karl-Theodor en Pallas Athena, stamt uit het einde van de 18e eeuw. De poort met middeleeuwse toren is veel ouder. De Alte Brücke is het meest gefotografeerde monument van Heidelberg.

Heidelbergerschloss 8 ☀

Schlosshof 1, tel. 06 22 15 38 472, info@schloss-heidelberg.de, www. schloss-heidelberg.de, dag. 8-18 uur, entree € 6. Interieur alleen met rondleiding

Het Heidelbergerschloss is wellicht de beroemdste ruïne van Duitsland. Op 80 m boven de rivier domineert hij het stadsbeeld en de rivier want deze plek was van strategisch belang: hier lag de laatste brug voordat de Neckar de Rijn instroomt. In de 17e eeuw is het kasteel drie keer door vijandelijke legers volledig verwoest en herbouwd. Na de laatste verwoesting, in 1764, ditmaal door brand, hebben de machthebbers, die toen al in Mannheim resideerden, het slot opgegeven. Een deel van de stenen werd gebruikt voor de bouw van de nieuwe zomerresidentie in Schwetzingen en voor de wederopbouw van de stad. In de 19e eeuw was de kasteelruïne niet alleen een inspiratiebron voor romantici en een magneet voor toeristen – onder wie ook zeer beroemde als Victor Hugo, William Turner en Mark Twain – maar ook een symbool van patriottische eenheid. Al in het begin van de 19e eeuw begonnen mensen zich zorgen te maken over het aftakelende Schloss. In 1880 is begonnen met de eerste voorzichtige restauratie.

Overnachten

Mooiste huis van de stad – **Zum Ritter St-Georg** `1`: Hauptstraße 178, tel. 06 22 11 350, info@ritter-heidelberg.de, www.ritter-heidelberg.de, 2-pk € 139. Achter de prachtige renaissancegevel schuilt een comfortabel hotel met mooie eetzaal. Centraler kunt u niet zitten.

Aan de rivier – **Zur alten Brücke** `2`: Obere Neckarstraße 2, tel. 02 221 739 130, www.hotel-zur-alten-bruecke.de, 2-pk € 150. Dit in 2003 gerenoveerde hotel ligt op een ideale locatie naast de Alte Brücke in de Altstadt. Modern maar toch met gezellige ambiance.

Eten en uitgaan

Zie Op ontdekkingsreis blz. 206.

Actief

Fietsen – De **Neckarradweg** is een 370 km lange, goed bewegwijzerde fietsroute langs de rivier de Neckar. Het laatste stukje van de route, van Heidelberg naar Mannheim, is grotendeels vlak en goed te doen voor alle leeftijden. Voor meer info: www.neckar-tourismus.de.

Informatie

Tourist Information

Rathaus: Marktplatz 10, D-69117. **Bahnhof:** Willy-Brandt-Platz 1, D-69115, tel. 06 221 58 44 444, touristinfo@heidelberg-marketing.de, www.heidelberg-marketing.de.

Vervoer

Zowel gewone treinen als ICE's stoppen op station Heidelberg. Naar kleinere plaatsen rijden bussen. Over de Bergbahn rijden treintjes naar de Königsstuhl. De plaatsen langs de Neckar zijn ook per schip te bereiken.

Mannheim ▶ D 6

In 1606 werd op de plek van het vissersdorpje Mannheim de eerste steen gelegd voor de bouw van de vesting, Friedrichsburg. Uit strategische overweging werd de stad opgebouwd met het kenmerkende rasterpatroon. Sindsdien wordt de stad ook wel Quadrantenstadt genoemd.

Met de verhuizing van de keurvorsten van Heidelberg naar Mannheim in 1720 brak voor deze laatste stad een periode van grote bloei aan. Er werd een enorme **residentie** aan de rand van de vesting gebouwd, met Franse tuinen, en de stad werd het middelpunt van kunst en cultuur in de keurpalts.

Lang duurde dit echter niet. Het hof verhuisde al aan het einde van de 18e eeuw naar München. Maar de ligging van de stad, op de samenvloeiing van **Rijn** en Neckar en vlak bij de Franse grens, zorgde ervoor dat Mannheim een belangrijk **handelscentrum** werd.

In de tweede helft van de 19e eeuw volgde een derde bloeiperiode, die van de **industrie.** Niet alleen vestigde **Carl Benz** zijn eerste motorenfabriek in Mannheim, ook de Heinrich-Lanz-Werke (nu **John Deere**) en **BASF** (Badische Anilin- und Soda-Fabrik) zijn in Mannheim opgericht. De aanwezigheid van veel zware industrie is dan ook een van de redenen dat Mannheim in de Tweede Wereldoorlog zo zwaar is getroffen: eigenlijk is alles, inclusief de kerken en het slot, van ná de oorlog.

Friedrichsplatz `1`

De Friedrichsplatz geldt als een van de belangrijkste **jugendstilmonumenten** van Europa. Het plein met zijn park, watertoren, fontein, fin-du-siècle-hotels en natuurlijk de Kunsthal staat symbool voor de welvaart van de stad rond 1900 en vormt een prachtige toegangspoort tot de binnenstad.

Kunsthalle Mannheim 2

Friedrichsplatz 4, tel. 06 21 29 36 452, kunsthalle@mannheim.de, www. kunsthalle-mannheim.de, di., do.-zo. 11-18, wo. 11-20 uur, entree € 9

Als een belangrijk museum voor moderne en hedendaagse kunst in Duitsland, heeft de in 1909 gebouwde Kunsthalle een grote reputatie op te houden. Fantastische collecties impressionisten, expressionisten en abstracte Bauhaus-kunstenaars bepalen samen met internationale hedendaagse artiesten de basis van de museumcollectie. Het gerenoveerde jugendstilgebouw zal tot 2016 de hoogtepunten van de collectie herbergen terwijl er een geheel nieuw museum naast het oude wordt gezet dat in 2017 zal opengaan.

Quadrantenstadt

De oude binnenstad heeft een stratenpatroon dat wij vooral van New York kennen. Na de oorlog is er aan het kwadrantenpatroon niet veel veranderd. De binnenstad herbergt leuke restaurants en winkels. Want, als Mannheim iets is, is het wel een **winkelstad**.

Mannheimer Schloss 3

Bismarckstraße, tel. 06 21 29 22 891, info@schloss-mannheim.de, www. schloss-mannheim.de, di.-zo. 10-17 uur, entree € 6

Het Mannheimer Schloss, gebouwd tussen 1720 en 1760, is, na Versailles, het grootste **barokpaleis** van Europa. En, om de Franse koning af te troeven, bouwde men het paleis met precies één

raam meer. Na de reconstructie in de jaren 50 is de universiteit in het gebouw getrokken. Slechts enkele zalen zijn opnieuw gerestaureerd en te bezoeken.

Reiss-Engelhorn-Museen 4

Museum Zeughaus C5, tel. 06 21 29 33 150, www.reiss-engelhorn-museen. de, di.-zo. 11-18 uur, entree € 12

Het **Zeughaus** is een van de weinige gebouwen die niet geheel zijn vernietigd tijdens de oorlog en daarom zo interessant. Gebouwd in dezelfde stijl en periode als de hofresidentie, dient het gebouw nu als museum voor de stadsgeschiedenis van Mannheim en als tentoonstellingsruimte voor hedendaagse kunst. Opvallend is het kunstwerk dat is aangebracht na de grondige renovatie in 2007: de ramen van de voorgevel zijn het grootste lichtkunstwerk van Europa. Het Zeughaus maakt onderdeel uit van de Reiss-Engelhorn-Museen die voortkomen uit de 18e-eeuwse keurvorstelijke collecties.

Luisenpark 5

Dit populaire park biedt voor alle leeftijden vertier: er zijn plantenkassen, volières, speelplaatsen en -weides en zelfs een vijver waarop je met bootjes kunt varen. In het park ligt een restaurant maar nog leuker is om de **Fernmeldeturm** te beklimmen. Vanaf het restaurant, op 125 m hoogte, hebt u een mooi uitzicht over de stad en omgeving (Riedensplatz, www.luisenpark.de, dag. 9 uur tot zonsondergang).

Overnachten en eten

Jugendstil – **Hotel Mack** 1: Mozartstraße 14, tel. 06 21 12 420, info@ hotelmack.de, www.hotelmack.de, 2-pk € 91. Een keurig familiehotel achter een

De wekelijkse markt op de Marktplatz

mooie jugendstilgevel. Hier schijnen de acteurs van het nabijgelegen theater te logeren. Wie weet loopt u nog een bekende Duitser tegen het lijf.

Steak aan het water – **Bootshaus 1**: Hans-Reschke-Ufer 3, tel. 06 21 32 47 767, www.bootshaus.de. Met mooi uitzicht vanaf het terras over de Neckar. Bestudeer de menukaart niet al te lang en bestel gewoon een biefstuk: hier hebben ze de beste van de stad.

Fantastisch vegetarisch – **Heller's 2**: N7, 13-15, tel. 06 21 12 07 20, info@hellers-restaurant.de, www.hellers-restaurant.de. Het beste vegetarische restaurant van de omgeving. Ook voor veganisten en mensen met intolerantie voor gluten of lactose.

Romantische uitzichten – **Turmcafé Stars 3**: N1 (Stadthaus), tel. 06 21 21 600, info@turmcafe-stars.de, www.turmcafe-stars.de. Uitkijkend over de daken van de binnenstad worden in het Turmcafé meer dan 180 verschillende cocktails gemixt. Er worden *Flammkuchen* en pizza's geserveerd.

Met live muziek – **Café Journal 4**: H1, 15, tel. 06 21 27 102, www.cafejournal-mannheim.de. In bijna Franse sferen kunt u hier echt goed eten maar niet per se Frans: wienerschnitzels en *Flammkuchen* zijn populair. Het café wordt vooral geroemd om zijn enorme keuze aan ontbijt. Op woensdag is er live muziek van wisselende kwaliteit .

Wereldberoemd in Mannheim – **Konditorei Herrdegen 5**: E2, 8, tel. 06 21 20 185, info@cafe-herrdegen.de, www.cafe-herrdegen.de. Een echt klassiek Kaffeehaus met Konditorei. De familie Herrdegen zit hier al bijna twee eeuwen en is de trotse uitvinder van de *Mannemer Dreck*, een soort koekje met marsepein, sinaasappel en chocola.

Winkelen

Het oude centrum van Mannheim is een waar winkelmekka. Naast de grote ketens, zoals Zara, H&M en Galeria, zijn alle grote merken aanwezig. Bovendien zitten de 'kwadranten' vol met kleine, winkeltjes. De hoofdwinkelstraat is de **Planken**, die loopt van de watertoren over de Heidelbergerstraße, via de Paradeplaats, naar het raadhuis.

Speciale boeken – Thalia 1 : C1, 6-7, tel. 06 2143 90 80, www.thalia.de. Goede boekhandel met uitgebreid assortiment.

Alles van chocola – Chocolaterie Stoffel 2 : O7, 9. Ouderwetse chocolaterie uit 1893 met alleen maar huisgemaakte bonbons en chocolaatjes.

Kookwinkel voor toe – Dessert Werkstatt 3 : M3, 6, tel. 06 21 17 89 634, info@ dessert-werkstatt.de, www.dessert-werkstatt.de. Hier verkoopt men alles

Mannheim

wat met toetjes te maken heeft: van bakvorm tot fondant. U kunt hier ook een taartenbakcursus volgen.

Het zonnige zuiden – Südlandhaus 4: P3, 8-9, tel. 06 21 24 302, www.suedlandhaus.de. Als er iets in de omgeving wordt gemaakt, verkopen ze het bij het Südlandhaus … en meer. Dertigduizend delicatessen onder één dak: heel moeilijk om je hier in te houden.

Designmode – OPQ Regine Maier 5 (Q5), **Coccon** 6 (Q5, 4), **Freudenhaus** 7 (Q5, 2), **Boutique Verdi** 8 (Q2, 4) , **Sabotage Store** 9 (Q7, 28): in de kwadranten vlak achter de Planken zitten de mooiste boetieks. Van chic de friemel tot überhip met één overeenkomst: prijzig. Toch zijn er ook hier betaalbare dingen te vinden en anders blijft het leuk om te kijken wat de rich en famous zoal dragen.

Onafhankelijk luxewarenhuis – Engelhorn Mode 10: O4, 8, info@engelhorn.de, www.engelhorn.de. De Bijenkorf van Mannheim. Veel shop-in-shop en eigen merk. Mooie internationale labels en lokale ontwerpers.

Modieuze wereldwinkel – Artefakte 11: O7, 19 (Kunststraße), tel. 06 21 10 008, www.artefakte.de. Zoek je iets unieks, dan is dit jouw adres. Alternatieve kleding, kunst en objecten uit alle hoeken van de wereld.

Markt – Op dinsdag, donderdag en zaterdag is er (voedsel)markt 12 op de historische Marktplatz. Voor het stadhuis en de kerk worden vooral verse en regionale etenswaren verkocht. En een drankje op een van de vele gezellige terrasjes hoort bij het shoppen op de markt.

Vlooienmarkt – Mannheimer Krempelmarkt 13: Neuer Meßplatz, www.mannheimerkrempelmarkt.de. Zeven keer per jaar wordt buiten het centrum een enorme vlooienmarkt opgebouwd. Als u van een koopje houdt, mag u deze markt eigenlijk niet overslaan.

Informatie

Tourist Information

Willy-Brandt-Platz 5, D-68161, tel. 06 21 293 87 00, touristinformation@mannheim.de, www.tourist-mannheim.de.

Vervoer

Trein: er is een uitgebreid netwerk van treinen, bussen en trams voor de hele Rhein-Neckar-regio. Vanaf het Hauptbahnhof kunnen grote Duitse steden, als Stuttgart, Frankfurt of Freiburg met de ICE worden bereikt.
Vliegveld: vanaf Mannheim vertrekken vluchten naar Hamburg en Berlijn.

Ludwigshafen ▶ D 6

Ludwigshafen is vooral een industriestad die toeristen weinig te bieden lijkt te hebben. Maar schijn bedriegt. Het Ludwigshafen van de 21e eeuw is het centrum van hedendaagse (tegen)cultuur en kunst van de regio geworden. Oude fabriekshallen zijn overgenomen door hippe restaurateurs (bijvoorbeeld www.kulturm.de) en langs verroeste kades staan nu ligstoelen en worden cocktails geschonken.

Achter een door Joan Miró ontworpen gevel zit de beste verzameling moderne en **hedendaagse kunst** van Rheinland-Pfalz (www.wilhelmhack. museum.de). Hoewel de stad is vastgegroeid aan Mannheim ligt het in de Pfalz en zelfs in een ander Bundesland. Dit weerhoudt jonge Mannheimers er echter niet van hier hun vertier te zoeken.

Schwetzingen ▶ D 7

In Schwetzingen bouwden de keurvorsten hun zomerresidentie. Het kleine stadje draait vooral om het enorme paleis en zijn tuinen. Naast de beroemde **Schlossgarten**, van streng Frans tot

Tip

Betaalbare wijn

In 1901 openden werknemers van BASF een wijnwinkel om de arbeiders betaalbare wijn te leveren. Tegenwoordig bestaat deze fantastische wijnhandel nog steeds en is hij gelukkig ook voor niet-werknemers opengesteld. **BASF Weinkellerei**, Anilinstraße 12, D-67063 Ludwigshafen, tel. 06 21 604 80 55, weinkeller@basf.de, www. weinkeller.basf.de.

romantisch Engels, is het bonte **rococotheater** uit 1752 zeer het bezoeken waard. Het wordt gezien als een van de mooiste theaters van Duitsland.

Voor liefhebbers van klassieke muziek is Schwetzingen een bedevaartsoord. Jaarlijks vinden hier tussen eind april en begin juni de **Festspiele** plaats: een groot festival in en rond het slot. In de tweede helft van september wordt in hier het **Mozartfestival** gehouden.

Schloss und Schlossgarten Schwetzingen

Schloss Mittelbau: tel. 06 22 16 58 880, service@schloss-schwetzingen.com, www.schloss-schwetzingen.de. Kasteeltuin: apr.-okt. 9-20, nov.-mrt. 9-17 uur, entree € 3-5. In het slot slechts rondleidingen (gesloten tot einde 2016)

De prachtige 18e-eeuwse barokke kasteeltuin met zijn vele vijvers, fonteinen en beelden is goed onderhouden en heerlijk om in te wandelen.

Informatie

Touristeninformation

Ludwigshafen: Berliner Platz 1, D-67059, tel. 06 21 51 20 36, tourist-info@lukom.com, www.lukom.com. **Schwetzingen:** Dreikönigstraße 3, D-69723, tel. 06 202 94 58 75, tourist info@schwetzingen.de, www.schwet zingen.de.

Vervoer

Ludwigshafen: ICE's naar Düsseldorf, Frankfurt, Freiburg en Stuttgart. **Schwetzingen:** Mannheim en Karlsruhe zijn met de trein te bereiken. Naar Heidelberg en Speyer rijden bussen.

Vijver in de keurvorstelijke zomerresidentie in Schwetzingen

Zwarte Woud en Badische Weinstraße

Hoogtepunten ✳

Freiburger Münster: het filigraan van de toren lijkt wel kant: dit is echt vakwerk en ook nog een fantastisch uitzicht. Zieblz. 232

Vitra Museum in Weil am Rhein: fantastische hedendaagse architectuur en meubeldesign van het allerhoogste niveau. Zie blz. 236.

Op ontdekkingsreis

Schwarzwaldhochstraße: dé manier om het Zwarte Woud te ontdekken: indrukwekkende natuur en culinaire genoegens. Zie blz. 224.

Bezienswaardigheden

Körperkultur in Baden-Baden: doe als de Duitsers en geniet van wellness in misschien wel het mooiste badhuis van Europa. Zie blz. 222.

Freilichtmuseum: boerderijen, molens en klederdracht midden in het Zwarte Woud. Zie blz. 239.

Actief

Kaiserstuhlpfad: wandelen tussen de druivenstokken en fruitbomen met als letterlijk hoogtepunt de Kaiserstuhl, met prachtige uitzichten. Zie blz. 230.

Sauschwänzlebahn: met een stoomtrein door het berglandschap van het zuidelijke Zwarte Woud. Zie blz. 240.

Sfeervol genieten

Mummelsee: op het terras met uitzicht op het meer kun je je te goed doen aan het beste wat de regio te bieden heeft. Zie blz. 225.

Restaurant Schwarzer Adler: het beroemdste restaurant van Duitsland haalt zijn inspiratie uit de directe omgeving. Zie blz. 231.

Winkelen en uitgaan

Winzerkeller in Breisgau: in enorme houten wijnvaten ligt de wijn uit de hele regio opgeslagen. De perfecte plek om je wijnvoorraad aan te vullen. Zie blz. 232.

Langs het Gewerbekanal: de gezelligste buurt van Freiburg met terrasjes langs het water en Biergärten met zelfgebrouwen bier. Zie blz. 233.

Karlsruhe en noordelijk Zwarte Woud

Baden-Württemberg kan makkelijk in vieren worden gedeeld. In het westen het Badische Rijndal, ten oosten daarvan het **Zwarte Woud**. Ten zuiden, in de uitlopers van de Alpen, de **Bodensee** en naar het oosten **Schwaben**. In dit hoofdstuk wordt het voormalige Baden besproken met aan de oostzijde de bossen van het Zwarte Woud, onderverdeeld in twee delen: noord en zuid. Het Zwarte Woud is het grootste Nationale Park van Duitsland met een afmeting van 200 bij 60 km. Voorheen was het een ondoordringbaar bos, nu is het een eldorado voor de avontuurlijk toerist.

INFO

Internet

Er zijn tientallen websites ter oriëntatie: www.schwarzwald-tourismus. de, www.badischeweinstraße.de, www.hochschwarzwald.de, www. dasferienland.de.

Vervoer

De grote vliegvelden zijn EuroAirport Basel-Mulhouse-Freiburg en Karlsruhe-Baden-Baden. Aan de oostzijde van het Zwarte Woud heeft Stuttgart een groot internationaal vliegveld. Door het gebied lopen spoorlijnen en busverbindingen. De ICE rijdt door het Rijndal en doet Karlsruhe, Freiburg en Basel aan. De interregionale trein, IRE, rijdt dwars door het Zwarte Woud. Verder zijn er verschillende, toeristische spoorlijnen die de meeste steden met elkaar verbinden. Het grootse deel van de Rijn wordt door toeristische organistaties bevaren.

Aan de westkant ligt het Rijndal met de Badense wijnbouw.

Karlsruhe ▶ D 8

Op het eerste gezicht heeft de Tweede Wereldoorlog te veel en te grote betonnen wonen achtergelaten om echt van deze stad te kunnen gaan houden. Maar een nadere blik zal enige waardering opleveren. In 1715 legde **Karl Wilhelm von Baden-Durlach** de basis voor zijn *Carols Ruhe* (Karels Rust). Hij ontwierp een stad met zijn slot als middelpunt en 32 straten die hiervandaan uitstralen en met elkaar verbonden zijn als een spinnenweb. Het werd een chique residentie voor de vorsten, groothertogen en marktgraven van Baden.

De 28 bombardementen tussen 1942 en 1944 door de Engelse luchtmacht vernietigden nagenoeg de gehele stad en het slot. Ná de oorlog werd het centrum in de oude classicistische stijl weer herbouwd. Maar door de grootschalige nieuwbouw en het feit dat Baden in 1952 bij Württemberg werd gevoegd, met Stuttgart als nieuwe hoofdstad, verloor de stad zijn representatieve functies en daardoor zijn 'vibe'. Uniek aan Karlsruhe zijn de stervorm en de prachtige paleistuinen.

Badisches Landesmuseum

Schlossbezirk 10, tel. 07 21 92 66 514, info@landesmuseum.de, www. landesmmuseum.de, di.-do. 10-17, vr.-zo. 10-18 uur, entree € 4
De enorme residentie van de Badense vorsten ligt in een uitgestrekt park. Het 18e-eeuwse classicistische paleis is tussen 1950 en 1963 volledig herbouwd.

In het slot is al sinds 1919 het **Badische Landesmuseum** gevestigd met een collectie die de geschiedenis van Baden van de prehistorie tot nu vertelt. Aan de achterkant van de residentie ligt het **Schlosspark** waarin de **Orangerie** en de **Kunsthalle** liggen. Een dependance, het **Museum beim Markt**, toont voornamelijk toegepaste kunst vanaf 1900 (Museum beim Markt, Tussen de Marktplatz en het Schloss).

Staatliche Kunsthalle en Orangerie

Hans-Thoma-Straße 2-6, tel. 07 12 92 62 696, info@kunsthalle-karlsruhe. de, www.kunsthalle-karlsruhe.de, di.-zo. 10-18 uur, entree € 6

Lopend door de botanische tuinen ziet u eerst de prachtige orangerie uit 1855 die bedoeld was als feestlocatie voor het hof en nu dient als dependance van de Kunsthalle. De Kunsthalle zelf laat de oorspronkelijke kunstverzameling van de marktgraven van Baden zien, met schilderijen van de groten der Nederlandse kunst, zoals Rembrandt, Rubens en Ruijsdael. Met daarnaast een belangrijke collectie 20e-eeuwse Duitse schilderkunst (tot 1960), met wereldberoemde werken van onder meer Richter, Baselitz en Polke, is de Kunsthalle het beste kunstmuseum van de regio.

ZKM – Zentrum für Kunst und Medientechnologie

Lorenzstraße 19, tel. 07 21 81 000, info@zkm.de, www.zkm.nl, wo.-vr. 10-18, za., zo. 11-18 uur, entree € 6

Dit museum voor 'nieuwe' kunst en media houdt zich vooral bezig met kunst in het digitale tijdperk. Met veel video- en lichtkunst staat vooral het interactieve centraal.

Marktplatz

Aan de geheel in classicistische stijl gebouwde Marktplatz staan een **Rathaus** en kerk van dezelfde architect, **Friedrich Weinbrenner**, als die van het slot. Als u zich afvraagt wat de pyramide op het midden van het plein doet? Dat is de graftombe van de stichter van de stad, **Karl Wilhelm von Baden-Durlach**.

De tuinen en het slot van Karlsruhe

Overnachten

Traditioneel – **Schlosshotel:** Bahnhofsplatz 2, tel. 07 21 38 320, www.schlosshotelkarlsruhe.de, 2-pk € 79. Het chique Grandhotel uit 1914 is geheel aangepast aan de eisen van de tijd.
Familiehotel – **Rio:** Hans-Sachs-Straße 2, tel. 07 21 84 080, www.hotel-rio.de, 2-pk € 100. De derde generatie Hasen bestiert dit intieme hotel. Goede kamers, hartelijke bediening. Het restaurant staat goed aangeschreven.

Eten en drinken

Sterrenniveau – **Dudelsack:** Waldstraße 79, tel. 07 21 20 50 00, info@restaurant-dudelsack.de, www.restaurant-dudelsack.de. Fantastisch eten in een nostalgische ambience met mooie binnenplaats en Biergarten.
Kleine beurs – **Café Bleu:** Kaiserallee 11, tel. 07 21 85 63 92, info@cafe-bleu.de, www.cafe-bleu.de. Gezellig café met aantrekkelijk dagmenu, het *Hammeressen*.

Winkelen

De Kaiserstraße is dé winkelstraat van Karlsruhe met alle grote warenhuizen en merken. Centraal aan de Rondellplatz ligt het enorme winkelcentrum **Ettlinger Tor** (www.ettlinger-tor.de).

Actief

Met de kinderen – het **Naturkundemuseum** (www.smnk.de) heeft een interessant didactisch programma voor zowel kinderen als hun ouders. De **Stadtgarten/Zoo** heeft behalve een mooie rozen- en Japanse tuin, een gondelbaan en dierentuin.

Informatie

Touristen Centrale
Beiertheimer Allee 11a, D-76137, tel. 07 21 37 20 53 83, info@karlsruhe-tourismus.de, www.karlsruhe-tourismus.de.

Vervoer
Trein: ICE-verbindingen met Frankfurt, Basel, Stuttgart en München. Bovendien stopt hier de TGV van Parijs naar Bratislava.
Vliegveld: Karlsruhe-Baden-Baden biedt geen directe vluchten naar Nederland aan, wel naar andere grote Europese steden.

Albtal ▶ C 8

Het dal van de rivier de Alb, het **Albtal**, is een van de mooiste van het Zwarte Woud. De natuur is afwisselend, er loopt een geliefde fietsroute langs de rivier en in het dal liggen mooie historische stadjes.

Vanaf Karlsruhe kunt u met de trein, en indien u wilt zelfs met een stoomtrein (www.albtal-dampfzug.de), het hele dal doorrijden, maar het leukste is om de fiets te pakken en de 80 km lange **Albtalradweg** te fietsen. Een populaire stop is bij het sprookjesachtige **Ettlingen** (www.ettlingen.de) met barokpaleis en moderne kunstmuseum (**Städtische Kunstgalerie**). Iets verderop ligt **Waldbronn** en zoals de naam al aangeeft, zijn hier warmwaterbronnen en kunt u kuren volgen (www.waldbronn-tourismus.de).

Dieper in het dal, midden in de bossen, komt u bij de beroemde 12e-eeuwse benedictijnenabdij van **Marxzell**. Zet hier de fiets even neer en wandel over het **Klosterpfad** (www.klosterpfad.de) dat is aangelegd tussen de ruïnes van het mannen- en het vrouwenklooster. De fietsroute eindigt bij **Bad Herren-**

alb. Naast de ruïnes van een 12e-eeuws klooster komen mensen vooral voor het heilzame warme water van de **Siebentälertherme**. In Bad Herrenalb beginnen allerlei themawandelpaden (Erlebnispfade), zoals het wildekattenpad of Quellenerlebnispfad (bronpad), dat ook voor kinderen erg geschikt is (www. badherrenalb.de).

Pforzheim ▶ D 8

De 'Poort tot het Zwarte Woud' was een rijke stad vanwege de aanwezigheid van de Badense markgraven. Toen zij in de 16e eeuw vertrokken luidde dit het verval van de stad in. Twee eeuwen later stichtte marktgravin **Caroline Louise** de sieraden- en uurwerkenindustrie en nog steeds profileert de stad zich met deze nijverheid. In Pforzheim zijn verschillende musea gewijd aan sieraden, edelstenen en uurwerken maar het is vooral leuk om te kijken bij de vele winkels die zich niet alleen specialiseren in sieraden maar eigenlijk alles maken van goud of zilver. De stad is na de oorlog helemaal opnieuw opgebouwd waarbij slechts enkele historische gebouwen zijn gereconstrueerd.

In de omgeving van Pforzheim ligt het **Kloster Maulbronn**, sinds 1993 UNESCO Werelderfgoed, met een mooie kloostergang. In de voormalige kloosterschool hebben **Friedrich Hölderlin** en **Hermann Hesse** nog les gekregen (www.kloster-maulbronn.de).

Informatie

Tourist Information

Schloßberg 15, D-75175, tel. 07 23 13 93 700, tourist-info@ws-pforzheim.de, www.pforzheim.de.

Baden-Baden ▶ C 8

Met naar verhouding de meeste miljonairs, is Baden-Baden een klein paradijs op de grens tussen Rijnoever en woud. Al tweeduizend jaar genieten de rijksten der aarde van het bijna mediterrane klimaat, de prachtige ligging aan de rand van de bossen en natuurlijk de warmwaterbronnen. Want eigenlijk draait het in Baden-Baden slechts om een ding: wellness. Dagelijks borrelt ongeveer 800.000 liter heilzaam water met temperaturen tot 69°C op.

Aan het einde van de 19e eeuw steeg het aanzien van Baden-Baden toen het **dé zomerhoofdstad** van Europa werd. Keizers, koningen, dichters en kunstenaars streken hier neer om te kuren, maar vooral ook om te winkelen, te eten, te gokken in het casino en elkaar te ontmoeten. En dit laatste geldt nog steeds: het draait hier om te zien en gezien te worden. Dat geldt echter niet meer voor de Europese adel en intelligentsia maar het flaneren wordt steeds meer gedaan door Russische oligarchen en Arabische sjeiks. Desalniettemin floreert de stad als nooit tevoren.

Kurhaus [1]

Casino Baden-Baden, Kaiserallee 1, tel. 72 21 30 240, info@casino-baden-baden.de, www.casino-baden-baden.de, ma.-do. 14-2, vr.-zo. 14-3 uur, blackjack vanaf 17 uur, poker vanaf 20 uur. Rondleidingen dag. 10-12 uur

Het in 1824 door Friedrich Weinbrenner (de architect van Karlsruhe) gebouwde **Kurhaus** is al bijna twee eeuwen het maatschappelijke centrum van Baden-Baden. Het casino is het oudste van Duitsland en wordt door kenners gezien als het mooiste ter wereld. Zie het echter niet als een gewone gokhal: de heren moeten hier een stropdas om, identificatie is verplicht en discretie wordt verlangd. In prachtige zalen met fluweel en veel goud spelen mensen vanaf 14 uur roulette; iets verderop, in een aparte ruimte, wordt blackjack gespeeld. Dit kunt u alleen zien als u echt meespeelt, want het rode lint scheidt de pokerspelers van de rest van de gasten. In het Kurhaus zitten verschillende restaurants, bars en nachtclubs waar u zonder veel moeite uw winsten weer kunt uitgeven.

Friedrichsbad 2

Römerplatz 1, tel. 07 72 27 59 20, info@carasana.de, www.carasana.de/friedrichsbad, dag. 9-22 uur, entree vanaf € 25

In een van de mooiste badhuizen van Europa voelt u zich als een 19e-eeuwse aristocraat. De grootsheid van Baden-Baden is hier zorgvuldig bewaard. U gaat hier niet gewoon naar een wellnessoord maar maakt een reis door de tijd. Let wel op, want zoals in veel Duitse kuuroorden wordt ook hier badkleding **niet** op prijs gesteld.

Caracalla Therme 3

Römerplatz 1, tel. 07 72 27 59 40, info@carasana.de, www.carasana.de/caracalla-therme, dag. 8-22 uur, entree vanaf € 15 (voor twee uur)

Modern oord met allerlei verschillende sauna's, baden en kuren. Omdat veel mensen toch voor rust en ontspanning naar de thermen komen is er voor kinderopvang gezorgd.

Staatliche Kunsthalle 4

Lichtentaler Allee 8a, tel. 07 22 13 00 76 400, info@kunsthalle-baden-baden.de, www.kunsthalle-baden-baden.de, di.-zo. 10-18 uur, entree € 7

In de Kunsthalle probeert men de rol die kunst speelt ten aanzien van de grote maatschappelijke thema's aan te stippen. Ook exposeren jonge kunstenaars er hun nieuwste werk. Vaak niet heel makkelijk, wel altijd interessant.

Museum Frieder Burda 5

Lichtentaler Allee 8b, tel. 07 22 13 98 980, www.museum-frieder-burda.de, di.-zo. 10-18 uur, entree € 12

De privécollectie van uitgever-ondernemer **Frieder Burda** bevat vooral veel werken van (klassiek)moderne kunstenaars. Het Duitse expressionisme is het uitgangspunt van de verzameling, maar zij bevat ook werken van internationale kunstenaars als **Picasso**, **Pollock** en **Rothko**. Daarnaast is er aandacht voor naoorlogse Duitse kunst van onder meer **Gerhardt Richter** en **Georg Baselitz**.

Overnachten

Betaalbare chic – **Römerhof** 1: Sophienstraße 25, tel. 07 22 12 34 15, info@roemerhof-baden-baden.de, www.roemerhof-baden-baden.de, 2-pk € 80. Op loopafstand van de attracties, in een mooi oud huis, zit dit prettige hotel. Ideaal startpunt voor een dagje thermen, winkelen of wandelen om en in Baden-Baden.

Knus – **Hotel am Friedrichsbad** 2: Gernsbacher Straße 31, tel. 07 22 21 39 63 40, info@hotel-am-friedrichsbad.de, www.hotel-am-friedrichsbad.de, 2-pk € 90. Aan een gezellig pleintje, tegenover de thermen, ligt dit eenvoudige, maar zeer gemoedelijke hotel.

Eten en drinken

Gericht op Frankrijk – **Leo's** 1: Luisenstraße 8-10, tel. 07 72 13 80 81, info@leos-baden-baden.de, www.leos-baden-baden.de. Er zijn verschillende sterrenrestaurants in en om Baden-Baden, maar Leo's behoort daar niet toe. Gelukkig maar, want de relaxte sfeer in combinatie met het goede eten zorgt voor een geweldige avond.

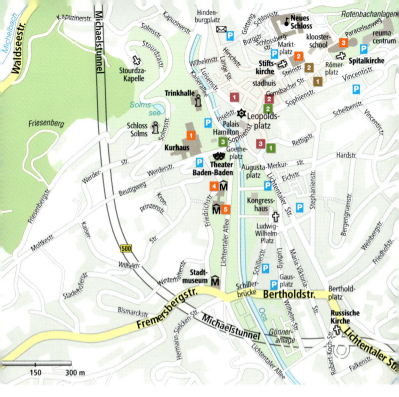

Baden-Baden

Bezienswaardigheden

1 Kurhaus
2 Friedrichsbad
3 Caracalla Therme
4 Staatliche Kunsthalle
5 Museum Frieder Burda

Overnachten

1 Römerhof
2 Am Friedrichsbad

Eten en drinken

1 Leo's
2 Laterne

3 König

Winkelen

1 Jimmy Choo
2 Brioni
3 Chopard

Terug in de tijd – Laterne 2: Gernsbacher Straße 10-12, tel. 07 22 13 060, laterne@restaurants-baden-baden.de, www.laterne.restaurants-baden-baden.de. Alles in Baden-Baden is een beetje chiquer en een beetje duurder. Echter, bij restaurant Laterne krijgt u Badense gastronomische hoogstandjes in een authentieke omgeving voor een goede prijs. Daarom zit u hier nog vooral met de lokale bevolking.

Taartjes en chocola – Café König 3: Lichtentaler Straße 12, tel. 07 22 12 35 73, www.chocolatier.de/kh_koenig.php. In een ouderwets deftig interieur eet u hier de allerlekkerste taartjes, petitfours, chocolaatjes en bonbons. De koffie is ook erg lekker. ▷ blz. 226

Schwarzwaldhochstraße – proef het Zwarte Woud

Iedere bezoeker van het Zwarte Woud moet deze bewegwijzerde route rijden. Pas dan krijgt u een idee van de uitgestrektheid van het woud, de schoonheid van de heuvels en rivieren. Dit is het échte Zwarte Woud, met zwijnen en watervallen.

Kaart: ▶ C 8 / C 9
Duur: 3 uur, 58 km.
Start: B500 Baden-Baden.

De route

De Schwarzwaldhochstraße is in de jaren 30 van de vorige eeuw aangelegd voor het toen opkomende autotoerisme. Ook al is de route maar 58 km, hem in twee dagen te rijden is alleen al vanwege het gastronomische aanbod zeer aan te raden. Laaf u met lokale producten, zoals de beroemde *Schwarzwälder Schinken* of *Schwarzwälder Kirschtorte*.

Geroldsau

Eigenlijk is Gerolsau een buitenwijk van Baden-Baden, en ook met de stadsbus bereikbaar, maar al aan het begin van de route ligt een stop. In een romantisch bos liggen op 1,5 km van de weg de beroemde **Geroldsauer Wasserfälle:**

een korte, prettige wandeling die vooral mooi is als de rododendrons bloeien.

Hornisgrinde

Vanaf nu stijgt de route gestaag met bijna 1000 m naar de hoogste berg van het noordelijke Zwarte Woud, de **Hornisgrinde** (1164 m). Dit gebied krijgt traditioneel veel neerslag (2150 mm per jaar) en meestal in de vorm van sneeuw. Onderweg zult u daarom ook verschillende skiliften tegenkomen: in de winter kunt u hier skiën.

Onderweg komt u langs verschillende uitzichtpunten en beginpunten voor wandelingen. Eén van deze uitzichtpunten is misschien een stop waard: de **Mehliskopfturm**, een stenen toren uit 1880 met rondom prachtig uitzicht. Ook bij de Hornisgrinde **1** is een uitzichttoren gebouwd. De **Bismarckturm** is lang in gebruik geweest door het leger, maar is sinds 2005 weer vrij toegankelijk. Iets verder rijdt u langs de betoverende **Mummelsee** (988 m) **2**. Stop hier beslist om te genieten van het uitzicht, de rust en het meer. Als u even uw benen wilt strekken, kunt u over een mooi 'plankenpad' een rondje om het meer lopen.

Berghotel Mummelsee **1**

Schwarzwaldhochstraße 11, tel. 07 42 99 286, info@mummelsee.de, www. mummelsee.de, 2-pk € 86.

Dit is niet een gewoon hotel, maar een belevenis met speeltuinen voor de kinderen, roeibootjes voor tochtjes over het meer, themawandelroutes en een winkel met lokale producten. Het hotel zelf is comfortabel en het restaurant staat in de wijde omgeving bekend om zijn goede regionale keuken. In het Berghotel zit ook een uitgebreide winkel met zelfgerookte *Schwarzwälder Schinken*, allerlei soorten kirsch en zelfs koekoeksklokken. Hier kunt u het Zwarte Woud letterlijk proeven.

Tussen de **Mummelsee** en **Ruhestein** komt u langs verschillende uitzichtpunten waar u met helder weer een prachtig zicht op de Rijn en de Franse Vogezen hebt. Onderweg passeert u verschillende hotelletjes en *Berggasthöfe*.

Darmstädter Hütte **2**

Schwarzwalderhochstraße 5, tel. 07 84 22 247, www.darmstaedter-huette. de, 2-pk € 60.

Zoals het een echte berghut betaamt, kunt u hem niet met de auto bereiken. Maar maakt u zich geen zorgen, vanaf de parkeerplaats **Ruhestein 3** is het slechts een 2 km lange, eenvoudige wandeling. Maar dat is het dan ook meer dan waard: u komt aan bij een houten chalet waar u door de eigenaars in de watten wordt gelegd. Hoewel eenvoudig, is het eten smakelijk en vers en zijn de kamers licht en schoon.

Richting Freudenstadt

Waar de route afbuigt naar **Freudenstadt** (B28), tussen **Alexanderschanze** en **Kniebis**, ligt op 1053 m het uitzichtpunt **Schliffkopf 4**. Stap hier uit en loop het 800 m lange **Lotharpfad**, een natuurbelevingspad dat, ook nu nog, de verwoestingen ten gevolge van de orkaan Lothar in 1999 toont. De route eindigt in Freudenstadt.

Winkelen

De **Sophienstraße** en **Lichtentaler Straße** zijn de modestraten van de stad. Hier vindt u merken die zelfs in Europese hoofdsteden moeilijk te krijgen zijn, zoals **Jimmy Choo** **1** (Antora: Lichtentaler Straße 9), **Brioni** **2** (Sør: Sophienstraße 3), **Chopard** **3** (Kurgarten 12). In de Altstadt vindt u de alternatievere winkeltjes. Ook al wilt u helemaal niet winkelen, loop toch de **Lichtentaler Straße** in, want hier zit het wereldberoemde **Café König** waar u echt even moet stoppen.

Informatie

Tourist Information

Kaiserallee 3 (in de Trinkhalle), tel. 07 22 12 75 200, info@baden-baden.com, www.baden-baden.de.

Vervoer

Trein: ICE's uit Basel, Stuttgart, München en Karlsruhe.
Vliegveld: Karlsruhe-Baden-Baden.

Rastatt ▶ C 8

Schloss Rastatt

Herrenstraße 18, tel. 07 72 22 97 83 85, info@schloss-rastatt.de, www.schloss-rastatt.de, apr.-okt. di.-zo. 10-17, nov.-mrt. di.-zo. 10-16 uur, entree € 7
Na de complete verwoesting van de stad door Franse troepen aan het einde van de 17e eeuw, verplaatste de markgraaf van Baden zijn residentie naar Rastatt. Rondom zijn nieuwe residentie moest een stad worden gebouwd in classicistische stijl. Het slot en zijn prachtige tuinen zijn opengesteld. Het hierin gevestigde **Freiheitsmuseum** is zeer de moeite waard.

Freudenstadt ▶ C 9

Als jongste stad van het Zwarte Woud werd Freudenstadt door **Friedrich I** in 1599 gesticht. De stad is vanwege het vroege overlijden van de hertog echter nooit afgemaakt, waardoor op de plek waar zijn stadspaleis zou komen te staan nu een enorm plein ligt. Dit is, naar zeggen van de Freudenstadters, de grootste markt van Duitsland. Wat er na 350 jaar nog stond is tijdens de laatste oorlogsdagen in gevechten met de Amerikanen volledig vernietigd. Nu alles weer is opgebouwd, is een levendige stad overgebleven. En op de plek waar het paleis van Friedrich I had moeten staan worden regionale producten verhandeld.

Overnachten en eten

Sympathiek – **Warteck:** Stuttgarter Straße, tel. 07 44 19 19 20, info@warteck-freudenstadt.de, www.warteck-freudenstadt.de, 2-pk € 105. Geliefd hotel met goed restaurant in het centrum.
Comfortabele middenklasse – **Langenwaldsee:** Straßburger Straße 99, tel. 07 44 18 89 30, info@hotel-langenwaldsee.de, www.hotel-langenwaldsee.de, 2-pk € 60. Net buiten Freudenstadt ligt dit ouderwetse hotel. Midden in het bos, direct aan een meertje met eigen spa: een ideale plek.

Informatie

Freudenstadt-Touristik

Marktplatz 64, D-72250, tel 07 44 18 640, info@freudenstadt.de, www.freudenstadt.de.

Vervoer

Trein: treinen vanaf Stuttgart, Offenburg en Karlsruhe.

Badische Weinstraße

Sinds 1954 loopt de Weinstraße als een rode draad door het Badische wijnland, vanaf Baden-Baden langs Ortenau en Breisgau, via de Kaiserstuhl het Oberrheintal in tot aan Weil am Rhein. In 2014 is deze route aangesloten op de **Bergstraße** (zie blz. 199).

Informatie

www.badischeweinstraße.de.

Ortenau

De streek Ortenau is eigenlijk het mooiste wanneer óf de kersenbomen bloeien in het voorjaar óf in de herfst wanneer de druivenstokken vol met druiven zitten en het druivenblad roodbruin kleurt. Maar dan mist u wel de heerlijke asperges die de streek beroemd maken of de vele zomervruchten die hier overal groeien. Eigenlijk is Ortenau dus het gehele jaar door interessant, net waar uw belangstelling, of beter gezegd, uw smaak ligt. Tussen de oever van de Rijn en de wijngaarden liggen schilderachtige wijndorpen als Bühl en Oberkirch.

Bühl ▶ C 8

Iets naast de **Weinstraße** ligt het gezellige wijnstadje Bühl. Naast wijn staat de stad ook bekend om zijn **kwetsenbrandewijn**. In de omgeving zijn verschillende wijnhuizen te bezoeken, zoals die van **Weingut Neuweiler,** en hebt u vanaf **Burg Alt Windeck** het mooiste uitzicht over de omgeving. Aan de Rijn staat de Weißtannenturm met wijds uitzicht over het Rijndal.

Overnachten en eten

Uitmuntende Riesling – **Weingut Schloss Neuweier:** Mauerbergstraße 21, D-76534 Baden-Baden, tel. 07 22 38 00 870, info@armin-roettele.de, www.armin-roettele.de. Arrangementen vanaf € 145 per persoon. Aan de voet van het slot wordt de fameuze *Mauerwein* gemaakt. Uit 100% riesling worden witte wijnen geproduceerd die u in het slot zelf kunt proeven. Hier zit ook restaurant Röttele's (één Michelinster).

Eten in een kasteelruïne – **Burg Windeck:** Kappelwindeckstraße 104, D-77815 Bühl/Baden, tel. 07 22 39 49 20, kontakt@burg-windeck.de, www.burg-windeck.de, 2-pk € 145. Tussen de ruïnes van de 12e-eeuwse burcht zit nu dit uitstekende hotel met zowel op het terras als in het restaurant een fantastisch uitzicht over het Rijndal.

Eenvoud met smaak – **Sternen Hotel:** Hauptstraße 32, 072 23 98 650, info@sternen-buehl.de, www.sternen-buehl.de, 2-pk € 75. Goed familiehotel in het centrum van Bühl met eenvoudig restaurant en Biergarten.

Oberkirch ▶ C 9

Aan de oever van de Mühlbach, tussen wijn- en fruitgaarden en bossen ligt deze mooi stad met smalle straatjes, gezellige pleintjes en mooie vakwerkhuizen. De stad is vooral bekend vanwege zijn brandewijnstokerijen: in de gemeente Oberkirch zitten er al negenhonderd! De traditionele schnaps uit het Zwarte Woud is **kirsch**, kersenbrandewijn. Ook heeft Oberkirch, dankzij de vruchtbare grond en het milde klimaat, de oudste en grootste aardbeienmarkt van Duitsland. ▷ blz. 230

Favoriet

Europapark ▶ B9

Misschien een goede afleiding tussen
alle wijnproeverijen en kerken door.
Europapark is het grootste pretpark
van Europa met meer dan alleen acht-
en wildwaterbanen. Er valt ook nog
iets te leren: verschillende Europese
landen zijn in het klein nagebouwd.
Zo is er in het Engelandpark een Sha-
kespearetheater met optredens.
In Griekenland loopt u door het Paard
van Troje naar de ingang – in de vorm
van een Griekse tempel – van de achtbaan. Hier eet u natuurlijk Grieks.
Ook Nederland is vertegenwoordigd
met een molen als entree van het park
en natuurlijk kaas en Delfts blauw. Een
spannend avontuur beleeft u in de attractie Piraten van Batavia. Tijdens
een boottocht overvallen piraten een
vreedzame kolonie. Kortom: leerzaam
vermaak.
Europa-Park-Straße 2, D-77977
Rust, tel. 07 82 27 76 688, benelux@
europapark.de, www.europapark.de,
apr.-nov. 9-18, dec.- 10 jan. 11-19 uur,
entree € 42,50 (kinderen tot 4 jaar en
op hun verjaardag tot 12 jaar gratis,
van 4-11 jaar € 37)

Overnachten en eten

Met eigen stokerij – **Waldhotel Grüner Baum:** Alm 33, D-77704 Oberkirch-Ödsbach, tel. 07 80 28 090, info @waldhotel-gruener-baum.de, www. waldhotel-gruener-baum.de, 2-pk € 162. Dé plek om Badense gastronomie te proberen. En natuurlijk zelfgestookte schnaps. Met grote tuin en zwembad aan de rand van het dorp.

Wijnsafari – **Julius Renner Weingut & Weinkellerei:** Bachanlage 2, tel. 07 80 23 396, www.juliusrenner.de. Bij Julius Renner wordt u het hele wijnscala voorgeschoteld. U kunt proeven, kopen en op een wijnsafari door de velden gaan.

Offenburg ▶ B 9

De hoofdstad van de Ortenau heeft een historisch centrum met een mooie barokke kerk en veel 18e-eeuwse monumenten, zoals het **Rathaus**. In de vele vakwerkhuizen zitten leuke winkeltjes en vooral veel cafés en restaurants. In de voormalige kazerne aan de rand van de stad zit nu het Kulturforum met de Städtische Galerie (www.galerie-offenburg.de). Buiten de stad liggen tussen de wijngaarden en op de grens met het Zwarte Woud twee beroemde kastelen waar u tegenwoordig goed kunt eten en drinken: **Ortenburg** en **Staufenberg**.

Overnachten en eten

Mooiste uitzicht van Ortenau – **Weinstube Schloss Staufenberg:** Schloss Staufenberg, D-77770 Durbach, tel. 07 81 92 46 58 38, weinstube@schloss-staufenberg.de, www.schloss-staufenberg.de. Al vijfhonderd jaar bezitten de markgraven van Baden deze burcht om het Rijndal te kunnen verdedigen. Tegenwoordig heeft de familie de poorten geopend voor iedereen die van eten en drinken houdt. Vooral het terras is een geliefde plek voor zowel toeristen als Offenburgers om van de zonsondergang te genieten.

Onder 450 jaar oude gewelven – **Schlosskeller Ortenburg:** Vorderschloss 1, D-94496 Ortenburg, tel. 08 54 25 32 970, www.schlosskeller-ortenburg.de. Schloss Ortenburg heeft een klein museum en een restaurant met fijn terras. Ga er vooral heen als er op de binnenplaats of voor het slot evenementen zijn, zoals toneelstukken in de openlucht of ridderspelen.

Tip

Wijnwandelen

De beste manier om in korte tijd de Kaiserstuhl te verkennen is te voet of met de fiets. In het gebied lopen verschillende wandel- en fietspaden. Het **Kaiserstuhlpfad**, bijvoorbeeld, loopt van noord naar zuid over 21 km door wijngaarden en bossen, óver de Kaiserstuhl ,met uitzicht over het Zwarte Woud en de Vogezen. Voor informatie: Touristinfo Kaiserstuhl-Tuniberg, tel. 07 66 79 01 55, www.kaiserstuhl.cc.

Kaiserstuhl ▶ B 10

Als eilanden rijzen de **Kaiserstuhl** en de **Tuniberg** op tussen de Rijn en het Zwarte Woud. De omgeving is een eldorado voor natuurliefhebbers vanwege de bijzondere flora en fauna. De toeristenbureaus hebben fiets- en wandelroutes uitgezet voor alle leeftijden, maar uiteindelijk speelt ook hier wijn de hoofdrol. Wijn uit **Ihringen, Bickensohl** en **Oberrotweil** hebben een goede reputatie. En natuurlijk eten: van eenvoudige stubes tot sterrenrestaurants. (www.kaiserstuhl.eu/wein/weingut-kaiserstuhl.htm).

Het stadje Endingen aan de noordzijde van de Kaiserstuhl heeft een mooi centrum met vakwerkhuizen en een gezellig marktplein. Aan de zuidkant ligt **Vogtsburg**. Hoewel de stad ook een aardig centrum heeft, staat het vooral bekend om restaurant **Schwarzer Adler**. Dit sterrenrestaurant wordt al jaren gezien als een van de beste restaurants van Duitsland.

Overnachten en eten

Het beste van het beste – **Schwarzer Adler:** Badbergstraße 23, D-79235 Vogtsburg, tel. 07 66 29 33 00, keller@franz-keller.de, www.franz-keller.de, 2-pk € 150. Elegant, verfijnd, met Franse invloeden, maar toch echt Duits: zo wordt de keuken van Franz Keller vaak beschreven. Hier te eten is echt een beleving, maar tegelijkertijd een aanslag op uw vakantiebudget. Echter, het is de moeite waard. Vergeet niet de wijnkaart goed te bestuderen, die wint keer op keer de prijs voor de beste wijnkaart van Duitsland.

Gezellig centraal – **Engel:** Hauptstraße 10, D-79346 Endingen, tel. 07 64 23 238, www.engel-endingen.de, 2-pk € 85. Gezellig hotel midden in het cen-

trum van Endingen met restaurant waar gesteengrild kan worden.

Wijn, wijn, wijn – **Winzerhof-Linder:** Stollbruckstraße 12, D-79346 Endingen, tel. 07 64 25 525, mail@winzerhof-linder.de, www.winzerhof-linder.de. Arrangementen voor 2 pers. vanaf € 130. Logeren op een echt wijngoed, maar dan ín de stad, met een goed restaurant en zelfs een eigen winkeltje. Hier beleeft u de Badense Weinstraße echt.

Actief

Wijnproeven – Naast de vele wandel- en fietsroutes die te downloaden zijn vanaf de website van het toeristenbureau, bieden de meeste wijnhuizen proeverijen en rondleidingen aan. In het oogstseizoen rijdt een stroomtrein, de **Rebenbummler**, vanaf Riegel door het wijngebied van de Kaiserstuhl. In september en oktober stopt de trein bij verschillende wijnhuizen waar u kunt proeven. Voor meer informatie: www.rebenbummler.de.

Informatie

Tourismusbüro Naturgarten Kaiserstuhl

Marktplatz 16, D-79206 Breisach, tel. 076 67 94 01 55, info@naturgarten-kaiserstuhl, www.kaiserstuhl.cc.

Breisach ▶ B 10

Breisach is gebouwd op een strategische plek langs de Rijn. Hierdoor is deze stad vaak het toneel geweest van oorlogshandelingen tussen Frankrijk en Duitsland en ook tijdens de Tweede Wereldoorlog is hier zwaar gevochten. Na de oorlog is de stad weer opgebouwd en de trots van de stad, de romaansgotische **St. Stephansmünster**, is zowel vanbuiten als vanbinnen prachtig gerestaureerd. De stad heeft nog enkele stadspoorten en een gezellig centrum.

Breisach is het centrum van wijnbouw langs de Badische Weinstraße. In de omgeving zijn twintigduizend wijnboeren actief en de **Badische Winzerkeller** heeft een capaciteit van 160 miljoen liter. De wijnkelders met prachtige houten wijnvaten zijn te bezichtigen (dagelijkse rondleidingen duren tweeenhalf uur – www.badische-winzerkeller.de) en in de winkel kunt u de wijnen uit de omgeving kopen.

Informatie

Breisach-Touristik

Marktplatz 16, D-79206, tel. 07 66 79 40 155, breisach-touristik@breisach.de, www.breisach.de.

Vervoer

Trein: Kaiserstuhlbahn naar Riegel, S-bahn van en naar Freiburg.

Freiburg im Breisgau ▶ B 10

Perle des Oberrheins wordt Freiburg ook wel genoemd en dit klopt ook wel. In deze historische stad met zijn middeleeuwse stratenpatroon en prachtige **Münster** heeft de tijd echter niet stilgestaan. Het is een van de weinige steden van Duitsland die nog steeds groeit en het vooruitstrevende stadsbestuur doet er alles aan om Freiburg zo **groen** mogelijk te maken.

Was Freiburg vroeger de zilverstad van Duitsland, nu wordt zij **Solar City aan de Rijn** genoemd. Mede door de goed aangeschreven universiteit (opgericht in 1457) en de vele jonge mensen bruist het centrum van energie. Wilt u

zowel het Badense wijngebied als het zuidelijk Zwarte Woud verkennen, dan is Freiburg een goed startpunt.

Freiburger Münster **1** ☀

Münsterplatz, torenbeklimming: ma.-za. 9.30-16.45, zo. 13-17 uur, jan.-mrt. gesloten. Rondleidingen over het dak: minimaal zes weken van tevoren reserveren, € 15 p.p.

Het opvallendste bouwwerk van Freiburg is de basiliek. Deze kerk, tussen 1200 en 1500 gebouwd, met een lengte van 125 m en een hoogte van bijna 30 m, wordt gezien als een meesterwerk van middeleeuwse ambachtskunst. Vooral zijn opengewerkte spits is een klein wonder. Ook al hebt u last van hoogtevrees, als u na 328 treden door het filigraan van rood zandsteen naar buiten kijkt, kunt u niets anders dan ontzag voelen voor deze ambachtslieden. En dan het uitzicht: naar alle kanten kijkt u over Freiburg. En verder: het begin van de bergen van het Zwarte Woud en de oevers van de Rijn komen vanaf deze hoogte in zicht. Voor als de klokkentoren nog niet genoeg is, worden er rondleidingen over de dakconstructie van de Münster georganiseerd.

Münsterplatz: Kaufhaus en Kornhaus **2** **3**

Het gezellige marktplein is het middelpunt van de stad: hier wordt iedere week de markt opgebouwd. Aan het plein vallen twee 15e-eeuwse huizen op. Het **Kaufhaus** (nr 24) is in 1520 gebouwd voor de marktmeesters en dient nu als cultureel centrum. Aan de andere kant van het plein staat het **Kornhaus** met opvallende trapgevel.

Museum für Stadtgeschichte **4**

Münsterplatz 30, tel. 07 61 20 12 515, msg@stadt-freiburg.de, www.freiburg.de, di.-zo. 10-17 uur, entree € 3

Het museum vertelt het verhaal van de stad Freiburg, de kloosters, de universiteit en de gilden. Er zijn mooie maquettes van Freiburg door de eeuwen heen en een model van de Münster.

Augustinermuseum 5

Augustinerplatz 1-3, tel. 07 61 20 12 253, augustinermuseum@stadt-freiburg.de, www.freiburg.de, di.-zo. 10-17 uur, entree € 7

In een voormalige kloosterkerk is een modern museum gebouwd met een interessante kunstcollectie uit de middeleeuwen en de barok. Het gebouw zelf is eigenlijk al een bezoekje waard.

Museum für Neue Kunst 6

Marienstraße 10a, tel. 07 61 20 12 583, mnk@stadt-freiburg.de, www.freiburg.de, di.-zo. 10-17 uur, entree € 7

Dit museum is eigenlijk meer een platform voor vooruitstrevende gedachten en stromingen. Naar aanleiding van een maatschappelijk thema worden internationaal bekende kunstenaars uitgenodigd om te exposeren.

Overnachten en eten

Rondom de Münsterplatz zitten verschillende leuke restaurants en hotels. Tussen de Augustinerplatz en de Schwabentor ligt het **Insel**, een levendig wijkje aan het Gewerbekanal met kleine winkeltjes en cafés.

Oudste hotel van Duitsland – **Zum Roten Bären** 1: Oberlinden 12, tel. 07 61 38 78 70, reservierung@roten-baeren. de, www.roten-baeren.de, 2-pk € 139. Dit hotel wordt al in 1387 genoemd als

De beroemde opengewerkte torenspits van de Münster van Freiburg

herberg. Nu heeft het moderne kamers en een goed restaurant.

Beste weinstube – Oberkirch 2 : Münsterplatz 22, tel. 07 61 20 26 868, info@hotel-oberkirch.de, www.hotel-oberkirch.de, 2-pk € 159. Hotel Oberkirch heeft comfortabele kamers maar de aantrekkingskracht zit hem in de weinstube beneden. Hier is het van 's morgens vroeg, wanneer de marktkooplui hun koffiedrinken, tot 's avonds, als de Freiburgers er een glaasje wijn drinken, een gezellige boel.

Tweemaal Italiaans – Enoteca 1 : Gerberau 21/Schwabentorplatz 6, tel. 07 61 38 99 130, restaurant@enoteca-freiburg.de, www.enoteca-freiburg.de. Schuin tegenover elkaar liggen twee Italiaanse restaurants: een trattoria, waar je eenvoudig maar goed kunt eten en ook wijn kunt kopen en een meer gastronomisch restaurant. Beide zijn de moeite waard.

In de brouwerij – Feierling Hausbrauerei 2 : Gerberau 46, tel. 07 61 24 34 80, www.feierling.de. In Feierling drinkt u zelfbrouwen bier. U kunt rondleidingen door de brouwerij krijgen en er zijn vaak concerten binnen en buiten. De brouwerij heeft een fijne Biergarten waar soep, salades, broodjes en borrelhappen worden geserveerd en een restaurant met goede Duitse kost.

Onder de kastanjes – Greiffenegg Schlössle 3 : Schlossbergring 3, tel. 07 76 13 27 28, www.greiffenegg.de. In de Biergarten, onder oude kastanjebomen, hebt u een prachtig uitzicht op de Münster en over de daken van de stad. Hier komen de Freiburgers om te ontspannen, iets te drinken met een *Bretzel* of *Flammkuchen* en zelfs soms te dansen In het chique restaurant, gevestigd in de historische zaal van deze voormalige residentie van de laatste Oostenrijkse gouverneur toen het gebied nog bij Oostenrijk hoorde, kunt u goed eten onder beschilderde gewelven.

Informatie

Tourist Information

Am Rathausplatz, tel. 07 61 38 81 880, touristik@fwtm.de, www.freiburg.de.

Vervoer

Trein: ICE vanuit alle grote steden in Duitsland en Basel, trein naar het Zwarte Woud: Titisee en Schluchsee. **Vliegtuig:** Vliegveld Basel-Mulhouse-Freiburg.

Markgräferland

Tussen Freiburg im Breisgau en Weil am Rhein loopt de laatste 80 km van de **Badische Weinstraße.** Naast wijn staat de omgeving bekend om Romeinse opgravingen en thermen, zoals in de plaatsjes **Bad Krozingen, Bad Bellingen** en **Badenweiler,** waar alles draait om het warme water dat uit de grond komt. In Badenweiler zijn zelfs nog resten te zien van Romeinse baden uit 75 n.Chr. Verder naar het zuiden liggen nog enkele interessante plekken om aan te doen: de bijzondere Altstadt van **Sulzburg** met zijn voormalige synagoge en begraafplaats en de kloosterkerk **St. Cyriak** (www.sankt-cyriak.de) die een houten kerktoren heeft uit 996.

Vitra Design Museum

Op de grens met Zwitserland in **Weil am Rhein** ligt het bijzondere Vitra Design Museum (www.design-museum.de). Meubels ontworpen door onder meer Gerrit Rietveld en Charles Eames worden hier in bijzondere museumgebouwen tentoongesteld (zie **Favoriet** blz. 236).

Fondation Beyeler

Baselstrasse 101, CH-4125 Riehen, Zwitserland, tel. +41 61 64 59 70, www.fondationbeyeler.ch

Freiburg

Bezienswaardigheden

1 Münster
2 Kaufhaus
3 Kornhaus
4 Museum für Stadtge-
schichte

5 Augustinermuseum
6 Museum für Neue Kunst

Overnachten

1 Zum Roten Bären
2 Oberkirch

Eten en drinken

1 Enoteca
2 Feierling
3 Greiffenegg Schlössle

Nét over de grens in **Riehen** ligt de **Fondation Beyeler met** een van de mooiste particuliere kunstcollecties ter wereld. Sla vooral de zaal met de sculpturen van lopende mensen van Alberto Giacometti of de grote doeken met waterlelies van Claude Monet niet over. Er zijn vaak interessante tentoonstellingen.

Favoriet

Vitra Design Museum ▶ B 11

Dit unieke museum was oorspronkelijk opgezet om de privécollectie van
Rolf Fehlbaum, de CEO van de beroemde meubelfabrikant Vitra, te herbergen. Hij haalde architect Frank
Gehry in 1989 naar Europa om een tentoonstellingsruimte te ontwerpen.
Tegenwoordig worden in het iconi-
sche gebouw tijdelijke tentoonstellingen georganiseerd, voornamelijk over
design en meubelontwerp. De collectie van Vitra is vermaard vanwege de
aanwezigheid van belangrijke stukken
van designers als Charles Eames, Jean
Prouvé en Michael Thonet. In de door
Zaha Hadid ontworpen brandweerka-
zerne (zie foto) is een deel van de stoe-
lencollectie van Vitra permanent te bezichtigen. Naast het museum staan de
fabrieken waar de meubels van Vitra
worden geproduceerd.
Vitra Design Museum, Charles-Eames-
Straße 2, D-79576 Weil am Rhein, tel.
07 62 17 02 32 00, info@design-mu-
seum.de, dag. 10-18 uur, entree € 10-16.
De twee uur durende architectuur-
rondleiding is zeer de moeite waard.

Zuidelijk Zwarte Woud

Het zuidelijke deel van het Zwarte Woud is zoals wij het ons voorstellen: hoge bergen, dichte bossen, hier en daar een weiland met koeien, houten boerenhoeves en bergmeren. Hier storten wilde watervallen naar beneden en steken ruige rotsen boven de bomen uit.

Maar dit is ook het land van duizend jaar oude kloostercomplexen, want de kerstening ten noorden van de Alpen begon hier. Het Zuidelijke Zwarte Woud begint eigenlijk ten zuiden van de rivier de Kinzig bij Freudenstadt en loopt in het zuiden tot aan het diepe Rijndal dat hier parallel aan de Zwitserse grens vanuit de Bodensee naar het noordenwesten stroomt. In ditzelfde Zwarte Woud ligt ook de bron voor de langste rivier van Europa, de Donau.

Tussen Kinzig en Donau

In het gebied tussen de rivier de Kinzig en de bron van de Donau, de overgang van noord naar zuid, ligt de kern van de vele traditties die wij kennen van het Zwarte Woud. Hier lopen de vrouwen nog met hoeden met rode bollen, de houten boerderijen hebben daken tot bijna op de grond en dit is de geboorte-

Het schilderachtige dal van de Kinzig

grond van de koekoeksklok. Tot bijna 1900 werd hier het geld voornamelijk verdiend met het verkopen van hout aan de Hollanders. Vlotten, soms wel 80 m lang, dreven over de vele kleine riviertjes, via de Kinzig, naar de Rijn. Daarna volgden zij de stroom helemaal naar de Hollandse havens waar een grote behoefte was aan hout voor de bouw van schepen.

Tegenwoordig proberen de inwoners deze traditie zo veel mogelijk in stand te houden, voor toeristen en voor zichzelf: oude volksfeesten zijn nieuw leven ingeblazen, men blaast glas en bouwt vlotten en, inderdaad, nog steeds koekoeksklokken.

Wolfach ▶ C 9

Dit stadje was vroeger het centrum van de vlottenbouw in het Zwarte Woud. Nu is er nog een mooie Altstadt met diverse ambachtelijke musea en iets buiten het plaatsje het 17e-eeuwse slot. Maar de grote attractie ligt net buiten de stad, in **Gutach**.

Vogtbauernhof

Schwarzwälder Freilichtmuseum Vogtbauernhof, D-77793 Gutach, tel. 07 83 19 35 60, www.vogtbauernhof. de, apr.-nov. 9-18 uur, entree € 9

Sinds 1964 worden in dit interessante openluchtmuseum historische boerderijen uit de hele streek gereconstrueerd. Hoeves uit de 16e en 17e eeuw met grote rieten daken en houten balkons zijn hier weer opgebouwd. Er is ook een watermolen uit 1609 en een 19e-eeuws bakhuis. Vrouwen in traditionele kledij met de hoeden met rode bollen lopen hier in het rond en tonen het boerenleven van weleer. Kinderen kunnen dieren te eten geven, in het doolhof verdwalen en workshops volgen die te maken hebben met oude ambachten.

Triberg ▶ C 10

Het toeristische Triberg heeft een aardig centrum en een informatief **museum** over de regio (www.schwarzwald museum.de). Toch komen de meest toeristen niet voor de collectie klokken en draaimolens van het museum maar trekken door naar de **Triberger Wasserfälle**. Hier stort de rivier de Gutach over 163 m in de diepte: het zijn de hoogste watervallen van Duitsland. Vanaf het centrum van de stad zijn de watervallen via drie verschillende wandelroutes te bereiken. In de zomer zijn zij tot 22 uur verlicht. De omgeving van Triberg trekt vooral toeristen die van het natuurschoon willen genieten. Bij het toeristenbureau zijn prachtige wandelingen te krijgen.

Overnachten en eten

Met eigen ham – **Vesperstube Silberg:** Silberberg 1, D-78136 Schonach, tel. 07 72 28 66 490, urban.fischer@t-online.de, www.fischer-silberg.de, 2-pk € 44. Het restaurant is beroemd om zijn *Schwarzwälder Schinken*, het pension heeft keurige kamers.

Informatie

Tourist Information

Wallfahrtstraße 4, D-78098, tel. 07 72 28 66 490, info@triberg.de, www. triberg.de.

Furtwangen ▶ C 10

Furtwangen is dé klokkenstad van Duitsland. Hier is de klokkenmakersschool en het **Deutsches Uhrenmuseum** (www.deutsches-uhrenmuseum. de) gevestigd. Als u van klokken houdt, bent u aan het juiste adres. Vooral de collectie koekoeksklokken, sommige honderden jaren oud, andere spiksplinternieuw, zal u versteld doen staan.

Informatie

Tourist Information

Lindenstraße 1, D-78120, tel. 07 72 39 29 50, touristinfo@furtwangen.de, www. dasferienland.de.

Tip

Onvoorstelbare tracés

Neem eens de trein door het Zwarte Woud. Er zijn verschillende tracés aangelegd die het ongelooflijke benaderen, zoals de **Schwarzwaldbahn** (www.bahn.de/schwarzwaldbahn) tussen Offenburg en Konstanz of de prachtige lijn van Freiburg naar Donaueschingen (reistijden: www.rvf. de). Helemaal bijzonder is de treinrit tussen Blumberg en Weizen met de **Sauschwänzlebahn:** bruggen, viaducten, tunnels en dat alles met een meer dan honderd jaar oude stoomlocomotief (www.sauschwänzlebahn.de).

Donaueschingen ▶ C 10

Zoals de naam al zegt, ligt hier de bron van de Donau. Vlak bij de barokke **St. Johankirche** is een bassin gemaakt dat de plaats van de bron aangeeft. De stad heeft ook een mooi slot waarin de **Fürstenbergische Sammlungen** worden tentoongesteld.

Informatie

Tourist Information

Karlstraße 58, D-78166, tel. 07 71 85 72 211, tourist.info@donaueschingen.de, www.donaueschingen.de.

Vervoer

Trein: de Schwarzwaldbahn (IRE) loopt vanaf Offenburg dwars door het Zwarte Woud naar Konstanz. De IRE stopt bij Triberg en Donaueschingen.

Hochschwarzwald

Met de **Feldberg** en de **Titisee** vormt het Hochschwarzwald de kern van het zuidelijke Zwarte Woud. En het heet niet zomaar 'hoch', hier liggen de hoogste bergen van het gebied: **Felsberg** (1453 m), **Herzogenhorn** (1415 m) en **Belchen** (1414 m). Vanaf de toppen van deze bergen krijgt u de Zwitserse Alpen al snel in het vizier, en wat lijken ze dichtbij te liggen. In de dalen liggen de grote meren van het Zwarte Woud, zoals de **Titisee** en de **Schluchsee,** die grote aantrekkingskracht op toeristen hebben. Op de hellingen aan de voet van de bergen liggen de grote kloostercomplexen van **St. Balsien, St. Peter** en **St. Trudpert** die getuigen van de vroege kerstening van dit gebied en de toenmalige macht van de katholieke kerk. Maar dit is ook het land van Faust (Staufen) en de duivel (zie **Essay** blz. 38).

St. Peter ▶ C 10

Het dorp wordt gedomineerd door het grote benedictijnenklooster, gewijd aan St. Peter en opgericht in 1093. De barokke kerk en de rococobibliotheek uit de 18e eeuw liggen in de groene weilanden van het heuvellandschap. Klosterhof 2, tel. 07 66 09 10 20, di., zo. 11-12, do. 14.30-15.30 uur, entree € 6.

Eten en drinken

Kuchen – **Café Goldene Krone:** Wagensteigstraße 10, tel. 07 66 99 39 99 88, www.cafe-goldene-krone.de. Hier eet u de beste *Schwarzwälder Kirschtorte* van uw leven!

Informatie

Tourist Information

Klosterhof 12, D-79271, tel. 07 66 09 10 224, www.st-peter-schwarzwald.de.

Titisee en omgeving ▶ C 10

Aan de voet van het Feldbergmassief ligt de Titisee: een kraakhelder bergmeer van 2 km lang en 700 m breed. Hier kan jong en oud zich eindeloos vermaken met roeien, zwemmen, zeilen, rodelen en veel meer. Er liggen allerlei souvenirwinkels, snackbars en restaurants om en aan het meer.

Slechts 17 km verder ligt de veel grotere Schluchsee, waar naast dezelfde watersportmogelijkheden ook nog het waterpark **Aquafun** is aangelegd met lange glijbanen en avonturenpark (www.schluchsee.de). Wilt u minder drukte, rijd dan vanaf Neustadt de prachtige dalen **Jostal** en **Langenordtal** in of waag u aan de **Feldberg Steig** (www.feldbergsteig.de). Over deze bewegwijzerde route bedwingt u in vier uur de **Feldberg**. In de winter is dit het grootste skigebied van Duitsland.

Overnachten en eten

Direct aan het meer – **Alemannenhof:** Bruderhalle 21, tel. 07 85 29 11 80, info@hotel-alemannenhof.de, www.hotel-alemannenhof.de, 2-pk € 120. Prettig hotel direct aan het meer met eigen strand en goed restaurant.

Informatie

Tourist Information

Strandbadstraße 4, D-79822, tel. 07 65 19 80 40, www.titisee-neustadt.de.

Vervoer

Een directe trein rijdt ieder halfuur van Titisee/Neustadt naar Freiburg.

Münstertal ▶ B 10

De op vier na hoogste berg, de **Belchen**, is makkelijk bereikbaar met een kabelbaan die u naar de top van de berg brengt. Hier vindt u een restaurant met terras met mooi uitzicht over de wijde omgeving.

Kloster St. Trudpert

D-79244 Münstertal, tel. 07 63 67 80 20, info@kloster-st-trudpert.de, www.kloster-st-trudpert.de
Aan de westvoet van de Belchen strekt het romantische Münstertal zich uit: fruitbomen, weiden, boerderijen en het beroemde **St. Trudpert-klooster.** De heilige Trudpert is in de 7e eeuw in het Zwarte Woud begonnen met de kerstening van de bevolking. Het huidige 18e-eeuwse barokke klooster heeft een uitbundig maar erg mooi interieur.

St. Blasien ▶ C 10

Midden in de bossen blinkt de imposante koepel van de St. Blasien basiliek u tegemoet. Met twee torens, een zuilenfaçade en een enorm plein zou deze kerk in een grote stad niet misstaan maar valt hij hier diep in het woud een beetje uit de toon. Maar door schenkingen was het klooster in de loop der eeuwen aan enorme landerijen gekomen met navenant grote inkomsten. Komt het exterieur een beetje somber over, eenmaal binnen stralen witte muren, pilaren en een koepel u tegemoet. Het ontbreken van gekleurd glas-in-lood versterkt het 'stralende' effect.

Overnachten en eten

Uitstekende keuken – **Gasthof Schwarzwaldhaus:** Am Kurpark 26, tel. 07 67 53 65, 2-pk € 57. Rustig gelegen met goed restaurant en prettige kamers.

Informatie

Tourist Information

Am Kurgarten 1-3, D-79837, tel. 07 67 24 14 30, stblasien@hochschwarzwald.de, www.stblasien.de.

Vervoer

Trein: verbinding via Titisee met Freiburg en naar Donaueschingen en Schluchsee.
Bussen verbinden de dorpen.

Bad Säckingen ▶ B 11

Deze middelgrote stad aan de Rijn wordt door velen gezien als een van de mooiste van de omgeving. De stad geniet vooral bekendheid vanwege de 203,70 m lange overdekte houten brug

uit 1571, de **Holzbrücke**. Ook de **Münster** is vanwege de prachtige barokke plafondschilderingen en de schatkamer de moeite van een bezoek waard. In **Slot Schönau** zit een onder kenners populair trompettenmuseum

Overnachten en eten

Duitse keuken – **Zum Schwarzen Walfisch:** Münsterplatz 30, tel. 07 76 19 19 454, info@hotel-restaurant-schwarzer-walfisch, www.hotel-restaurant-schwarzer-walfisch, 2-pk € 95. In het oude centrum gelegen gezellig hotel-restaurant met Duitse keuken en populair terras.

Medicinaal genot – **Genuss-Apotheke:** Schönaugrasse 11, tel. 07 76 19 33 37 67, info@genuss-apotheke.de, www.genuss-apotheke.de. Culinaire hoogstandjes in een oude apotheek. De Apotheke heeft ook een kookatelier en een winkel met regionale producten.

Informatie

Tourist Information

Waldhuter Straße 20, D-79713, tel. 07 76
15 68 30, tourismus@badsaeckingen.de,
www.bad-saeckingen-tourismus.de

Waldshut-Tiengen ▶ C 11

Het gezellige Waldshut is eigenlijk het
laatste stadje van het Zwarte Woud.
Hier vormt aan de zuidkant de Rijn de
grens met Zwitserland en in het oosten liggen Württemberg en de uitlopers van de Alpen. Het centrum van
Waldshut is mooi gerestaureerd met
veel historische gebouwen, waaronder
twee gezichtsbepalende stadspoorten.
In het middeleeuwse **Tiengen** staat de
residentie van de vorsten van **Schwar-
zenberg** met een barokke slotkerk. Het
is hier vooral gezellig met veel folklore,
leuke terrasjes. Vanaf Waldshut vertrekken boottochtjes over de Rijn

Actief

Tussen Waldshut en Basel loopt langs
de Rijn de **Hochrheinradweg**, die onderdeel uitmaakt van de 1233 km lange
Rheinradweg tussen de bron van de
Rijn en Rotterdam (www.rheinradweg.
eu). Met de fiets kunt u de bijna ongeschonden loop van de rivier het best
zien. Bovendien passeert u verschillende mooie historische stadjes. Bij
Rheinfelden kunt u met de trein terug.

Informatie

Tourist Information

Wallstraße 26, D-79761, tel. 07 75 18 33
200, tourist-info@waldshut-tiengen.de,
www.waldshut-tiengen.de.

Vervoer

Trein: Directe verbindingen met Sin-
gen (Konstanz) en Basel. Bussen rijden
naar de dorpen in de omgeving.

De beroemde Holzbrücke van Bad Säckingen

Bodensee en Schwäbische Alb

Hoogtepunten ✳

Stad aan de Bodensee: zoek in Konstanz een plekje aan het water en geniet van het ongelooflijke uitzicht over het meer met in de verte de besneeuwde Alpen. Zie blz. 248.

Donaustad Ulm: een van de authentiekste stadjes van Duitsland met stadsmuren langs de Donau en de hoogste kerktoren van het land. Zie blz. 262.

Op ontdekkingsreis

Insel Mainau: al een eeuw een paradijs in het meer met een bijzonder arboretum en een mooie vlindertuin. Zie blz. 254.

Cultuur

Kloster Salem: een echt *Gesammtkunstwerk*: zowel vanbuiten als vanbinnen ziet u hier het absolute hoogtepunt van de barok. Zie blz. 253.

Kunstmuseum Stuttgart: een van de populairste musea van Duitsland in een glazen kubus aan een monumentaal plein met mooie collectie en interessante tentoonstellingen. Zie blz. 272.

Actief

Donaudal: kano in een rustig tempo, vooral met de stroom mee, over de Donau. Zie blz. 260.

Schwäbische Alb: bergen, rotsen, grotten, burchten, diepe dalen en rivieren. Een prachtig wandellandschap. Zie blz. 266.

Sfeervol genieten

Wijn drinken aan het meer: lokale wijnen en het beste uitzicht op de Bodensee en besneeuwde Alpen op de achtergrond. Zie blz. 257.

Glazen kubus: een van de beste restaurants van Stuttgart en zeker op het mooiste plekje. Zie blz. 276

Winkelen en uitgaan

Markthalle in Stuttgart: een prachtige jugendstilhal gevuld met delicatessen. Zie blz. 273.

Bohnen of Leonhard: de twee populairste uitgaansbuurten in Stuttgart. Zie blz. 276.

Bodensee en Oberschwaben

Dit zuidelijke deel van Duitsland beslaat grotendeels het voormalige **Württemberg**. Het gebied wordt in het zuiden begrensd door de Bodensee en de uitlopers van de Alpen, in het westen door het Zwarte Woud, in het oosten door de grens met Beieren en in het noorden door het dal van de Neckar.

Het eerste deel van het hoofdstuk vertelt over de streek die grofweg kan worden onderverdeeld tussen het laatste stukje van het Rijndal met zijn vele stroomversnellingen in het westen, het gebied rond de Bodensee met de stad Konstanz en de toeristische plaatsen eromheen.

INFO

Internet

De officiële toeristische website biedt de meeste informatie: www.bodensee. eu, voor het gebied rond de Untersee: www.tourismus-untersee.de. Verder bieden www.oberschwaben-tourismus. de, www.schwaebischealb.de en www. stuttgart.de uitgebreide informatie.

Vervoer

In het gehele gebied – ook in het Zwitserse deel – doen treinen de meeste steden en dorpen aan. Er is een uitgebreid busnetwerk en verschillende bootverbindingen, met of zonder auto, naar plaatsen aan het meer (www.bsb-online.com en www.bodenseeschiffe. ch). Daarnaast varen er in het seizoen talloze toeristenboten. Treinen vanuit Nederland gaan of via Frankfurt naar Stuttgart of via Offenburg (Schwarzwaldbahn) naar Konstanz. De dichtstbijzijnde vliegvelden zijn die van Zürich en Stuttgart.

Schaffhausen ▶C 11

Al in de middeleeuwen was Schaffhausen een belangrijke overslagplaats voor goederen. De dichtbij gelegen **Rheinfall** is namelijk niet passeerbaar per schip dus alle goederen moesten worden overgeslagen. Het centrum heeft beschilderde vakwerkhuizen met barok- en rococogevels en boven de stad troont het 16e-eeuwse **Kastell Munot**. Hoewel een erg mooie stad, ligt de ware attractie van Schaffhausen bij de Rheinfall, iets stroomopwaarts.

Rheinfall

Deze grootste waterval van Midden-Europa toont een indrukwekkend schouwspel als de Rijn over 150 m breedte 23 m in de diepte stort. Hier precies ligt de grens tussen Zwitserland en Duitsland. Er zijn verschillende voetpaden die u door prachtige bossen vlak bij de watervallen voeren. Hier zijn platforms aangelegd, en zelfs een lift om u onder aan (of boven aan) de watervallen te brengen. Aan de rechteroever van de Rijn ligt een middeleeuwse waterburcht met een grensstation waar ook een restaurant gevestigd is.

Eten en drinken

In een oud pakhuis – **Güterhof am Rhein:** Freierplatz 10, CH-8200 Schaffhausen, tel. +41 52 63 04 040, reservierung@gueterhof.ch, www.gueterhof.ch. Café, lounge, restaurant: zeer comfortabel en direct aan de Rijn.

Aan de watervallen – **Schlössli Wörth:** Rheinfallquai 30, CH-8212 Neuhausen, tel. +41 52 67 24 21, info@schloessliwoerth.ch, www.schloessliwoerth.ch. Door een brug met de oever verbonden ligt dit chique restaurant direct aan het water met een fantastisch uitzicht. Er is ook een redelijk geprijsde snackbar-bistro met groot terras.

Informatie

Schaffhausen Tourismus

Herrenacker 15, tel. +41 05 26 32 40 20, info@schaffhauserland.ch, www.schaffhauserland.ch.

Vervoer

Trein: verbindingen met Basel, Zürich, Konstanz, Stuttgart: www.sbb.ch.
Boot: in het seizoen dagelijkse verbinding met Konstanz, Schaffhausen en de Rheinfall: www.urh.ch.

Reichenau ▶ D 11

Aan de **Untersee**, ten oosten van Konstanz, ligt het eiland Reichenau. Dat de naam Reichenau onder velen bekend is, komt door het benedictijnen klooster dat hier in 724 werd gesticht. De monniken ontwierpen een beroemde kruidentuin die de basis vormde voor de fruit- en groenteteelt waar het eiland beroemd om is. Maar het klooster bracht meer voort: talloze handschriften van onschatbare waarde en bijzonder goudsmeedwerk. Er zijn verschillende kerken op het eiland, waarvan de muurschilderingen in de **Stiftskirche St. Georg** en de **Münster St. Peter und Paul** de moeite waard zijn. Beroemder nog is de schatkamer van de romaanse **Münster St. Maria und Markus.** Al deze kostbaarheden werden bewaakt door een fort waarvan u de ruïne passeert als u over de in de 19e eeuw aangelegde dam op het eiland aankomt.

Informatie

Tourist Information

Pirminstraße 145, D-78479, tel. 07 53 49 20 70, info@reichenau-tourismus.de, www.reichenau-tourismus.de.

Vervoer

Het eiland is bereikbaar met de bus en de trein. Vanaf Konstanz ligt het op fietsafstand en gaan er regelmatig boten. Er zijn ook kanotochten van Konstanz naar Reichenau en terug.

Enorme watermassa's bij de Rheinfall

Konstanz ☀ ▶ D 11

Konstanz was een vrije rijksstad en in de 13e eeuw een knooppunt in de handel met Italië. In het verleden vonden hier Rijksdagen plaats en bezoeken van de keizer. Maar in de middeleeuwen werd de clerus hier de baas. Het **bisdom** Konstanz was het grootste bisdom van het Heilige Roomse Rijk. De stad speelde zelfs een rol in de Europese kerkgeschiedenis met het **Concilie van Konstanz** dat tussen 1414 en 1418 werd gehouden. Hier werd de basis gelegd voor hervorming van de katholieke kerk en er werd zelfs een paus gekozen.

Het verval van de stad kwam met de onafhankelijkheid van de Zwitserse gebieden (1460) waardoor Konstanz haar achterland verloor. Nadat de stad overging op het protestantisme werd zij 1548 veroverd door Oostenrijk en weer katholiek gemaakt. Hiermee verloor Konstanz haar geprivilegieerde status. Pas met de aansluiting op het spoornetwerk in de 19e eeuw begon de stad weer een rol te spelen in de Europese handel.

Innenstadt

Het oudste deel van Konstanz ligt rondom de Münster en langs de Rijn. In de steegjes leefden vissers en horigen van het bisdom, nu wonen hier studenten en wemelt het van de kroegen.

Rheintorturm en Pulverturm **1**

Rheinsteig
De promenade langs de Rijn is in de 19e eeuw aangelegd. Deze twee torens zijn de resten van de imposante middeleeuwse vestingwerken van de stad.

Haus zur Kunkel **2**

Voor bezichtiging, neem contact op met Anne Reene: tel. 07 53 13 63 27 23, anne.reene@konstanz.de

In 1936 werden op de muren van dit onopvallende huis middeleeuwse wandschilderingen ontdekt. Na grondige restauratie bleken zij voorstellingen te zijn uit hoofse ridderromans en van linnenweefsters.

Kulturzentrum am Münster **3**

Wessenbergstraße 39-42, tel. 07 53 19 00 900, kulturbuero@konstanz.de, www.konstanz.de/kulturzentrum, ma., vr. 9-12, di.-do. 9-12, 14-17 uur. Wessenberg Galerie: di.-vr. 10-18, za., zo. 10-17 uur, entree € 3

Negen verschillende historische huizen, met elk hun eigen geschiedenis, zijn samengevoegd tot het **Kulturzentrum**. Hier kunt u terecht voor de geschiedenis van de stad, maar ook voor hedendaagse kunst uit de omgeving van de Bodensee. In het Kulturzentrum zit op nummer 43 de **Wessenberg Galerie** met een interessante kunstcollectie.

St. Stephansplatz **4**

De laatgotische Stephanskirche heeft mooie 17e-eeuwse reliëfs. Vanuit het ertegenover gelegen voormalige **Franziskanerklooster** is in 1848 de eerste Duitse republiek – vergeefs – uitgeroepen.

Husmuseum **5**

Hussenstraße 64, tel. 07 53 12 90 42, hus-museum@t-online.de, www.konstanz.de, di.-zo. 11-17 uur, gratis entree

Over de geschiedenis van Jan Hus, die tijdens het Concilie van Konstanz, ondanks zijn vrijgeleide, hier werd veroordeeld voor ketterij en verbrand.

Rosgartenmuseum **6**

Rosgartenstraße 3-5, 07 53 19 00 246, rita.frank@konstanz.de, www.konstanz.de/rosgartenmuseum, di.-vr. 10-18, za., zo. 10-17 uur, entree € 3

In een 15e-eeuws gildehuis van de slagers is nu het museum voor de ge-

De Imperia en het Zeppelin-Denkmal in de haven van Konstanz

schiedenis van Konstanz en de Bodensee gevestigd. Vooral de permanente expositie over het Concilie is interessant.

Aan het water

Dominikanerkloster 7

Auf der Insel 1

Ook al is het klooster helemaal gerenoveerd als vijfsterrenhotel, toch loont het de moeite even naar binnen te lopen en de vroeggotische kloosteromgang te bewonderen. Tegenwoordig heeft het klooster een heerlijk en luxueus terras.

Imperia 8

Hafenstraße

Op bijna iedere foto van Konstanz ziet u twee standbeelden. Allereerst de schone dame Imperia: zij was de mooiste en edelste concubine ten tijde van het Concilie van Konstanz. Het andere standbeeld is voor graaf Ferdinant von Zeppelin, de uitvinder van de zeppelin.

Konzil 9

Hafenstraße 2

Het dak van dit pakhuis van de linnenhandelaren van de stad stamt uit 1388! Tijdens het Concilie gingen hier de (aarts)bisschoppen in conclaaf om de nieuwe paus te kiezen.

Sea Life Center 10

Hafenstraße 9, tel. 01 80 66 69 01 01, www.visitsealife.com/konstanz, juli-aug. dag. 10-18, sept.-juni dag. 10-17 uur, entree € 17,50

Dit enorme aquarium toont honderden soorten vissen. De glazen tunnel over de zeebodem, ▷ blz. 251

Konstanz

met haaien boven je en om je heen, is wel erg spannend. Interessant zijn de aquaria die de Rijn volgen van zijn oorsprong tot in de Rotterdamse haven.

Kunstgrenze 11

Klein Venedig

Op de grens tussen Duitsland en Zwitserland heeft Johannes Dörflinger in het niemandsland een kleurrijke beeldentuin aangelegd.

Overnachten

Luxe in een klooster – Steigenberger Inselhotel 1: Auf der Insel 1, tel. 07 53 11 250, www.konstanz.steigenberger. de, 2-pk € 200. Bij deze prijs zijn ook de kloostergang en de kerk inbegrepen. De kamers zijn ruim en met fantastisch uitzicht; het terras is een van de mooiste plekjes van Konstanz.

Centraal – Hirschen 2: Bodanplatz 9, tel. 07 53 11 28 269, www.hirschen-konstanz.de, 2-pk € 110. Keurig hotel aan gezellig plein met eigen terras en in de kelder een goed restaurant.

Eten en drinken

Hip minimalistisch – Wessenberg 1: Wessenberger Straße 41, tel. 07 53 19 16 64, www.wessenberg.eu. Een van de populairste café-restaurants in de Innen-

stadt. Van brunch tot late night cocktails, binnen of op de binnenplaats. **Traditioneel – Konzil** 2: Hafenstraße 2, tel. 07 53 12 12 21, mail@konzil. konstanz.de, www.konzil.konstanz.de. Met groot terras en zicht op het meer en de haven is dit de plek om vis te eten.

Voor iedereen wat – Hafenhalle 3: Hafenstraße 10, tel. 07 53 12 11 26, info@ hafenhalle.de, www.hafenhalle.de. Een plek voor jong en oud: met een Biergarten, een goede bistro, grote terrassen.

Winkelen

In de **Innenstad** zijn alle warenhuizen vertegenwoordigd, in de kleine steegjes zitten leuke winkeltjes. Interessant is de **wijnkelder** van Konstanz 1 die wijn verkoopt uit de directe omgeving (www.spitalkellerei-konstanz.de). Op de mooie **St.-Stephans-Platz** 4 wordt dinsdag en vrijdag tussen 7 en 13 uur markt gehouden.

Actief

Fietsen – Kultur-Rädle: Bahnhofplatz, tel. 07 53 12 73 10, kultur-raedle@t-online.de, www.kultur-raedle.de. Een leuk uitstapje is een fietstocht naar Reichenau, maar ook een kort tripje naar een van de mooie strandjes net buiten Konstanz is met de fiets erg leuk.

Varen – Konstanz ligt aan alle kanten aan het water. Natuurlijk zijn hier overal boottochtjes te regelen, zoals via de **Weiße Flotte** (www.bsb-online.de). Een mooie boottocht is naar de Rheinfall of naar Insel Mainau. U kunt ook zelf zeilboten huren, zeilles krijgen of kanotrips maken (www.lacanoa.de).

Info en festiviteiten

Tourist Information

Bahnhofplatz 13, D-78462, tel. 07 53 11 33 030, www.konstanz-tourismus.de.

Vervoer

Trein: verbindingen met Zürich, Basel, Stuttgart, Offenburg.
Bus: regelmatige verbindingen met alle steden in de omgeving.

Festiviteiten

Seenachtfest: begin aug., Uferpromenade. De Konstanzse muzikale zomernachten met als hoogtepunt een groot vuurwerk op het meer (www. sommernaechte.com).

Rondom de Bodensee

De oevers van de noordelijke zijde van de Bodensee zijn heuvelachtig met hier en daar een middeleeuws stadje en een barok klooster maar verder vooral wijnstokken en fruitbomen. Zeilbootjes glijden door het helderblauwe water met zicht op de Alpen. Mooie hotels liggen aan luxepromenades en er heerst een zacht, bijna mediterraan, klimaat ... hier ligt de Duitse Côte d'Azur.

Überlingen ▶ D 10

Een van de uitlopers van de Bodensee heet de **Überlingensee**. Aan dit smalle lange meer ligt het stadje Überlingen. Eigenlijk heeft dit stadje alles wat een toerist zoekt: een verkeersluwe binnenstad en een chique boulevard langs het water, mooie vakwerk- en patriciërshuizen, gezellige pleinen en steegjes, interessante kerken en musea en goede winkelmogelijkheden. En, Überlingen is een van de negen Duitse steden die in de kring van de '**Slow Cities**' is opgenomen, dus bereid u vast voor op culinaire verrassingen.

De geschiedenis van Überlingen is niet roemrucht maar wel welvarend. Als vrije rijksstad (1268), werd er goed verdiend op de handel tussen Ulm en Konstanz en was de stad een belangrijke leverancier van wijn en graan. Toeristen kwamen pas in de 19e eeuw, voornamelijk om te kuren, toen er een mineraalbron werd ontdekt. Naast de ligging aan het meer en het leuke oude centrum, liggen er verschillende belangrijke toeristische bestemmingen in de directe omgeving.

Wallfahrtskirche Birnau

Birnau-Maurach 5, D-88690 Uhldingen-Mülhofen, tel. 07 55 69 20 30, info@brinau.de, www.birnau. de, zomer 7.30-19, winter 7.30-17 (basilica), ma.-vr. 9-11.30, wo. 14.30-17 uur (klooster)

Tussen wijnstokken en fruitbomen, ligt de barokke **bedevaartskerk** Birnau met zijn roze- en crèmekleurige muren *lustig* uitkijkend over het meer. De omgeving van de Bodensee en Oberschwaben staat bekend om haar barokke pareltjes, maar Birnau is het absolute hoogtepunt van Duitse **late barok**. De allergrootsten uit Oberschwaben, architect **Peter Thumb**, beeldhouwer **Anton Feuchtmayer** en schilder **Gottfried Bernard Götz**, werkten aan de kerk en het klooster en schiepen een wonder van barokke kunst en architectuur (voor meer informatie, zie **Essay** blz. 49).

Kloster und Schloss Salem

D-88682 Salem, tel. 07 55 39 16 53 36, schloss@salem.de, www.salem.de, nov.-mrt. za., zo. 11-16, apr.-okt. ma.-za. 9.30-18, zo. 10.30-18 uur (kloostermuseum), entree € 7. Het interieur van het Schloss is alleen te zien met een rondleiding (tijden zie website)

Ontstaan in de 12e eeuw als cisterciënzenklooster – de romaanse Münster stamt uit deze periode – groeide Salem uit tot een van de rijkste en invloedrijkste kloosters van Zuid-Duitsland. Tijdens het hoogtepunt van zijn macht, woonden er in het klooster meer dan driehonderd monniken en lekenbroeders. Na de Dertigjarige Oorlog, die ook Schwaben zwaar trof, moest, behalve de Münster, het gehele klooster weer worden opgebouwd. Rond 1700 stond er een barok klooster dat zijn weerga in Duitsland niet kende.

Echter, al in 1802 werd het klooster opgeheven en gingen de bezittingen over naar het Huis van Baden. Hoewel de familie Salem in 2009 aan de staat Baden-Württemberg heeft verkocht, is het nog steeds een van de residenties van de Badense hertogen. De enorme overdaad en rijkdom stuit misschien tegen de borst, maar in die tijd was de, meestal adellijke, abt van een groot klooster als Salem tegelijkertijd rechter, grootgrondbezitter, politicus, prelaat en zelfs commandant. Hij ontving hier zowel belangrijke Europese als lokale machthebbers. Een 'moderne' inrichting, een grote bibliotheek en zelfs een balzaal – de **Kaisersaal** – hoorden bij zijn status.

In Salem zijn ook de kloostergangen en het (zomer)refectorium in uitbundige barok gebouwd. Het slot en het klooster zijn gedeeltelijk te bezichtigen. In een deel van het complex zit al bijna honderd jaar een zeer elitaire kostschool. De barokke tuinen en de landerijen zijn vrij toegankelijk.

Overnachten en eten

Paradijselijk gelegen – **Rebmannshof und Pilgerhof:** Maurach 2, tel. 07 55 69 390, info@hotel-pilgerhof.de, www.hotel-pilgerhof.de, 2-pk € 120. Vlak bij Unteruhldingen ligt dit heerlijke hotel met grote tuin, zonnig terras, gezellige Biergarten én direct aan het meer.

Langs de promenade – **Seegarten:** Seepromenade 6, tel. 07 55 51 91 88 90, info@seegarten.eu, www.seegarten-ueberlingen.com, 2-pk € 94. **Seehof:** Strandweg 6, tel. 07 55 19 47 980, info@seehof-bodensee.de, www.kurhotel-seehof.de, 2-pk € 80. Langs de promenade liggen verschillende fijne hotels met bijbehorende terrassen en restaurants. Dit is slecht een kleine selectie.

Informatie

Kur und Tourist Information

Landungsplatz 5, D-88662, tel. 07 55 19 47 15 22, touristik@ueberlingen.de, www.ueberlingen.de

Vervoer

De **Bodenseebahn** doet alle plaatsen langs de Bodensee aan (www.bodenseebahn.de). Directe verbindingen met Konstanz, Meerland, Friedrichshafen zowel per trein, bus als boot.

Meersburg ▶ D 11

Het stadje Meersburg met zijn oude en nieuwe slot is het romantische beeld dat men heeft van een vakantie naar de Bodensee. Tussen 1200 en 1800 behoorde Meersburg tot het bisdom van Konstanz. Toen deze stad in 1802 protestants werd, week de clerus met al zijn overdaad uit naar Meersburg. Aan hen hebben we nu het Neue Schloss te danken. Meersburg is   ▷ blz. 256

Insel Mainau – exotische bloemenpracht in de Bodensee

Een exotisch paradijs, zo wordt Mainau door menig bezoeker omschreven. De weelderige Engelse tuin, het landschapspark en het slot, dat al honderden jaren in handen van dezelfde adellijke familie is, maken het sprookje compleet.

Kaart: ▶ D 11
Duur: 4 uur.
Start: voetgangersbrug/hoofdingang

De geschiedenis

Al sinds de Romeinen is het eiland Mainau bewoond. Sinds 724 is het in het bezit van kloosterorden, ridderorden en adellijke families. De basis voor de huidige 'onderneming' is de verering van het eiland aan de familie **Bernadotte** in 1832. Groothertog Friedrich I begon met het aanleggen van een exotische tuin en een arboretum. In 1946 besloot graaf Lennard Bernadotte permanent op het eiland te gaan wonen en sindsdien beheren zijn nakomelingen de tuinen en het slot.

Chinese bomen

Bij de voetgangersbrug en de ingang van het park laten wij de pendelbus staan en wandelen over de **Metase-quoia-Allee** het eiland op. Deze laan met zeldzame rode Chinese bomen loopt langs het **Kinderland** (met speelplaatsen, kinderboerderij en Märklin-treinbaan) en komt uit bij de **vlindertuin**. Hier moet u even naarbinnen gaan: in de moderne kas zijn meer dan 25 vlindersoorten te zien.

Rozentuin

Als u verder loopt komt u bij het **Großherzog-Friedrich-Terrasse** met een prachtig uitzicht op het meer en de besneeuwde toppen van de Zwitserse Alpen. Dóórlopend komt u in het hart van het eiland en de kern van de arboretum, met reusachtige mammoetbomen, ceders, tulpenbomen, magnolia's, linden, platanen en veel meer. Voorbij de bomentuin ziet u al snel het barokke slot liggen, met grote binnenplaats en de slotkerk met pleisterwerk van Francesco Pozzi. Vanaf het **Schlossterasse,** waar palmen, citroen- en sinaasappelbomen staan, leidt een barokke trap naar de geometrische rozentuin met negenduizend rozensoorten.

Watertrap

Ga hier links de rondweg op, langs de aanlegplaatsen voor de schepen, via de mediterrane bloementuin, tot u bij de **Italienische-Blumen-Wassertreppen** aankomt. De watertrap met goudmozaieken, omzoomd door cypressen, vormt een soort Gesammtkunstwerk met de bloemen en planten die hier groeien en is een van de hoogtepunten van Mainau.

Erlebniswald

Bent u nog niet moe, dan is het **Erlebniswald** een mooie uitdaging. In de kruinen van de bomen kan men (meestal jongvolwassenen) klimmen, klauteren en abseilen. Hier ligt ook een fijne Biergarten. Volgt u de waterkant aan uw rechterhand, dan komt u weer terug bij de voetgangersbrug.

Over het gehele eiland kunt u eten en drinken krijgen. Het chique restaurant Schwedenschenke biedt lokale producten en zelfs wijn van het eiland.

Schwedenschenke: tel. 07 53 13 03 156, www.inselmainau.de.

ook de plek waar de (auto)boot vanuit Konstanz aankomt wat de haven levendigheid brengt. De aankomst per boot is spectaculair: vanaf de haven en de promenade loopt u eerst door de stadspoort en dan kruipen smalle straatjes naar boven, links naar het enorme **Alte Schloss** en rechts de trappen op naar het opulente **Neue Schloss**.

Tip

Pfahlbauten Unteruhldingen

Tussen Überlingen en Meerland ligt het Pfahlbaumuseum. Hier is in het meer een nederzetting van paalwoningen uit de steen- en bronstijd nagebouwd. Dit oudste openluchtmuseum van Duitsland (1922) laat zien hoe mensen vierduizend jaar geleden aan de Bodensee woonden. Voor zowel volwassenen als kinderen zijn er workshops: van pottenbakken tot boogschieten en kanoën (Strandpromenade 6, D-88690, tel. 07 55 69 28 900, mail@pfahlbauten.de, www.pfahlbauten.de).

Neues Schloss

Schlossplatz 12, tel. 07 53 28 07 94 10, info@neues-schloss-meersburg.de, www.neues-schloss-meersburg.de, apr.-okt. dag. 9-18.30, nov.-mrt. za., zo. 11-16 uur, entree € 5

Gebouwd tussen 1712 en 1760 voor de prinsbisschoppen van Konstanz trekt het Neue Schloss meteen je blik. De tuin voor de spectaculaire dubbele trappen met uitzicht over de Bodensee en het rijkgedecoreerde barokke interieur van Carlo Pozzi en Guiseppe Apppiana maken veel duidelijk: dit is het paleis van een vorst, een kerkvorst in dit geval. In het gebouw is nu tevens de Städtische Galerie gevestigd, met werk van grotendeels Meersburgse kunstenaars, en op zolder het **Dornier-Museum**, over de luchtvaartpionier uit Friedrichshafen, Claude Dornier.

Altes Schloss – Meersburg

Burg Meersburg: Schlossplatz 10, tel. 07 53 28 00 00, www.burg-meersburg. de, mrt.-okt. dag. 9-18.30, nov.-feb. 10-18 uur, entree € 9,50
Museum Fürstenhäusle: Stettenertraße 9, tel. 07 53 26 088, info@ fuerstenhaeusle.de, www.fuerstenhaeusle.de, apr.-okt. di.-za. 10-12.30, 14-18, zo. 14-18 uur, entree € 5

De Meersburg geldt als de oudste woonburcht van Duitsland: volgens de legende liet de Merovingische **koning Dagobert** hier al een kasteel bouwen. Het slot is nog grotendeels middeleeuws, met ophaalbrug, wapenkamer, omgangen, kantelen en de **Dagobertsturm**, met een grandioos uitzicht. De burcht is nog steeds in particuliere handen, maar is wel te bezichtigen. Veel Duitse toeristen bezoeken de Meersburg vanwege het feit dat **Annette von Droste-Hülshoff** (1797-1848) hier lange tijd bij haar zuster en zwager heeft gewoond. Deze grote Duitse schrijfster en componiste heeft hier haar belangrijkste werken geschreven. Zij bezat in de laatste jaren van haar leven een klein huisje – nu museum – iets buiten het slot, waar zij ook is gestorven.

Overnachten en eten

Het oudste – **Gasthof Zum Bären:** Marktplatz 11, tel. 07 53 24 32 20, post@ baeren-meersburg.de, www.baeren-meersburg.de, 2-pk € 88. Een hotel uit 1260, dat kom je niet vaak tegen. De kamers zijn keurig en modern, het restaurant is gezellig ouderwets met regionale *gutbürgerliche Küche*.

Wijn op het terras – **Staatsweingut Meersburg:** Seminarstraße 6, tel. 07 53 24 46 744, info@staatsweingut-meersburg.de, www.staatsweingut-meersburg.de. Vermaard vanwege zijn *Flammkuchen* en de uitgebreide wijnkaart zit u hier op een van de mooiste terrassen aan de Bodensee.

Actief

Fietsen – Er is een goedbewegwijzerde fietsroute (40 km) tussen Meersburg en Lindau. Deze zogeheten **drielandenroute** is een klassieker en eigenlijk de leukste manier om de omgeving te verkennen. En vanaf Lindau kunt u met de boot weer terug.

Informatie

Meersburg Tourismus

Kirchstraße 4, D-88709, tel. 07 53 24 40 400, info@meersburg.de, www.meersburg.de.

Vervoer

Meersburg is een belangrijk knooppunt voor scheepvaart op de Bodensee met talrijke verbindingen. Het dichtst-bijzijnde treinstation is in Uhldingen-Mühlhofen. Bussen rijden naar alle plaatsen langs het meer.

Friedrichshafen ▶ E 11

Friedrichshafen is voor de meeste toeristen niet de aantrekkelijkste stad aan de Bodensee. Het is eigenlijk de enige echte industriestad in de omgeving. Mede door de graaf van **Zeppelin** – hier bouwde hij zijn zeppelins – en de ontdekkingen van **Claude Dornier**, speelde vooral luchtvaartindustrie hier een belangrijke rol.

In 1943 werd de stad door de Britse luchtmacht voor 85% verwoest. Na de oorlog werd de stad weer herbouwd in de typerende architectuur van de jaren 50. De laatste jaren is het stadsbeeld vernieuwd en is er meer aandacht geschonken aan cultuur. Enkele interessante musea, zoals het **Zeppelin Museum** (www.zeppeling-museum.de), het **Dornier Museum** (www.dornier-museum.de) en het **Medienhaus K42** (www.medienhaus-am-see.de) zijn leuk om te bezoeken.

Informatie

Tourist Information

Bahnhofplatz 2, D-88045, tel. 07 54 13 00 10, info@friedrichtshafen.info, www.friedrichshafen.info.

Vervoer

Friedrichshafen heeft een eigen internationaal vliegveld, met directe vluchten naar Rotterdam en Amsterdam. Er zijn geregelde trein- en busverbindingen met andere Bodenseeplaatsen en bootverbindingen met Konstanz en Bregenz (CH). Bussen rijden naar de meeste dorpen en naar Oberschwaben. Er is een treinverbinding met Ulm.

Lindau ▶ E 11

De aankomst in het Beierse Lindau is de mooiste van de Bodensee. Beschermd door vuurtoren en Beierse leeuw vaart het schip de beschutte haven binnen en u stapt direct op de promenade met terrasjes, restaurants en winkeltjes. Het lijkt wel een sprookje uit een Sisi-film, maar het is echt: de mensen, de huizen, de winkels en natuurlijk het buitenproportionele station dat het eilandje bijna in tweeën deelt.

De **trein** heeft een grote rol gespeeld in de geschiedenis van Lindau. Het eiland was namelijk het scharnierpunt voor vervoer van goederen, post en personen tussen Noord-Italië en Duitsland: over de Alpen, met het stoomschip over het meer en vervolgens per trein naar het noorden. Rondom Lindau, op het vasteland, groeide de stad verder. Hier in **Bad Schachen** bouwden handelaren en edelen hun villa's, paleizen en parken.

Informatie

ProLindau

Alfred-Nobel-Platz 1, D-88131, tel. 08 38 22 60 030, info@lindau-tourismus. de, www.lindau-tourismus.de.

Oberschwaben

Tussen de Bodensee in het zuiden, de Beierse grens in het oosten en de Donau in het noorden ligt de driehoek die vaak Oberschwaben wordt genoemd. Hier vindt u vriendelijk landschap met glooiende hellingen, dichte loofbossen, kleine stadjes, barokke kloosters en riviertjes. Het in de diepte slingerende Donaudal, met prachtige rotsformaties, zoals bij Beuron, wordt richting Ulm langzaam rustiger en breder.

Ravensburg ▶ E 10

De vroegere stamstad van de **Welfen** ontwikkelde zich vanaf de 11e eeuw tot een belangrijk handelsknooppunt in Zuid-Duitsland. Als zo'n bloeiperiode van een stad vroeg eindigt, zoals in Ravensburg in de 17e eeuw en er zich daarna geen grote groei aandient, betekent dit vaak dat de meeste monumenten behouden blijven. Zo is in Ravensburg een groot deel van de middeleeuwse muren, torens en poorten nog te zien, waarvan de witte **Mehlsack** wel de bekendste is. In de Altstadt zijn veel 14e- en 15e-eeuwse patriciërshuizen blijven staan en is het 14e-eeuwse Rathaus het stadscentrum. Maar eigenlijk kent iedereen de naam van de stad vooral vanwege de spellen, die in ieder gezin aanwezig zijn.

Kunstmuseum Ravensburg

Burgstraße 9, tel. 07 51 82 810, kunst museum@ravensburg.de, www. kunstmuseum-ravensburg.de, di., wo., vr.-zo. 11-18, do. 11-19 uur, entree € 6

Het in 2013 geopende Kunstmuseum herbergt de privéverzameling van Peter Selinka. Hij verzamelde vooral werk van Duitse expressionisten en Cobra.

Humpis Quartier

Marktstraße 45, tel. 07 51 82 820, www. museum-humpis-quartier.de, di., wo., vr.-zo. 11-18, do. 11-19 uur, gratis entree

In een middeleeuws huizenblokk zit dit museum dat gewijd is aan stadsgeschiedenis en –cultuur. Modern opgezet met interessante tentoonstellingen.

Museum Ravensburger

Marktstraße 26, tel. 07 51 40 01 02, www.ravensburger.de, di., wo., vr.-zo. 11-18, do. 11-19 uur, entree € 5

Dit is het museum van de wereldberoemde uitgever van boeken en spellen

Ravensburger. Er wordt hier een spannend inzicht gegeven in het maken van spellen. Juist voor kinderen heel leuk!

Ravensburger Spieleland

Am Hangenwand 1, Meckenbeuren-Liebenau, tel. 07 54 24 000, www.spieleland.de, apr.-nov. dag. 10-18 uur, entree € 29

Voor kinderen vanaf 3 jaar oud is hier van alles te doen: van een bolderkar tot raften en van zandduinen tot doolhof en verder spelen, spelen, spelen.

Overnachten en eten

Beste van het beste – **Romantikhotel Waldhorn:** Marienplatz 15, tel. 07 51 36 120, www.waldhorn.de, 2-pk € 109. Niet alleen is het gebouw een van de mooiste huizen van de stad, de hotelkamers zijn uitstekend en het restaurant (Michelinster) is het beste van de stad.

Een belevenis – **Gut Hügle:** Bottenreute 5-7, tel. 07 51 61 823, info@guthuegle.de, www.guthuegle.de, 2-pk € 40. Ongeveer 10 km zuidelijk van Ravensburg ligt deze boerderij waar u en uw kinderen van alles kunnen beleven, zoals verdwalen in een maïslabyrint. Er zijn comfortabele kamers in het hoofdhuis en verschillende vakantiewoningen op het terrein.

Taartjes – **Conditorei Café Honold:** Krichstraße 15, tel. 07 51 23 771, www.conditorie-honold.de. Zoek niet verder: hier krijgt u de lekkerste taarten, taartjes en chocolaatjes van Ravensburg mét goede koffie.

Actief

Wandelen – U moet beslist een van de historische stadswandelingen lopen: langs alle poorten, torens en historische gebouwen. U leert de stad snel goed kennen. Er is ook een wandeling speciaal voor kinderen.

Golfen – **Golfanlage Ravensburg:** Schmalegg, Hofgut Okatreute, tel. 07 51 99 88, www.golf-club-ravensburg.de. 18-holes in prachtige omgeving met uitzicht op besneeuwde Alpen.

Informatie

Tourist Information

Kirchstraße 16, D-88212, tel. 07 52 82 800, tourist-info@ravensburg.de, www.ravensburg.de.

Vervoer

Treinen rijden geregeld naar Ulm en Friedrichshafen, bussen naar de omgeving en Meersburg.

Biberach en omgeving ▶ C 10

In het mooie dal van de **Riß**, tussen Ravensburg en Ulm, ligt de vrije rijksstad Biberach. In de middeleeuwen was de stad het centrum van linnen en azijn, maar ook hier eindigde de bloeiperiode met de verwoestingen van de **Dertigjarige Oorlog (1818-18148)**. In de 18e eeuw bloeide de stad weer op en werd het culturele middelpunt van de omgeving. Tegenwoordig is Biberach een vredig stadje met mooie **Stadthalle**, vakwerkhuizen en barokke patriciërshuizen. Als u van barokke bedevaartskerken en kloosters houdt, bent u in **Oberschwaben** aan het goede adres. De vaak immense kloosters liggen prachtig verscholen in het glooiende landschap.

Wallfahrtskirche St. Peter und Paul

Ingoldinger Straße 5, D-88427 Steinhausen/Bad Schussenried, tel. 07 58 32 377

In het kleine dorpje **Steinhausen** ligt deze beroemde bedevaartskerk. Niet voor niets is het een van de hoogtepunten van de Oberschwäbische Barokstraße en wordt hij vaak 'de mooiste dorpskerk ter wereld' genoemd. Ook al rijdt u de barokroute niet, deze kerk met zijn prachtige rococo-interieur mag u eigenlijk niet overslaan.

Kloster Ochsenhausen

Schossbezirk 4, D-88416, tel. 07 35 29 41 460, www.ochsenhausen.de, mrt.-okt. di.-vr. 10-12, 14-17, za., zo. 10-17, nov.-mrt. za., zo. 14-17 uur, entree € 3
Het enorme benedictijnen klooster ligt prachtig aan de rand van Ochsenhausen tussen de weilanden en heuvels. In de 18e eeuw is het klooster omgevormd tot een uitbundige barokke abdij met frivool stucwerk en grote fresco's. Het klooster is tegenwoordig een cultureel centrum en herbergt de **muziekacademie** van Baden-Württemberg. Er worden regelmatig concerten gegeven en festivals georganiseerd. Een andere attractie van Ochsenhausen is het stoomtreintje de **'Öchsle'** dat in de zomer richting Biberach rijdt.

Federsee

NABU-Naturschutzzentrum, Federseeweg 6, D-88422 Bad Buchau, tel. 07 58 21 566, info@nabu-federsee.de, www.nabu-federsee.de
In dit bijzondere veenlandschap zijn natuurparken en uitzichttorens aangelegd en u kunt zelf of met een gids het natuurgebied verkennen. Ook voor kinderen zijn er verschillende themawandelingen uitgezet.

Actief

Autoroutes – Bent u geïnteresseerd in barok en rococo, rijd dan de **Oberschwabische Barockstraße**. Op de website staat de autoroute beschreven en u kunt zien welke wandel- en fietsroutes er langs de Straße liggen. Zelfs de verschillende treinroutes die langs de hoogtepunten van de barok lopen, staan ingetekend (www.oberschwaebische-barokstraße.de).

Informatie

Kulturamt

Theaterstraße 6, D-88400, tel. 07 35 15 11 65, tourismus@biberach-riss.de, www.biberach-tourismus.de.

Vervoer

De stad ligt langs de spoorlijn Friedrichshafen – Ulm. Bussen rijden naar dorpen en steden in de omgeving.

Obere Donau

Vanaf het Zwarte Woud tot Ulm loopt de Donau dwars door Württemberg. Hij geeft de grens aan tussen het glooiende landschap van **Oberschwaben** en de ruigere hoogvlakte van de Schwäbische Alb. In de bovenloop schuurt de rivier diepe dalen door de zachte kalksteen. Imposante rotspartijen hangen boven de rivier met daarop vaak nog imposante kastelen. Zodra de rivier meer ruimte krijgt om breder te worden, wordt het landschap vriendelijker en beter toegankelijk tot het brede dal bij Ulm, waar de Donau Beiers wordt.

Donauversickerung

Iets buiten het stadje Immending gebeurt er iets bijzonders: de **Donauversickerung**. Bijna het gehele jaar door kunt u hier door de bedding van de Donau lopen. De rivier verdwijnt bij **Immendingen** onder de grond en komt kilometers verderop, bij **Möhringen** (bij Fridingen), weer boven.

Tussen Fridingen en Beuron ▶ D 10

Op bijna ieder rotstop staat wel een ruïne van een burcht of een middeleeuws slot. Dit was namelijk het gebied waar drie grote Duitse families, **Baden**, **Württemberg** en **Hohenzollern**, om het Donauwater streden. Stroomafwaarts komt u eerst langs het middeleeuwse **Fridingen**. Een mooi stadje maar de meeste toeristen komen voor het prachtige landschap en de vele wandelmogelijkheden. Westelijk ligt het smalste deel van het Donaudal, dat alleen te voet begaanbaar is, iets verder het vestingstadje **Mühlheim**.

Fridingen is een perfecte standplaats. Vanuit dit historische stadje kunt u prachtig langs de burchtruïnes **Mariahilf** en **Altfridingen** lopen. Ten noorden van de stad ligt het Naturpark **Obere Donau** waar u in het idyllische dal van de **Bära** prachtig kunt wandelen. Naar het zuiden loopt een mooie route naar de Bergsteig via de burchten **Kallenburg** en **Schloss Bronnen**. De route naar het oosten, stroomafwaarts, loopt richting **Beuron**, dat beroemd is vanwege het benedictijnenklooster en later zelfs aartsabdij **Kloster Beuron** (www.erzabtei-beuron.de) en de imposante 13e-eeuwse **Burg Wildenstein**, waar nu een jeugdherberg is gevestigd.

Informatie

Voor meer informatie over Fridingen en de verschillende wandelroutes in de omgeving: www.donau-heuberg.de, www.donaubergweg.de.

Overnachten en eten

Voor wandelaars – **Berghaus Knopfmacher:** Knopfmacherfelsen 1, D-78567 Fridingen, tel. 07 46 31 057, berghaus-knopfmacher@web.de, www.berghaus-knopfmacher.de, 2-pk € 36. Een typisch wandelhotel met goed eten en prettige kamers.

In een echte burcht – **Jugendherberge Burg Wildenstein:** D-88637 Leibertingen-Wildenstein, tel. 07 46 64 11,

Kanoën over de Donau bij Beuron

info@jugendherberge-burgwildenstein. de, www.jugendherberge-burg-wilden stein.de, 2-pk € 43. In deze jeugdher berg hoeft u niet op zaal te slapen. U kunt een tweepersoonskamer reserve ren en u kunt er ook, hoewel eenvoudig, eten. Misschien niet erg luxueus maar u logeert dan wel in een van de mooi ste burchten van het Donaudal met een magnifiek uitzicht.

Actief

Varen – Vanaf de meeste stadjes kun je boottochtjes maken of, wellicht leuker, kano's huren. Vaak wordt u een eind stroomopwaarts gebracht en kunt u rustig de rivier afpeddelen.

Tussen Sigmaringen en Ulm ▶ D 10 / E 9

Hier begint het **Donaudal** breder te worden, de kastelen schaarser en het landschap vriendelijker maar minder spectaculair. Het is een ideale omge ving voor een actieve vakantie met kin deren: overal kun je mooi wandelen, fietsen of kanoën.

Schloss Sigmaringen

Karl-Anton-Platz 8, D-72488 Sigma ringen, tel. 07 57 17 29 230, schloss@ hohenzollern.com, www.schloss- sigmaringen.de, apr.-okt. dag. 9-18, nov.-mrt. dag. 10-16 uur, entree € 9
Vanaf Sigmaringen begint het Donau dal breder te worden. Het dorp is niet heel bijzonder maar Schloss Sigma ringen wel. Het is een van de kastelen van de vorsten van Hohenzollern en is te bezichtigen. Er zijn zalen ingericht met de **Fürstliche Hohenzollernsche Sammlungen**: een interessante collec tie van schilderijen tot auto's en prehis torische voorwerpen tot wapens.

Abdij van Zwiefalten

Marktplatz 3, D-88529 Zwiefalten, tel. 07 37 32 050, info@zwiefalten.de, www.zwiefalten.de
In de middeleeuwen was deze bene dictijnen abdij een van de rijkste van de streek met 70 monniken en 130 le kenbroeders. In de 18e eeuw werden het gehele klooster en de abdijkerk omge bouwd naar het schoonheidsideaal van de late barok. Al van een afstand ziet u de twee **'zwiebel'-torens** van de kerk ,maar vooral het flamboyante barokke interieur is een bezichtiging waard. In de Franse tijd werd het klooster geslo ten en stichtte de nieuwe koning, Frie drich von Württemberg, er een 'gek kenhuis', nu is er het **museum voor psychiatrie** gevestigd.

Ulm ☀ ▶ E 9

Op de grens met Beieren, aan de Do nau, werd Ulm al in de 9e eeuw ge noemd als palts voor de Karolingische en later Duitse koningen. Tot de **Der tigjarige Oorlog** in de 17e eeuw speelde de stad een belangrijke rol in de regio. Tegenwoordig is Ulm een stad die op een bijzonder manier het oude met het nieuwe combineert. Tegenover de be roemde **Münster** en het **Rathaus** staan nu hypermoderne gebouwen die het historische centrum een nieuw elan hebben gegeven.

Münster **1**

Münsterplatz 21, tel. 07 31 96 75 023, www.ulmer-muenster.de. De toren is dagelijks tussen 9 en 15.45 uur te beklimmen, 768 treden, entree € 5
In 1377 legde de burgemeester van Ulm de eerste steen van een van de bekend ste kerken van Duitsland. De trotse burgerij van Ulm wilde een kerk bou wen die ruimte zou bieden aan der tigduizend personen en zo hun voor-

spoed en rijkdom aan iedereen zou tonen. Het werd een basiliek met vijf schepen, statige zuilen, bijzondere gebrandgeschilderde ramen en een 15e-eeuws fresco van gigantisch afmetingen tussen het schip en het koor. Binnen heerst, ondanks de vele toeristen, dankzij de hoogte, rust en ruimte. De **kerktoren**, met 160 m de hoogste ter wereld, en koortorens zijn van recenter datum (1890) maar misstaan geenszins. Dit is een van de indrukwekkendste bouwwerken van Europa en het grootste kerkgebouw van de Evangelische Kerk in Duitsland.

Schiefes Haus 2

Schwörhausgasse 6

In een van de oudste vakwerkhuizen van Ulm – het huidige aanzien stamt uit 1443 – zit nu een hotel.

Fischer- und Gerberviertel 3

Idyllisch gelegen aan de monding van het riviertje de Blau in de Donau, is dit wijkje de kern van de Altstadt. Voorheen was dit de handwerkers- en vissersbuurt, nu zitten er restaurants, galeries en speciaalzaken.

Stadtmauer 4

In het water van de Donau werd de stadsmuur in 1482 als bolwerk tegen vijandelijke troepen gebouwd. Nu liggen er langs de aangeslibde oevers parkjes en is de muur een populair wandelpad langs de Donau.

Grüner Hof 5

Grüner Hof 2-7, tel. 07 31 27 01 11 10

Het Grüne Hof hoort tot de oudste gebouwen van de stad. In 1165 werd dit hof, dat eerst bij het klooster Reichenau hoorde, bij de stad getrokken. Het oudste deel van het gebouwencomlex stamt uit 1380 en hier staat ook de oudste kerk van Ulm, de **Steinhauskapelle**. Op hetzelfde terrein ligt het verpleeghuis van

het klooster Ochsenhausen dat in 1945 is gebouwd.

Rathaus 6

Marktplatz

Ongelooflijk dat dit gebouw al sinds 1419 het stadhuis van Ulm is. Let vooral op de bijzondere gevelversieringen en het **astronomische uurwerk** uit 1520.

De Ulmer Münster

Ulmer Museum 7

Marktplatz 9, tel. 0731 16 14 330, info. ulmer-museum@ulm.de, www. museum.ulm.de, di., wo., vr.-zo. 11-17, do. 11-20 uur, entree € 5

Interessante collectie kunstwerken uit de laatgotiek, samen met een overzicht internationale kunst van tussen 1950 en 1970 (Sammlung Kurt Fried). Het absolute hoogtepunt is de **Löwenmensch**, een uit mammoetivoor gesneden leeuwenfiguur van 40.000 oud en daarmee het oudste mens-dierfiguur wereldwijd.

Kunsthalle Weishaupt 8

Hans-und-Sophie-Scholl-Platz 1. tel. 07 31 16 14 365, info@kunsthalle-weishaupt.de, www.kunsthalle-weishaupt.de, di., wo., vr.-zo. 11-17, do. 11-20 uur, entree € 6

Uitmuntende privéverzameling van ondernemersechtpaar Weishaupt dat sinds 2009 in een modern gebouw midden in de stad zit. De collectie bestaat uit werk van Amerikaanse kunstenaars als Rothko en Warhol tot Duitse kunst van Josef Albers. Het opvallende lichtkunstwerk van **François Morellet**, dat speciaal voor het museum is ontworpen, is eigenlijk het best van buiten te zien.

Stadthaus Ulm 9

Münsterplatz 50, tel. 07 31 16 17 70, stadthaus@ulm.de, www.stadthaus. ulm.de, ma., wo., vr., za. 10-18, do. 10-20, zo. 11-18 uur, gratis entree

Het experimentele gebouw van de Amerikaanse toparchitect Richard Meier is ook van binnen heel bijzonder. In het stadhuis zijn doorlopend tentoonstellingen over hedendaage kunst en fotografie en worden dans- en muziekvoorstellingen georganiseerd.

Wilhelmsburg

Prittwitzstraße 100, www. bundesfestung-ulm.de

Iets buiten het centrum ligt de in 1842 gebouwde **citadel** van Ulm. Een enorme vesting met kazematten en torens, die onderdeel uitmaakte van een uitgebreid verdedigingsnetwerk rondom Ulm. De 570 ruimtes werden tot 1970 gebruikt door het leger maar staan nu grotendeels leeg. Over de vestingwerken loopt de 12 km lange **Festungweg**. Iedere derde zondag van de maand zijn er rondleidingen.

Overnachten en eten

Historische omgeving – **Schiefes Haus** 1: Schwörgasse 6, tel. 07 31 96 79 30, hotelschiefeshausulm@t-online.de, www.hotelschiefeshausulm.de, 2-pk € 160. Boetiekhotel in het beroemdste huis van Ulm. Ook in de kamers, met prachtige balken, loopt alles scheef, maar ze zijn wel voorzien van alle moderne comfort.

Centraal – **Hotel am Rathaus** 2: Kronengasse 10, 07 31 96 84 90, info@ rathausulm.de, www.rathausulm.de, 2-pk € 100. Degelijk hotel midden in de Altstadt met uitstekend ontbijtbuffet.

Het mooiste uitzicht – **BellaVista** 1: Münsterplatz 35, tel. 07 31 60 26 966, info@bellavista-ulm.de, www. bellavista-ulm.de. Hier krijgt u gastronomische hoogstandjes geserveerd met het mooiste zicht op de Münster. Het terras en de fijne cocktailbar zijn populair onder de hippe Ulmers.

Traditioneel – **Café Brettle** 2: Rabengasse 10, tel. 07 31 66 502, www.brettle-ulm.de. Gezellig café met zelfgemaakte taarten maar ook de beroemde *Maultaschen* – deegpakketjes gevuld met vis of vlees – en frisse salades. Op sommige avonden is er livemuziek.

Tuin aan de Donau – **Barfüßer Hausbrauerei** 3: Neu-Ulm: Paulstraße 4, D-89231 Neu-Ulm, tel. 07 31 97 44 80, rezeption@barfuesser-brauhaus.de,

Ulm

Bezienswaardigheden

1 Münster
2 Schiefes Haus
3 Gerberviertel
4 Stadtmauer
5 Grüner Hof
6 Rathaus
7 Ulmer Museum
8 Kunsthalle Weishaupt
9 Stadthaus Ulm

Overnachten

1 Schiefes Haus
2 Am Rathaus

Eten en drinken

1 BellaVista
2 Brettle
3 Barfüßer Hausbrauerei

Winkelen

1 Hirschstraße

2 Gerberviertel
3 Blautal-Center
4 Glacis-Galerie

Uitgaan

1 X-Lounge

---

www.barfuesser-brauhaus.de. Beiers bier, Schwäbische keuken en speeltuin voor de kinderen. Aan de overkant van de rivier in Neu-Ulm, maar toch zeer centraal. En, hoe fijn is het niet dat u slechts de trap op moet om bij uw comfortabele hotelkamer te komen? Ideaal als u met kinderen op reis bent.

Winkelen

Ketens – **Hirschstraße** **1** is de winkelstraat van Ulm. Hier doen de inwoners van Ulm hun dagelijkse boodschappen. Naast de gebruikelijke warenhuizen en ketens zitten hier ook boekhandels, supermarkten en goede bakkers.
Boetieks – In het **Fischer- und Gerberviertel** **2** zijn naast chiquere warenhuizen ook boetieks en bijzondere speciaalzaken gevestigd.
Shopping malls – Buiten de stad ligt een van de grootste winkelcentra van Zuid-Duitsland, het **Blautal-Center** **3** (Blaubeurer Straße 95, www.blautalcenter.de) en in 2015 is de **Glacis-Galerie** (vlak naast station Neu-Ulm:

Bahnhofstraße 1, www.glacis-galerie. de) geopend, met voornamelijk kledingwinkels.

Uitgaan

Het dak eraf – **X-Lounge** **1**: Am Lederhof 1, tel. 07 31 14 02 023, info@x-lounge.de, www.x-lounge.de. Met een cocktail in de hand kijkt u uit over de daken van Ulm. Goede muziek en sfeer om een avond uit uw dak te gaan.

Informatie

Tourist Information

Münsterplatz 50, D-89073, tel. 07 31 16 12 830, info@tourismus.ulm.de, www.tourismus.ulm.de.

Vervoer

Trein: alle grote steden per ICE of gewone trein. Ook direct naar de Bodensee of de Schwäbische Alb en Stuttgart. **Vliegtuig:** dichtsbijzijnde vliegvelden Stuttgart (66 km) of Munchen (130 km).

Schwäbische Alb en Stuttgart

Voor Duitsers is de Schwäbische Alb altijd al een bekend vakantiegebied maar door Nederlanders is de hoogvlakte nog nauwelijks ontdekt. En dat is jammer want de 'blauen Mauer' heeft zoveel te bieden. De Alb is grotendeels verschoond van bewoning en industrie en bestaat uit weiden, bossen, steile bergtoppen en diep uitgesleten dalen. Hij loopt als een soort ruggengraat dwars door Württemberg.

Dit is het erfgebied van de **Hohenzollerns**, de latere koningen van Pruisen. Hier ligt ook hun stamslot, Burg Hohenzollern, dat echter pas in de 19e eeuw zijn huidige aanzien heeft gekregen. Nog steeds wappert het wapen van de familie als de huidige chef van het huis, prins Georg Friedrich, er resideert. Verder naar het oosten komt u in het gebied van de **Hohenstaufens**. Het landschap wordt hier ruiger met hoge rotswanden en diepe ravijnen.

Albstadt ▶ D 9

In deze voormalige textielstad kunt u sporen van deze industrie overal vinden: van de ververij bij de St. Michaelskirche uit 1070 tot 19e-eeuwse jugendstil-fabrieksgebouwen. Nog steeds zit-

De Schwäbische Alb: de dunbevolkte hoogvlakte is een wandelparadijs

ten er enkele textielfabrieken in de stad, inclusief de daarbij horende (goedkope) fabrieksverkopen.

De beroemdste zoon van Albstadt is **Claus Schenk Graf von Stauffenberg**. Hij maakte onderdeel uit van een verzetsgroep tegen Hitler die in 1944 een mislukte aanslag op hem pleegde. Stauffenberg werd naar aanleiding hiervan geëxecuteerd maar wordt in Albstadt met een monument geëerd.

Galerie Albstadt

Kirchengraber 1, Ebingen, tel. 07 43 11 60 14 91, galeriealbstadt.de, di.-za. 14-17, zo. 11-17 uur, entree € 6

Dit verrassende museum bezit een grote collectie landschapskunst uit de Schwäbische Alb en een belangrijke ver-

zameling van 450 tekeningen en prenten van Otto Dix.

Burg Hohenzollern

Zie **Favoriet** blz. 268

D-72379 Burg Hohenzollern, tel. 07 47 12 428, info@burg-hohenzollern. com, www.burg-hohenzollern.com, mrt.-okt. dag. 10-17.30, nov.-apr. 10-16.30 uur, entree € 7/12.

Er rijdt een pendelbus vanaf de parkeerplaats

Reutlingen ▶ D 9

Met 100.000 inwoners is Reutlingen de grootste stad in de Schwäbische Alb. Het was in de middeleeuwen een belangrijke handelsstad voor groenten en fruit en de mooie vakwerkhuizen in het centrum getuigen hier ook van. Tegenwoordig draait het eigenlijk allemaal om Bosch, het grote elektronicaconcern, dat hier zijn hoofdkantoor heeft. Voor de bezoeker is het Schloss Lichtenstein, bij **Metzingen**, misschien wel aantrekkelijker. Of het aangrenzende natuurgebied Schwäbische Alb, waar u over de dunbevolkte hoogvlakte eindeloze wandelingen kunt maken.

Schloss Lichtenstein

D-72805 Lichtenstein, tel. 07 12 94 102, www.schloss-lichtenstein.de, apr.-okt. dag. 9-17.30, nov., feb., mrt. za., zo. 10-16 uur, entree € 2

Dit is een burcht zoals een burcht hoort te zijn: op een rots, met torens en een ophaalbrug. Zo uit een sprookjesboek gevlogen ... maar dan in de 19e eeuw. Graaf Wilhelm von Württemberg liet, geïnspireerd door de gelijknamige historische roman van Wilhelm Hauff, een 'middeleeuws' kasteel in neogotische stlijl bouwen. Kitsch of echt: het is opengesteld voor bezoekers en een bezoek waard.   ▷ blz. 270

Favoriet

Burg Hohenzollern ▶ D 9

Al duizend jaar geleden bezaten de
graven van Zollern hier een vesting.
Het huidige 19e-eeuwse slot is een geromantiseerde versie van een middeleeuwse burcht in neogotische stijl.
Binnen zijn de schatten van de Duitse
keizers en nu prinsen van Pruisen tentoongesteld. Prachtige serviezen, bijzonder meubilair en unieke wandkle-
den zijn maar een klein onderdeel van
de vele kostbaarheden. Met een rondleiding kunt u dit alles, zelfs de Pruisische koningskroon, uitgebreid bekijken. Op verschillende dagen in het jaar
kan de bezoeker zogenaamd *Königlich
flanieren*: vrij rondlopen. En eigenlijk is
dit toch altijd het leukst (voor de data,
zie www.burg-hohenzollern.com).

UNESCO Geopark Schwäbische Alb

Von der Osten Straße 4-6, D-72525 Münstingen-Auingen, tel. 07 38 19 32 93 810, biosphaerengebiet@rpt.bwl. de, www.biosphaerengebiet-alb.de. Tussen Reutlingen, Esslingen en de Donau ligt dit 850 km² grote natuurgebied. Met toppen van meer dan 1000 m en veel weidegrond is dit tegenwoordig een domein voor schapen en paarden. Er zijn weinig waterbronnen op de hoogvlakte

Tip

Het Neckardal

Vanaf het Zwarte Woud kronkelt de Neckar via Tübingen, Stuttgart en Heilbron richting de Rijn. Het landschap is prachtig: heuvelachtig met burchten en historische stadjes. De universiteitsstad Tübingen (zie foto) is eigenlijk een langer bezoek waard maar de weiden en fruitbomen lokken. In de buurt van Stuttgart fietst u door het wijngebied richting Heilbronn en eindigt, via Heidelberg, bij Mannheim. Een lange tocht – 370 km – maar zeker de moeite waard. Bovendien loopt er langs bijna de gehele route een spoorlijn, zodat u het traject gemakkelijk kunt opsplitsen. Zie ook: www. neckaradweg.de.

en als er niet voldoende regen viel, moest iedere liter water naar boven worden gedragen, uit de rivierdalen. Daardoor bleef het gebied dunbevolkt. Dit nodigt uit voor eindeloze wandelingen en fietstochten, maar voor de minder sportieve bezoeker is er ook genoeg te doen. Er liggen in het gebied bijvoorbeeld meer dan 27.000 grotten. Een bijzonder mooie grot is de **Charlottenhöhle** bij Giengen-Hürben: 600 m diep met een grote hal aan het eind (www.lonetal. net/charlottenhoehle).

Schwäbisch Gmünd ▶ E 8

In het oosten van de Schwäbische Alb ligt het oorspronkelijke territorium van de **Staufens**. Vanaf de 10e eeuw leverde deze familie de keizers van het Duitse Rijk, met als bekendste **Friedrich I Barbarossa** (1120-1190), die hun rijk uitbreidde tot Sicilië. Op de Hohenstaufen lag hun stamslot. Na de Dertigjarige Oorlog (1618-1648) is er weinig van overgebleven maar de heuvel is nog te beklimmen en het stadskasteel van Göppingen is grotendeels gebouwd met stenen van deze burcht.

Marktplatz

Het marktplein wordt gezien als een van de mooiste van Duitsland: het barokke **Rathaus** uit 1783, de gotische **Heilig-Kreuz-Münster** (1310-1521), en de romaanse **Johanniskirche** (1220-1250) nemen u mee op een reis door de architectuurgeschiedenis. Boven op de toren van de Johanniskirche hebt u een prachtig uitzicht op de **Dreikaiserberge** en op de nog drie van de ooit 23 torens van de stadsmuur. In een van de stadspoorten – de **Schmiedturm** uit 1498 – is nu een restaurant gevestigd. Buiten de Altstadt zijn resten van Romeinse limes te zien.

Omgeving Schwäbisch Gmünd

Märklin Museum

Reutlingerstraße 2, tel. 07 16 16 08 289, www.maerklin.de, ma.-za. 10-17, zo. 11-18 uur, gratis entree

Honderdvijftig jaar geleden werd hier deze wereldberoemde miniatuurtreinenfabriek opgericht en nog steeds toont dit merk zich een meester in het maken van miniatuurwerelden. In het museum toont Märklin niet alleen zijn mooiste **treinmodellen** maar ook de kunst van het maken van miniatuurlandschappen. De museumwinkel is een droom voor zowel de verzamelaar als de gewone hobbyist.

Limesmuseum Aalen

St.-Johann-Straße 5, D-73430 Aalen, tel. 07 36 15 28 70, limesmusem@ aalen.de, www.limesmuseum.de, di.-zo. 10-17 uur, entree € 5

Hier bouwden de Romeinen een groot (ruiter)kasteel om hun 'geciviliseerde' samenleving te beschermen tegen de barbaarse Germanen. Deze grens, de **limes**, loopt over de gehele Alb. Een nieuw documentatiecentrum helpt dit verre verleden levend te maken.

Actief

Wandelen – De Schwäbische Alb is een wandelparadijs. Bijna ieder dorp of stad, natuurgebied of park heeft een informatiepunt met routes, hoogtepunten en eet- en slaapadressen. Ook zijn er verschillende gidsen te krijgen die met mooie wandelingen het gebied bestrijken. Alle informatie is te vinden op www.schwaebischealb.de. Voor overnachtingen kunt u kijken op www. djh-bad-wuertt.de (jeugdherbergen) of www.naturfreunde-wuerttemberg. de (Naturfreundehäuser).

Informatie

www.schwaebischealb.de.

Albstadt

Marktstraße 35, D-72458, tel. 07 43 11 60 12 04, info@albstadt-tourismus.de, www.albstadt-tourismus.de.

Reutlingen

Marktplatz 2, D-72764, tel. 07 119 39 35 300, info@tourismus-reutlingen.de, www.tourismus-reutlingen.de.

Schwäbische Gmund

Marktplatz 37, D-73525, tel. 07 17 16 03 42 50, www.schwaebische-gmuend.de.

Stuttgart ▶ D 8

Verdeeld over heuvels liggen tussen parken en bossen de verschillende woonwijken van de stad met daartussen een groot dal waarin de binnenstad ligt. Door deze inperking is het centrum compact gebleven en liggen de meeste bezienswaardigheden dicht bij elkaar. Hier komen de graven, hertogen en later koningen van Württemberg vandaan. Hier hebben zij hun residentie gebouwd en hun parken aangelegd. Hier fokten de heersers hun beroemde paarden, waar ook de naam 'stuotengarten' en het stadwapen, een zwart steigerend paard op gele achtergrond, hun herkomst hebben. De beroemde sportautofabrikant Porsche voert dit paard zelfs in zijn logo.

De stad is verschillende malen verwoest maar de 52 bombardementen tijdens de Tweede Wereldoorlog waren de ergste. Meer dan 70% van het centrum was vernietigd en het duurde tot 1964 dat de stad zijn vroegere aanzien weer kreeg met de heropening van het Neue Schloss. Toch duurde het niet zo lang voor de stad zijn energie had teruggevonden. De status van hoofdstad van de nieuwe deelstaat Baden-Württemberg (1952) en de snelle heropbouw van industrie, zoals Mercedes-Benz, Porsche, Kodak, Zeiss-Ikon en Bosch, brachten werk en voorspoed met zich mee. Nu is het een levendige stad die wat vertier betreft niet onderdoet voor München of Berlijn.

Schlossplatz

De navel van de stad: hier flaneren bij mooi weer de Stuttgarters onder de kastanjebomen of rusten mensen uit op de trappen van het Kunstmuseum. Het plein is geen eenheid maar een bonte mengeling van stijlen: van barok en classicistisch tot postmodern komt u hier tegen. In het 18e-eeuwse Neue Schloss zetelt de regering.

Kunstgebäude 1

Schlossplatz 2, tel. 07 11 22 33 70, info@wkv-stuttgart.de, www.wkv-stuttgart.de, di., do.-zo. 11-18, wo. 11-20 uur, entree € 5
Hier toont de Württembergische Kunstverein zowel werk van de (kunstenaars-)leden als internationale kunst.

Kunstmuseum 2

Kleiner Schlossplatz 1, tel. 07 11 21 61 96 00, info@kunstmuseum-stuttgart.de, www.kunstmuseum-stuttgart.de, di.-do., za., zo. 10-18, vr. 10-21 uur, entree € 8
In een markante glazen kubus is de collectie van de stad gevestigd. Zij omvat kunst uit de periode van de 18e eeuw tot het heden maar de kern van de verzameling ligt bij Schwäbische impressioniten en Stuttgarter Avantgarde uit het begin van de 20e eeuw. Door legaten is de huidige collectie uitgebreid met moderne en hedendaagse kunstenaars als Otto Dix en Wilhelm Lehmbruck.

Kulturmeile

Langs de Konrad-Adenauer-Straße aan de ene kant en het 8 km lange slotpark aan de andere kant liggen de belangrijkste musea en het operagebouw van Stuttgart.

Staatsgalerie 3

Konrad-Adenauer-Straße 30, tel. 07 11 47 04 00, info@staatsgalerie.de, www.staatsgalerie.de, di., wo., vr.-zo. 10-18, do. 10-20 uur, gratis entree
Anselm Kiefer, Jeff Koons, Bruce Nauman: dit is maar een greep uit de lange rij grote kunstenaars van wie het museum werk in zijn collectie heeft. Naast deze 'nieuwe' grootheden beslaat de collectie kunst de 14e tot de 21e eeuw. Belangrijke pijlers zijn Hollandse meesters uit de 17e eeuw en Franse kunst van rond 1900.

Haus der Geschichte des Baden-Württembergs 4

Konrad-Adenauer-Straße 16, tel. 07 11 21 23 950, besucherdienst@hdgbw.de, www.hdgbw.de, di., wo., vr.-zo. 10-18, do. 10-23 uur, entree € 4
Spannende ontmoetingen met heden, verleden en toekomst in dit interactieve museum voor Baden-Württemberg.

Carl-Zeiss-Planetarium 5

Willy-Brandt-Straße 25, tel. 07 11 21 68 90 15, info@planetarium-stuttgart.de, www.planetarium-stuttgart.de. Wegens verbouwing gesloten tot dec. 2015
Met lasershows, videoprojecties en de modernste telescooplenzen. Leuke programmering voor jong en oud.

Theaters

Stuttgart is een theaterstad met een beroemd **operahuis** 6 met een van de beste balletgezelschappen ter wereld, een theater voor toneel, een gebouw

Het operahuis aan de Kulturmeile

voor kamermuziek, een *Liederhalle* maar ook een komedie- en cabarettheater.

Altstadt

In de oude binnenstad speelt het openbare leven zich af tussen de **Schiller-platz** en de **Marktplatz** 7. Hier is de bloemenmarkt en wordt in september het jaarlijkse wijnfeest gevierd, onder goedkeurende blik van de grootste zoon van de stad: Friedrich Schiller.

Stiftskirche 8

De oorspronkelijk romaanse kerk werd in de 15e eeuw omgebouwd tot gotische hallenkerk. Romaanse stijlkenmerken zijn nog op verschillende plaatsen terug te vinden. Ook deze kerk moest in de jaren 50 helemaal opnieuw worden

opgebouwd maar een aantal grafstenen is nog behouden.

Altes Schloss Landesmuseum Württemberg 9

Schillerplatz 6, tel. 07 11 89 53 51 11, info@landesmuseum-stuttgart.de, www.landesmuseum-stuttgart.de, di.-zo. 10-17, entree € 3,50

In het oude machtscentrum van de Württembergers zit nu dit interessante museum dat de duizend-jarige geschiedenis van het gebied laat zien.

Markthalle 10

Werden vroeger in deze jugendstil markthal groenten en fruit verhandeld, nu zit hier een overdekte markt met kleine exclusieve winkeltjes en restaurantjes. Let ook op de fresco's van voor de Eerste Wereldoorlog. ▷ blz. 276

Stuttgart

Bezienswaardigheden

1. Kunstgebäude
2. Kunstmuseum
3. Staatsgalerie
4. Haus der Geschichte
5. Carl-Zeiss-Planetarium
6. Oper
7. Marktplatz
8. Stiftskirche
9. Altes Schloss/ Landesmuseum
10. Markthalle

Overnachten

1. Zauberlehrling
2. Schwabennest
3. Central Classic
4. Arcotel

Eten en drinken

1. Cube
2. Lumen
3. The Burger Republic
4. Biergarten im Schlossgarten
5. Basta
6. Weinstube Fröhlich

Winkelen

1. Königsbau Passagen
2. Breuniger
3. Geschwisterliebe
4. BrunnenHannes
5. Feinkost Böhm

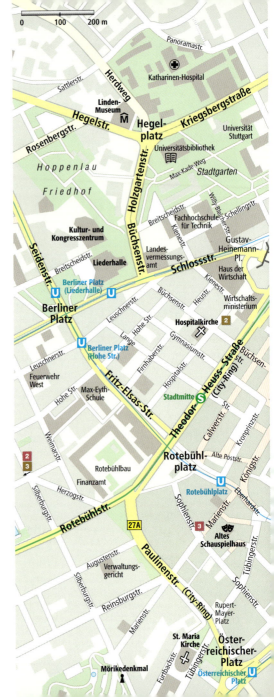

Overnachten

Iedere kamer anders – Zauberlehrling
1: Rosenstraße 38, tel. 07 11 23 77 770, kontakt@zauberlehrling.de, www.zauberlehrling.de, 2-pk € 135. In dit leuke hotel heeft iedere kamer een eigen ontwerp en sfeer. Het moderne restaurant is populair bij de jonge Stuttgarters.

Een thuis in de stad – Schwabennest
2: Hospitalsttraße 9, tel. 07 11 29 68 10, post@schwabennest.de, www.schwabennest.de, 2-pk € 65. Knus hotel met mooie kamers en fijn restaurant.

Degelijk – Central Classic 3: Hasenbergstrasse 49a, tel. 07 11 61 55 050, cc@bbv-hotels.de, www.central-classic.de, 2-pk € 89. Comfortabel middenklassehotel met rustige ligging.

Kunstzinnig – Arcotel 4: Heilbronnerstraße 21, 38, tel. 07 11 25 85 80, www.arcotelhotels.com/camino, 2-pk € 119. Nabij het station gelegen designhotel, voorzien van alle moderne comfort. Het restaurant serveert Schwäbische en Oostenrijkse gerechten.

Eten en drinken

Suttgart is het culinaire mekka van Württemberg. In het Bohnenviertel (www.bohnenviertel-stuttgart.de) en het Leonhardsviertel (www.erlebnismeile-leonhardsviertel.biz) vindt u alles wat u zich op het gebied van eten en drinken kunt wensen.

Glazen kubus – CUBE restaurant en o.T. Bar 1: Kleiner Schloßplatz 1, tel. 07 11 28 04 441, info@cube-restaurant.de, www.cube-restaurant.de. Populair restaurant en cocktailbar met fantastisch uitzicht over de stad en het groen en zeer goede keuken.

Licht en puur – Lumen 2: Schwabstraße 65, tel. 07 11 67 43 50 80, mail@lumen-stuttgart.de, www.lumen-stuttgart.de. Ontbijt, koffie met taart, borrel en avondeten: hier kunt u altijd terecht. Lichte moderne inrichting met vriendelijke bediening.

Burgers – The Burger Republic 3: Marienstraße 22, tel. 07 11 31 53 81 62, www.theburgerrepublic.de. Alle soorten hamburgers, met biologische ingrediënten in een vlotte omgeving voor weinig geld.

Echte Biergarten – Biergarten im Schlossgarten 4: Mittlerer Schlossgarten, tel. 07 11 22 61 274, www.biergartenschlossgarten.de. Midden in de Schlossgarten ligt deze traditionele Biergarten met, naast bier, gegrilde haantjes, *Flammkuchen* en *Kaiserschmarrn*. Je mag je eigen boterhammen meenemen en op zondag is er livemuziek.

Chique mengelmoes – Basta 5: Wagnerstaße. 39, tel. 07 11 24 02 28, www.basta-stuttgart.de. Mengelmoes van een Franse bistro, Weinstube en cocktailbar in het hippe Bohnenviertel.

In het groen – Weinstube Fröhlich 6: Leonhardstraße 5, tel. 07 11 24 24 71, info@weinstube-froehlich.de, www.weinstube-froehlich.de. Waar vroeger journalisten en kunstenaars elkaar troffen, eet men nu regionale producten, van *Schwäbische Maultaschen* tot gnocchi. Met idyllische tuin.

Winkelen

Stuttgart is een echte winkelstad. Bekend om de grote winkelcentra (een van de bekendste outlet stores van Duitsland ligt vlak buiten Stuttgart, www.outletcity.com), biedt het centrum van de stad daarentegen allerlei bijzondere kleine winkeltjes. In de Markthalle **10** kunt u alle delicatessen die u maar wenst, kopen.

Koninklijk – Königsbau Passagen 1: Königsstraße 26, tel. 07 11 87 03 060, www.koenigsbau-passagen.de. Aan de noordzijde van de Schlossplatz ligt dit chique winkelcentrum met alle bekende luxemerken.

Vlaggenschip – **Breuniger** 2 : Markt-straße 1-3, tel. 07 11 21 10, www.breuniger.com. Dit warenhuis vindt u eigenlijk in alle grote Duitse steden maar in Stuttgart staat de flagship store en die mag u niet missen.

Kleine merken – **Geschwisterliebe** 3 : Breite Straße 4, tel. 07 11 25 36 200, info@geschwisterliebeshop.de, www.geschwisterliebeshop.de. Jonge ontwerpers en merken uit Londen, Scandinavië en Duitsland.

Hippe traditie – **BrunnenHannes** 4 : Geißstraße 15. tel. 07 11 27 38 435, info@brunnenhannes.de, www.brunnenhannes.de. Hebt u altijd al een lederhosen willen bezitten? Nu kan het: bij BrunnenHannes is de traditionele Zuid-Duitse kledij je-van-het.

Hippe traditie – **Feinkost Böhm** 5 : Kronprinzstraße 6, tel: 07 11 22 75 60, kontakt@feinkost-boehm.de, www.feinkost-boehm.de. Liefde voor het product, dat straalt Böhm uit. Zij verkopen de mooiste wijnen, de lekkerste chocolade, bijzondere kaasjes. En, ook een stalletje in de Markthalle.

Info en festiviteiten

Tourist Information

Königstraße 1a, D-70173, tel. 07 11 22 280, info@stuttgart-tourist.de, www.stuttgart-tourist.de.

Vervoer

Stuttgart is een van de belangijktse verkeersknooppunten van Duitsland. Er is een directe ICE-verbinding met Nederland en vluchten naar Schiphol. Vanuit Stuttgart zijn er verschillende treinverbindingen naar dorpen en steden in de buurt. De S-Bahn rijdt vanuit het centrum van de stad naar plaatsen als Bad-Cannstatt.

Festiviteiten

Stuttgarter Weindorf (eind augustus-begin september) is een van de gezelligste festivals van de stad. Op de Marktplatz wordt een waar wijndorp opgezet. Het **Canstatter Volksfest** (eind september-begin oktober) is het hoogtepunt van het festivalseizoen. Achtbanen, draaimolens en Biergärten en met livemuziek: vertier voor iedereen.

Omgeving Stuttgart ▶ L 3

De directe omgeving van Stuttgart, Stuttgarts Vororte, zijn verrassender dan u zult denken. Hier liggen, ingemetseld in de structuur van de grote stad, beroemde autofabrieken, schilderachtige wijndorpjes en kuuroorden met mineraalbaden.

Bad Cannstatt

De wijk Bad Cannstatt maakt geen deel uit van Stuttgart. Het kuuroord ligt direct aan de Neckar een heeft zijn eigen mineraalbronnen. Het is al eeuwen de plek waar Stuttgarts rijken zich vestigen en de vele villa's bevestigen dit. In het Kurpark ligt het Kurhaus uit 1825 maar ook het Gartenhaus waar **Gottlieb Daimler** en **Wilhelm Maybach** de eerste benzinemotor ontwikkelden. Maar, Cannstatt is meer. De wijk heeft een geheel eigen cultuur, met eigen volksfeesten en een eigen mentaliteit.

Wilhelma – Der Zoologisch-Botanischer Garten Stuttgart

Wilhelma 13, D-70376 Stuttgart/Bad Canstatt, info@wilhelma.de, www.wilhelma.de, tel. 71 15 40 20, dag. 8.15-16/18 uur, entree € 16

Het hoogtepunt in Bad Cannstatt is het Wilhelma: als een Alhambra aan de Neckar is in 1842 de enige zoölogische-botanische tuin van Duitsland aangelegd. Zie **Favoriet** blz. 279.

Staatliches Museum für Naturkunde

Museum am Löwentor und Schloss Rosensteinn, Rosenstein 1, D-70191 Bad-Cannstatt, tel. 07 11 89 360, museum.smns@ naturkundemuseum-bw.de, www. naturkundemuseum-bw.de, di.-vr. 9-17, za., zo. 10-18 uur, entree € 4

Uit de hertogelijke naturaliëncollectie is hier een van de grootste musea voor natuurkunde in Europa ontstaan. Er worden speciale kindertentoonstellingen georganiseerd.

Weingebiet

Tussen Stuttgart, de Neckar en de Schwäbische Alb ligt het grootste wijngebied van Württemberg. Een hoogtepunt van het wijngebied, behalve alle lekkere wijnen, is het grafmonument voor **Catharina Pavlova**, de vrouw van koning Wilhelm I van Württemberg. op de Rotenberg, iets buiten Stuttgart. Waar eens het stamslot van de Württembergs stond, staat nu een Grieks aandoende tempel. Vanaf dit punt hebt u een prachtig uitzicht over de gehele omgeving: in het zuiden de donkere Alb, aan de voet van de berg loopt de Neckar met daar direct naast de fabrieken van Mercedes en Porsche.

Porsche Museum

Porscheplatz 1, D-70435, tel. 07 11 91 12 09 11, info.museum@porsche.de, www.porsche.de/museum, di.-zo. 9-18 uur, gratis entree

In 2009 werd het nieuwe Porsche Museum geopend: een futuristisch gebouw van Delugan Meissl, dezelfde architect als Eye in Amsterdam. Legendarische raceauto's, bijzondere prototypen en alle oude en nieuwe Porschemodellen. Hier beleeft u de geschiedenis van dit roemruchte merk. In het atelier kunt u de restauratie van een klassieke Porsche bijwonen.

Mercedes Benz Museum

Mercedesstraße 100, D-70372, tel. 07 11 17 30 000, classic@daimler.com, www.mercedes-benz-classic.com/ museum, di.-zo. 9-18 uur, gratis entree

Alleen het fantastische museumgebouw, ontworpen door de Nederlanse architecten Berkel en Bos, is het uitstapje al waard. Binnen wordt ruim 125 jaar fascinerende automobielgeschiedenis getoond: van de ontdekking van de benzinemotor tot sportwagens met vleugeldeuren. Voor kinderen zijn er speciale audiotours, een ontdekkingsboek en workshops waar zij hun auto van de toekomst kunnen ontwerpen.

Eten en drinken

Mooiste theepaviljoen – **Teehaus im Weissenburgpark:** Hohenheimer Strasse 119, D-70184, tel. 07 11 23 67 360, fest@teehaus-stuttgart.de, www.teehaus-stuttgart.de. In de heuvels iets ten zuiden van de stad ligt dit prachtige jugendstil-theehuis. Op mooie dagen en in het weekend trekken de bewoners van Stuttgart hierheen om aan de drukte van de stad te ontsnappen.

Wijnbar – **Zum Heurigen:** Mähderklinge 6, D-70469, tel. 07 11 79 40 019, genuss@heurigen-stuttgart.de, www. heurigen-stuttgart.de. Een traditionele wijnbar met modern management: een goede mix van oud en nieuw.

Biergarten – **Kursaal Cannstatt:** Königsplatz 1, D-70372, tel. 07 11 99 77 72 41, info@kursaal-cannstatt.de, www. kursaal-cannstatt.de. In het prachtige Kurpark van Bad Canstatt liggen de chique 19e-eeuwse thermen. Nu zijn in de gerestaureerde Kursaal een goed restaurant en een populaire Biergarten gevestigd. Een fijne plek voor de hele familie, ook vanwege de aangrenzende midgetgolfbaan.

Favoriet

Wilhelma ▶ E 8

Gebouwd als zomerresidentie voor de Württembergse koning Wilhelm I in de toen zeer modieuze Moorse stijl, was Wilhelma in de 19e eeuw vooral de botanische tuin van het Württembergse hof. Ook Wilhelma werd zwaar getroffen tijdens de oorlog. Pas na de wederopbouw kwamen er voor het eerst dieren in het park wonen. Het werd nu ook een zoologisch park.

De grote, mooi aangelegde parken – 30 ha –, de bijzonder architectuur – met het Alhambra in Granada als voorbeeld – en de meer dan 1150 dier- en 6000 plantensoorten, doen de bezoeker belanden in een fantastische sprookjeswereld. Geuren, geluiden en natuurlijk prachtige kleuren: dit is waarschijnlijk de mooiste dierentuin ter wereld en in elk geval een heerlijke plek om een dag weg te dromen.

Toeristische woordenlijst

Algemeen

ja/nee	ja/nein
dank u wel	danke
alstublieft	bitte (schön)
goedemorgen	guten Morgen
goedendag	guten Tag
goedenavond	guten Abend
goedenacht	gute Nacht
tot ziens	auf Wiedersehen
hallo	hallo
dag (bij vertrek)	tschüß
pardon	Entschuldigung
het spijt me	es tut mir leid
let op!	Achtung!
hoeveel?	wieviel?
hoe?	wie?
wanneer?	wann?

Onderweg

gesloten	geschlossen, zu
geopend	geöffnet
bus	Bus
tram	Straßenbahn
metro	U-bahn
trein	Zug
boot	Schiff
taxi	Taxi
halte	Haltestelle
retour	Rückfahrkarte
dagkaart	Tageskarte
dienstregeling	Fahrplan
brandstof	Benzin
ingang	Eingang
uitgang	Ausgang
Waar is/zijn ...?	Wo ist/sind...?
links (af)	links (ab)
rechts (af)	rechts (ab)
rechtuit	geradeaus
plattegrond	Stadtplan
toeristenbureau	Fremdenverkehrs-büro
station	Bahnhof
luchthaven	Flughafen
museum	Museum
kerk	Kirche
politie	Polizei

Tijd

maandag	Montag
dinsdag	Dienstag
woensdag	Mittwoch
donderdag	Donnerstag
vrijdag	Freitag
zaterdag	Samstag
zondag	Sonntag
feestdagen	Feiertage
voorjaar	Frühling
zomer	Sommer
najaar	Herbst
winter	Winter
week	Woche
maand	Monat
Hoe laat is het?	Wie spät ist es?
vandaag	heute
gisteren	gestern
eergisteren	vorgestern
(over)morgen	(über)morgen
's ochtends	am Morgen
's middags	am Nachmittag
's avonds	am Abend
in het weekend	am Wochenende

Noodgevallen

help!	Hilfe!
politie	Polizei
brandweer	Feuerwehr
arts	Arzt
tandarts	Zahnarzt
apotheek	Apotheke
ziekenhuis	Krankenhaus
ongeval/ongeluk	Unfall
pijn	Schmerzen
kiespijn	Zahnschmerzen
autopech	Panne

Overnachten

eenpersoonskamer	Einzelzimmer
tweepersoonskamer	Doppelzimmer
bad	Bad
douche	Dusche
met/zonder bad	mit/ohne Bad
met ontbijt	mit Frühstück
handdoek	Handtuch

sleutel	Schlüssel	duur	teuer
lift	Fahrstuhl	goedkoop	billig
bagage	Gepäck	betalen	(be)zahlen
paspoort	Paß		
identiteitsbewijs	Ausweis		
mobiele telefoon	Handy		
oplader	Akkuladestation		
wifi	WLAN		

Getallen

1	eins	17	siebzehn
2	zwei	18	achtzehn
3	drei	19	neunzehn
4	vier	20	zwanzig
5	fünf	21	einundzwanzig
6	sechs	30	dreißig
7	sieben	40	vierzig
8	acht	50	fünfzig
9	neun	60	sechzig
10	zehn	70	siebzig
11	elf	80	achtzig
12	zwölf	90	neunzig
13	dreizehn	100	hundert
14	vierzehn	200	zweihundert
15	fünfzehn	500	fünfhundert
16	sechzehn	1000	tausend

Winkelen

winkel	Laden
markt	Markt
creditcard	Kreditkarte
geld	Geld
geldautomaat	Geldautomat
bakkerij	Bäckerei
banketbakker	Konditorei
slager	Metzgerei
zuivel	Milcherzeugnisse
groente	Gemüse
fruit	Obst

De belangrijkste zinnen

Algemeen

Spreek(t) u/jij Engels?	Sprechen Sie/Sprichst du Englisch?
Ik begrijp het niet.	Ich verstehe (es) nicht.
Kunt u dat herhalen?	Können Sie das bitte wiederholen?
Ik heet ...	Ich heisse ...
Hoe heet u/jij?	Wie Heißen Sie/ heist du?
Hoe maakt u het/ gaat het?	Wie geht es Ihnen/ Wie geht's?
Goed. En u/jij?	Gut. Und Ihnen/dir?
Vriendelijk dank.	Vielen Dank.

Onderweg

Mag ik u wat vragen?	Darf ich Ihnen etwas fragen?
Hoe kom ik in ...?	Wie komme ich nach ...?
Waar is de/het ...?	Wo ist der/die/das ...?

Noodgeval

Kunt u mij alstublieft helpen?	Können Sie mir bitte helfen?
Er is een ongeluk gebeurd.	Es ist ein Unfall passiert.
Bel direct een dokter/ ambulance!	Rufen Sie sofort einen Artz/einen Kranken-wagen an!

Overnachten

Hebt u een kamer beschikbaar?	Haben Sie ein Zimmer frei?
Hoeveel kost een kamer?	Wieviel kostet ein Zimmer?

Winkelen

Hoeveel kost het?	Wieviel kostet es?
Verkoopt u ... ?	Haben Sie ... ?
Ik wil graag dat hebben.	Ich hätte gerne das gehabt.

Culinaire woordenlijst

Menukaart/bereidingswijze

am Spieß	aan het spit
Bandnudeln	lintpasta, tagliatelle
durchgebraten	doorbakken (vlees)
Eintopfgerichte	eenpansmaaltijden
Essig	azijn
Fischgerichte	visgerechten
Frühstuck	ontbijt
gedämpft	gestoomd
gedünstet	gesmoord/gestoofd
Gemüse	groente
Geräuchert(er) ...	gerookte ...
Hauptgerichte	hoofdgerechten
innen roh	rood (vlees)
Kartoffel	aardappel
Kinderteller	kindermenu
mittel	medium (vlees)
Nachspeisen	desserts
Nudeln	deegwaar (pasta, mie, noedels)
Öl	olie
pfannengerührt	roergebakken
Reis	rijst
Senf	mosterd
Spätzle	kleine stukjes deegwaar
Speisekarte	menu
Tagesgericht	dagmenu
Vorspeisen	voorgerechten

Regionale gerechten

Currywurst	varkensworst met currysaus
Eisbein	varkenspoot
Frankfurter	dunne knakworst
Flammkuchen	soort dunne pizza
Handkäse	in azijn ingelegde jonge kaas
Kassler	casseler rib
Kalbshaxe	gekookte varkenspoot
Maultaschen	gevulde deegkussentjes
Reibekuchen	gebakken aardappelkoekjes
Saumagen	gevulde varkensmaag

Vis en zeevruchten

Aal	paling
Auster	oester
Barsch	baars
Forelle	forel
Habeljau/Dorsch	kabeljauw
Hecht	snoek
Hummer	kreeft
Kaisergranat	langoestine
Kalmar	(pijl)inktvis
Kamm Muschel	jakobsschelp
Karpfen	karper
Kurzschwanz-Krebs	krab
Miesmuschel	mossel
Roter Knurrhahn	rode poon
Seelachs/Köhler	koolvis
Seezunge	tong
Steinbutt	tarbot
Thun(fisch)	tonijn
Wittling/Merlan	wijting
Zander/Hechtbarsch	snoekbaars

Vlees, wild en gevogelte

Bockwurst	dikke gekookte worst
Eber/Wild Schwein	wild zwijn
Entenbrust	eendenborst
Fasan	fazant
Hähnchen	haan/kip
Hämmchen	varkenspoot
Hühner...	kippen...
Gnagi	varkenspoot
Hackbraten	gehaktbrood
Kalb	kalf
Kalbsbries	kalfszwezerik
Kaninchen	konijn
Lendenstück	haasbiefstuk
Puten...	kalkoen...
Rippensteak	kotelet
Reh	ree
Sauerbraten	gemarineerd rundvlees
Schaf	schaap
Schinken	ham
Schmorfleisch	stoofvlees
Spanferkel	speenvarken
Schwein	varken

Groenten en kruiden

Chicoree	witlof
Endivie	andijvie
Gurke	komkommer
Kartoffeln	aardappelen
Knoblauch	knoflook
Kopfsalat	kropsla
Kraut	kool
Kreuzkümmel	komijn
Lauch	prei
Prinzessbohne	sperziebonen
Sauerkraut	zuurkool
Schnittlauch	bieslook
Spargel	asperge
Spinat	spinazie
Zimt	kaneel
Zwiebel	ui

Fruit en vruchten

Beere	bes
Birne	peer
Brombeere	braam
Erdbeere	aardbei
Hagebutte	rozenbottel
Himbeere	framboos
Kirsche	kers
Pflaume	pruim

Nagerechten en gebak

Allgauer Bergkäse	harde kaas
Altenburger	geitenkaas
Apfelstrudel	appelgebak
Auszogne	zoet gefrituurd gebak
Eisbecher	ijscoupe
Kuchen	taart
Lebkuchen	peper-/kruidkoek
Prinzregententorte	gelaagde biscuittaart
Rohrnudeln	vruchtenbroodjes
Sachertorte	chocoladetaart met abrikozenjam
Sahneeis	roomijs
Sahne	slagroom
Schneeballen	ballen van gefrituurde deegreepjes
Topfen	Beierse kwark
Zwetschgendatschi	pruimenplaatkoek

Dranken

Federweiß	jonge, troebele wijn met hoge gisting/laag alcoholgehalte
Hefeweizen	gegist ongefilterd bier
Mineralwasser	water met koolzuur
Most	alcoholische fruitdrank
Obstler	vruchtenbrandewijn
Radler	alcoholarm bier met limonade
Rosé/Weißherbst	rosé
Rotwein	rode wijn
Sekt	bruiswijn
Starkbier	sterk bockbier
Viez	(appel)cider
Wasser ohne Sprudel	water zonder koolzuur
Weißwein	witte wijn

In het restaurant

Ik wil graag een tafel reserveren.	Ich möchte gerne einen Tisch reservieren.	Dat is alles.	Das wäre alles.
De kaart/wijnkaart, alstublieft.	Darf ich die Speise-karte/Weinkarte, bitte.	tafel	Tisch
De rekening, a.u.b.	Die Rechnung, bitte.	mes	Messer
Kan ik met een creditcard betalen?	Darf ich mit Kredit-karte bezahlen?	vork	Gabel
Eet smakelijk.	Guten appetit.	lepel	Löffel
Het wisselgeld is voor u.	Das Kleingeld ist für Sie.	fles	Flasche
		servet	Serviette
		met/zonder	mit/ohne
		zout/peper	Salz/Pfeffer
		suiker/zoetstof	Zucker/Süssstoff

Fotoverantwoording en colofon

Omslag: Ottweiler in Saarland (ImageSelect)
Binnenzijde voor: de Hohenzollernbrücke in
  Keulen (ANWB AVD)
Deutsche Zentrale für Tourismus e. V.:
  12, 70 (Frank Vinken); 12, 155, 178, 179 (Ernst
  Wbra); 46 (Horst Goebel); 58, 84 (Dirk
  Topel); 59, 89 (Kölner Hofbräu Früh); 73, 83,
  154, 189, 193 (Jochem Keute); 76 (Mark
  Wohlrab); 86 (Tobias Kruse); 127, 129 (Tho-
  mas Rathay); 154, 175, 206, 207, 215 (Andrew
  Cowin); 159 (Pierre Adenis); 176 (Alberto
  Bonomini); 201 (Schäfer & partner); 202, 203,
  219 (Hans Peter Merten); 249, 263 (Ralf
  Brunner)
DuMont Bildarchiv:
  5, 40, 41, 44, 122, 125, 185 (Sabine Lubinow);
  8, 54 (Markus Kirchgessner); 9, 12, 48, 68,
  126, 132, 133, 140 (Rainer Kiedrowski); 10
  (Rainer Hackenberg); 11, 12, 244, 245, 261,
  266, 267, 268, 273, 279 (Reinhard Schmid);
  12, 16, 17, 216, 217, 228, 229, 236, 237, 238, 240,
  242, 243, 244, 247 (Martin Kirchner); 25, 36,
  166, 169, 172 (Thomas Haltner); 30, 31, 216,
  233 (Ralf Freyer); 45, 145 (Rainer Hacken-
  berg); 52, 196 (Udo Bernhart); 102, (Holger
  Leue); 102, 103, 107, 111, 112 (Ralf Lueger); 114
  (Christiane Böttcher/Thomas Tiensch); 142,
(Peter Hirth); 126, 143, 149 (Arthur F. Sel-
  bach); 152 (Christian Baeck), 199, 211 (Jo
  Holz); 230 (Rainer Fieselmann); 270 (Jörg
  Axel Fischer)
Duisburg Marketing
  62, 66 (Sarah Koenecke)
Düsseldorf Marketing & Tourismus GmbH: 79
Kassel Marketing: 12, 118 (Paavo Blåfield)
Köln Tourismus GmbH: 51, 96 (Dieter Jacobi)
Mainau GmbH: 254, 255
Mäurer & Wirtlz GmbH & Co.: 95
Mummelsee Erlebniswelt: 224
Neustadt Zentrale für Tourismus: 162
Pfahlbau Museum: 256
Pfalzwein e. V.: 7, 170 (Dieth & Schröder)
Rheinisches Bildarchiv Köln
  92 (Wolfgang F. Meyer)
Sauerland-Tourismus e. V.: 108 (Sabrinity)
Siegerlandmuseum im Oberen Schloss,
  Siegen: 110
Stadt Brühl: 58, 99 (Jörgen Waffenschmidt)
Stadt Bochum Presseamt: 74 (Lutz Leitmann)
Tourismus Siebengebirge GmbH: 101
Tourist Information Speyer: 181
Tühringer Tourismus: 55
Vogelsang IP gemeinnützige GmbH: 136, 137
Weingut Theo Minges: 164

Hulp gevraagd!

De informatie in deze reisgids is aan verandering onderhevig. Het kan dus wel eens gebeuren
dat u ter plaatse een andere situatie aantreft dan de auteur.
Is de tekst niet meer helemaal correct, laat ons dat dan even weten. Ons adres is:
ANWB Media
Uitgeverij reisboeken
Postbus 93200
2509 BA Den Haag
anwbmedia@anwb.nl

Productie: ANWB Media
Uitgever: Caroline Wetselaar
Coördinatie: Els Andriesse
Tekst en opmaak: Quinten Lange, Amster-
  dam
Tekstbijdragen of ter inspiratie: Detlev Arens,
  Susanne Asal, Gisela Atteln, Helmuth
  Bischoff, Harry Bunk, Marianne Bongartz,
  Wolfgang Felk, Angela Heetvelt, Stephanie
  Henseler, Ingrid Nowel, Ingeborg Scholtz,
  Dina Stahn, Peter Untucht
Eindredactie: Geert Renting, Dieren
Coördinatie opmaak: Hubert Bredt, Amster-
  dam
Ontwerp binnenwerk: Jan Brand, Diemen
Ontwerp omslag: Yu Zhao Design, Den Haag
Concept: DuMont Reiseverlag, Ostfildern

Grafisch concept: Groschwitz/Blachnierek,
  Hamburg
Cartografie: DuMont Reisekartografie,
  Fürstenfeldbruck
© 2015 ANWB bv, Den Haag
Eerste druk
ISBN: 978-90-18-03873-1